Wilma Schwarz • Heimkind Nummer 17

Wilma Schwarz

Heimkind Nummer 17

Ein Bericht

FOUQUÉ LITERATURVERLAG
Egelsbach • Frankfurt a.M. • München
Bremen • New York

Die Deutsche Bibliothek - CIP-Einheitsaufnahme
Schwarz, Wilma: Heimkind Nummer 17 : Ein Bericht / Wilma Schwarz.-
Egelsbach ; Frankfurt a.M. ; München ; Bremen ; New York : Fouqué, 1999
ISBN 3-8267-4477-2

Autorin und Verlag unterstützen das Albert-Schweitzer-Kinderdorf in Hessen e.V.,
das verlassenen Kindern und Jugendlichen ein Zuhause gibt.
Wenn Sie sich als Leser an dieser Förderung beteiligen möchten, überweisen Sie bitte
einen – auch gern geringen – Betrag an die Sparkasse Hanau, Kto. 19380, BLZ 506 500 23,
mit dem Stichwort »Literatur verbindet«, Autorin und Verlag danken Ihnen dafür!

Imprint der Verlagsgruppe Dr. Hänsel-Hohenhausen®
Egelsbach • Frankfurt a.M. • München • Bremen • New York
Boschring 21-23 · D-63329 Egelsbach • Fax 06103-44944 · Tel. 06103-44940

ISBN 3-8267-4477-2
1999

Satz und Lektorat: CPW Offenbach
Titelillustration und Kinderthalersignet: Wilma Schwarz

Printed in Germany

Ich danke allen Menschen,
die mir mit Rat und Tat halfen,
dieses Buch zu verwirklichen.

Für meine Enkel Martin und Mark

Die Autorin
stiftet pro verkauftem Buch 3,– DM
für Sozialwaisen.

Inhalt

August 1994
Heimkind Nummer 17

„Ich hasse Rügen!" Jutta sagt es trotz ihrer leisen, verhauchten Stimme mit Nachdruck. Ihr rechter Fuß malt runde Kringel in den steinigen sauerländischen Boden. Wir sitzen auf einer Bank an der Fürwiggetalsperre. Jutta erlebt ihren ersten Sommerurlaub im Märkischen Kreis, ihre erste große Reise überhaupt. Sie ist dreizehn Jahre alt und bisher die einzige, die ihre Kritik über das Kinderheim in Lohme auf Rügen mir gegenüber mutig äußert. Und dann packt sie stockend aus. Neben ihr sitzend, höre ich ganz still zu.
Mit sieben Jahren wurde sie aus ihrer Schulklasse in Stralsund herausgeholt und von zwei Männern nach Rügen gebracht, quer über die Insel an das Steilufer der Halbinsel Jasmund in das einsam gelegene Kinderheim. Staatliche Aufsicht, diktatorischer Führungsstil, Strenge, Distanz – zuerst Grundschule im Dorf Lohme, dann Hauptschule in Saßnitz.
Viel mehr kennt Jutta nicht von der schönen Insel, von der Enthusiasten schwärmend sagen: „Schatzinsel", „Thule Deutschlands", die von Caspar David Friedrichs Zeiten an bis hin zu den Bildreportern der Moderne den Ruhm der Insel hinaustrugen und wieder -tragen in die Welt.
„Ich hasse Rügen!"

Jedesmal, wenn ich den Ziegelgraben, den Strelasund mit Hilfe der Klappbrücke und des Dammes überquere, denke ich an Juttas Worte. Das Dorf Altefähr grüßt mit seiner schönen Backsteinkirche zum Damm hinüber. Dort auf dem Friedhof rund um Sankt Nikolas begann meine Geschichte von der Insel Rügen und den Kindern. Jugendliche Behinderte säuberten die Friedhofswege, harkten Laub zusammen. Selten sah ich solchen Arbeitseifer. Sie gaben mir Ende September 1990 den Anstoß für all mein Tun auf der Insel.

Wenn ich Rügens Boden unter mir spüre und auf holperiger Bahnhofsstraße einen Abstecher durch Altefähr mache, bin ich mit Herz und Sinnen auf diesem schönen Eiland, dringe bei jeder Reise tiefer ein in seine Licht- und Schattenseiten, staune immer wieder neu über die herbe Schönheit mir vertrauter norddeutscher Landschaft und blicke tief hinein in hilflose, arme Kinderseelen. – Oft spannt sich der Bogen fast bis zum Zerreißen.

Es war im Herbst 1992, als ich auf meinen Wegen nach Lohme das kleine Kinderheim in Lietzow am Jasmunder Bodden zum zweiten Mal besuchte. An der Transitstrecke nach Saßnitz gelegen, wirkt es zunächst ganz freundlich, doch Engegefühle kommen auf, wenn man die Schwelle übertreten hat.
Die Heimleiterin war hocherfreut, als ich mich im Frühjahr vorstellte und ihr Unterstützung anbot. „Zur DDR-Zeit half uns eine 'Wohltätigkeitsbrigade', doch das hörte nach der Wende schlagartig auf. Wir freuen uns über jeden Menschen, der zu uns ins Haus kommt und nicht nur ein paar Spielsachen über den Zaun reicht."
In meiner Begleitung war Hanna – alte Schulkameradin aus Lübeck –, die den Beruf der Kindergärtnerin ausübte und nun einmal ein ehemaliges DDR-Kinderheim kennenlernen wollte.
Am frühen Vormittag lieferte ich sie, aber außerdem auch Spielzeug, Kleidung, Obst und Süßigkeiten im Heim ab. Da gab es ein wenig Verlegenheit, schließlich Entzücken und Jubel in der Gruppe der vier- bis sechsjährigen Kinder, die den Geschenkesegen miterlebte.
Wir freuten uns mit den Kleinen, mußten aber gleichzeitig den penetranten Putzmittelgeruch verkraften, den ich erneut wahrnahm, der aber Hanna zum ersten Mal in die Nase stieg. Düfte, die erinnerten an Etagenduschen und -toiletten in Moskauer Hotels.
Die Heimleiterin zeigte auf einen sehr kleinen Jungen, der abseits am Fenster stand, an der allgemeinen Freude kaum teil-

nahm und einen gespannten, zerquälten Gesichtsausdruck hatte.
„Das ist der Kleinste in dieser Gruppe und gleichzeitig unser Ärmster im ganzen Heim“, sagte sie. „Er hat keinen Menschen, kann kaum sprechen und hat die Schuppenflechte.“
Vier Jahre war das Kerlchen alt.

Hanna blieb den Vormittag bei den Kindern in Lietzow; ich aber fuhr an die Steilküste von Jasmund, um dort im Lohmer Heim meine Anliegen zu erledigen.
Als ich Hanna am frühen Nachmittag abholen wollte, begann gerade die Kinderstunde im Fernsehen. Das Krabbelvolk war zur Ruhe gekommen, eine entspannte Erzieherin saß im Sessel, und Hanna hatte ein kleines Mädchen auf dem Schoß.
„Setzen Sie sich doch noch einen Augenblick!“ –
Ein leerer Sessel, ein kleiner Junge im Abseits, der von einem Bein auf das andere trat. – Ich beugte mich mit ausgestreckten Händen zu ihm nieder.
„Komm!“ war alles, was ich an diesem Tag, ja, bei diesem Herbstbesuch auf Rügen zu ihm sagte.
Er saß auf meinem Schoß; ich zog ihn dicht an meinen Leib und streichelte mit meinem Kinn sein stumpfes Haar. Meine Hände legte ich seitlich an seine Oberschenkel, denn ich wollte ihm eine leichte Absprungmöglichkeit offenhalten, falls ihm der Platz nicht behagte. Doch ich spürte, wie er sich fest an meinen Bauch und meine Brust preßte. Eine Weile saßen wir ganz still. Plötzlich nahm er meine Arme mit seinen kleinen schorfigen Händen am Handgelenk und legte sie wie einen Klettverschluß um sein Bäuchlein. Zur Absicherung packte er seine Hände obendrauf.
So saßen wir lange still und friedlich und horchten ineinander. Ruhiges, tiefes Atmen wurde zum sanften Wiegen.
Ich hatte kein Ohr für die plärrende Kinderstunde, die sich im Raum Gehör verschaffte und alle anderen Laute verstummen ließ. Ich glaube, daß auch mein Schoßkind die vielen Jungen

und Mädchen vergaß, die es oft störten, die es ablehnten wegen seiner kranken Haut, daß es nicht an die Kommandos der Erzieherinnen dachte. – Und immer wieder spürte es an seinem Köpfchen das sanfte Reiben von meinem Kinn.
Plötzlich wollte ich das Kind auf die Probe stellen. Vorsichtig löste ich unsere Umklammerung, zog den kleinen Körper ein wenig höher und legte meine Hände absichtlich wieder an seine Oberschenkel. Da nahm der Kleine erneut meine Arme und ordnete alles so, wie er es am liebsten hatte. Damit erfüllte er genau das, was ich mir wünschte.
Nach geraumer Zeit schreckte uns ein Kommando der Erzieherin aus unseren Träumen. Gehorsam sprang das Kind von meinem Schoß. Ich wollte ihm noch zuraunen: „Ich besuche dich mal wieder", – da war es schon mit den anderen Kindern aus dem Zimmer. Beim Absprung sah ich ganz flüchtig ein kleines Etikett an seinem Pulloverkragen. Darauf stand in roter Farbe die Zahl 17.
Drei Tage später erlebten Hanna und ich die Kinder noch einmal im Baderaum. Das Heimkind Nummer 17 saß mit seiner entstellten Haut in der Brausetasse einer Dusche. Der gemarterte Oberkörper des Jungen bekam von dem Spezialbad fast nichts ab. Zweimal schüttete die Erzieherin von dem Badewasser etwas mit der hohlen Hand über seinen Rücken. Ob das wirkte?

Als Hanna und ich die Insel, die sich uns in wunderbaren, sanften Herbstfarben gezeigt hatte, verließen, nahm ich ein ganz wehes Gefühl mit, das auch in den folgenden Wochen nicht weichen wollte. Ich las alles, was ich über Schuppenflechte in die Hände bekam, entdeckte im Drogeriemarkt Salz vom Toten Meer, fragte meinen Hausarzt um Rat und schrieb mir die besten und kinderfreundlichsten Nordseebäder auf. Alle Ergebnisse teilte ich dem Kinderheim in Lietzow mit.

Es ist Anfang Dezember 1992. Die Weihnachtsvorbereitungen für die Heime auf Rügen und in Stralsund laufen auf Hochtou-

ren. Mitte Dezember fahren mein Mann Werner und ich los. Er bleibt zunächst in Hamburg. In Stralsund, Lohme und Lietzow sind viele helfende Hände bereit, das gefüllte Wohnmobil zu leeren.
Die letzte vorgezogene Bescherung ist am 21. 12. in Lietzow. Dort ist der Tagesraum festlich geschmückt. „Es sind zum großen Teil Geschenke aus den Lüdenscheider Nikolauspäckchen", sagt die Heimleiterin Frau Menge bescheiden. Ich gebe ihr für den kranken Tierfreund Ringo ein besonderes Geschenk: Drei hübsche Wildschweine aus Holz habe ich für ihn im Gepäck, eine Bache und zwei Frischlinge.
Alle Kinder sitzen schon an der Kaffeetafel. Meine Augen suchen nach meinem Schoßkind vom Herbst. Da, es sitzt klein und in sich gekehrt neben Frau Winter, greift nach seinem Becher und trinkt mit geschlossenen Augen. Mein Platz ist zwischen Kathi und Sandra. Während ich mit Sandra spreche, stibitzt Kathi mir ein Gebäckteilchen vom Teller. Erregte Kinder gegenüber melden mir den Vorfall. Ich nehme Kathi in den Arm und frage: "Hast du Hunger?" – Sie sagt nichts, schaut nach unten; dann nickt sie. „Du kannst alles von mir haben. Wenn du wieder Hunger hast, fragst du bitte vorher." Kathi räumt meinen Teller leer.
Ein Klingelzeichen ertönt, die Kinder dürfen in den Nebenraum. Dort sind die Kerzen angezündet und alle Lüdenscheider Geschenke aufgebaut. Frau Winter verrät mir den Namen von meinem heimlichen Schützling. „Das ist unser kleiner Mark." Er hat Glück bei der Bescherung, erwischt einen stabilen Kipplader aus Holz, auf dem er sitzen kann. Es gelingt ihm, sein Gefährt aus dem Gewühl herauszubugsieren und – ist wieder im Abseits. Er dreht am Steuerrad, er bewegt sein Fahrzeug mit seinen Beinchen hin und her, er nimmt eine Puppe vom Teppich auf und setzt sie in den Laderaum. Dann sitzt er ganz still und schaut mit verträumten Augen in den Raum.

Die strenge Heimordnung verlangt nach der Bescherung den Aufenthalt im Freien. Während sich der Raum leert, ruft Frau Menge Mark zu uns. Er kommt zögernd und stumm näher. „Kennst du mich noch?“ frage ich ihn. Mit großen Augen schaut er mich an, ist innerlich ganz steif und sagt nichts. „Du hast auf meinem Schoß gesessen.“ Kein Zeichen des Erinnerns. „Magst du? – Komm!“ Meine Hände unterstreichen die Einladung. Marks Augen werden noch größer – und dann klettert er plötzlich ganz schnell auf meinen Schoß, kugelt sich ein wie ein Embryo und wird ganz steif – vor Angst? – vor Erwartung?
Ich streichle behutsam sein stumpfes Haar, seine kranken, geballten Fäustchen unter dem Kinn, wiege ihn auf meinen Knien und summe und brumme ein paar leise Töne in das mir zugewandte Ohr. Ich berühre die wunden Stellen an seiner Stirn, mein Zeigefinger gleitet über seine rechte Wange, die er nicht ganz vor mir verbergen kann.
Brummen und Summen, Wiegen und Streicheln. Da – ganz langsam kommt ein Fingerchen aus der Faust, dann werden es zwei, drei und mehr; ein großer Kopf dreht sich mir entgegen, geöffnete Lippen zeigen eine Reihe von wunderschönen, kleinen Milchzähnchen. Ein verkrampftes Bündelchen Mensch erblüht wie eine Rosenknospe an einem warmen Sommertag, läßt mich in zwei Augensterne schauen, tauscht ein Lächeln mit mir, blickt mich wissend, fragend, staunend und endlich strahlend an. Ich kann sein Bäuchlein berühren, sein Kinn, stupse meine Nase ganz zart an seine. Entkrampfte Fingerchen spreizen sich vor Lust, greifen nach meiner Kette und spielen mit ihr.
Frau Menge hat schon längst auf leisen Sohlen den Raum verlassen. Mark und ich sind lange allein und vollkommen vertieft ineinander.
Woher kommst du, Mark? Was hat man dir angetan? – Du bist wie ein Säugling – und dann schaust du mich an, als wüßtest du mehr als ich. Du bist hautkrank, deine Sprache ist in ihren Anfängen steckengeblieben, du hast den sogenannten Hospital-

wuchs. Wer hat dich verstoßen, verleugnet, lieblos behandelt, vielleicht sogar gequält? – Antworte mir, bitte!

* * *

Werner kam am 23.12. nach Stralsund. Wir verlebten Weihnachten auf Rügen im Schloß Spycker, erlebten die Insel bei Frost und Kälte: zugefrorene Boddengewässer, Eiszapfen an den Kreidefelsen, Rauhreif nach nebliggrauen Morgenstunden und Feuerstellen moderner Piraten am Strand.
Ich wollte so gerne noch einmal ins Lietzower Heim, um Mark zu sehen. Doch es kam nicht dazu. Werner sagte mir, er könne diese armen, kleinen Kinder nicht ansehen, das hielte er nicht aus. Zum Jahresende kehrten wir heim, und all meine Fragen an das Kind nahm ich mit.

Gleichzeitig hatte ich auch eine wichtige Nachricht an eine Attenberger Familie, daß ich im Lohmer Heim wahrscheinlich einen passenden Jungen für sie gefunden hätte. Das Ehepaar mit einer erwachsenen Tochter war bereit, einem Kind ein neues Elternhaus zu geben. Bei mir kam der zündende Funke, als Martin auf einem uralten Akkordeon vier Weihnachtslieder zur Lüdenscheider Bescherung vorspielen wollte, die er sich selbst eingeübt hatte. Alles ging zu Beginn des Jahres 1993 sehr schnell. Die musikalische Familie wollte – die Telefondrähte zwischen Lohme und Attenberg, noch mehr zwischen Attenberg und Lüdenscheid wurden arg strapaziert. Ich berichtete über Martin in Wort und Bild, kannte ich ihn doch seit November 1990.
Gleichzeitig spann ich Fäden für Mark. In meiner niederrheinischen Verwandtschaft gab es ein junges, kinderloses Ehepaar, das im Hause zwei Kinderzimmer vorgesehen hatte und bittere Tränen vergoß. Ich schickte ein Foto von Mark, telefonierte, verschwieg nichts. Die junge Frau konnte sich vorstellen, einem kranken Kind zu helfen.

Ende Januar erkrankte ich an einer Kopfrose, litt, telefonierte trotzdem. Meinem Hausarzt zeigte ich mein erstes Foto von Mark vom Tage der Bescherung vor Weihnachten. Er schaute es kurz an und meinte: „Das scheint keine Schuppenflechte zu sein, sondern eher Neurodermitis. – Ein aufgewecktes Kerlchen", fügte er abschließend hinzu.
Ich freute mich innerlich, schwieg aber, sagte nichts von den Sprachstörungen des Kindes, nichts von dem Rückstand seiner Entwicklung. Die Gedanken an das Kind verließen mich an keinem Tag.

Martin kam Ende Februar unter fast dramatischen Umständen, die uns tiefe Einblicke in das Lohmer Heimleben gewährten, nach Attenberg. Wir wurden sofort nach seiner Ankunft dorthin eingeladen. Wegen der Kopfrose durfte ich zwar keinen Hautkontakt mit ihm haben, aber ihn sehen. Martin, elf Jahre alt: „Dann drücken wir uns eben später, bis wir nicht mehr können, bis wir aneinanderkleben."
Über aller Freude und Aufregung wegen Martin vergaß ich Mark nicht. Ich hörte, daß sich seine angebliche Schuppenflechte nach Weihnachten stark verschlimmert hatte. Er kam Ende Januar in die Universitätsklinik nach Greifswald und blieb dort über sechs Wochen. Seinen Geburtstag am 23. Februar – dem Ankunftstag von Martin in Attenberg – verbrachte er im Gitterbettchen in der Klinik. Ich schickte ein Päckchen mit Teddy, Bilderbuch, Kerze und einem Foto von mir, damit er sich erinnerte. Meinen Brief las ihm Frau Menge vor, die aus Lietzow angereist war; auch sie legte ihm Geschenke auf sein Bett, saß bei ihm und salbte später seine Haut. Erst im Juni erfuhr ich, daß das Gitter seines Bettchens doppelt so hoch war als üblich. Er befand sich also sechs Wochen in einem Gefängnis.
Bei seiner Haut führten die unterschiedlichsten Therapien schließlich zu einem gewissen Erfolg. Cortison war im Spiel, vermutlich als Dauergabe.

Mark wurde in der ersten Hälfte des Monats März nach Lietzow zurückgeholt.
Meine telefonischen Verhandlungen mit dem jungen Ehepaar vom Niederrhein waren so weit gediehen, daß ein Besuchstermin festgelegt werden konnte.

Im März 1993 trafen wir alle zusammen: meine kinderlosen Verwandten, die Heimleiterin, Mark und ich. Weil ich im Heim großes Vertrauen genoß, nahm ich an den Gesprächen teil und erfuhr dadurch sehr viel über Marks Familie. Das Kind kam im Alter von drei Monaten noch vor der Wende in ein Säuglingsheim. Seine Mutter starb ein knappes Jahr nach seiner Geburt unter mysteriösen Umständen. Als Väter waren zwei Männer im Spiel. Der geschiedene Ehemann konnte seine Unschuld schriftlich belegen, der andere Verdächtige verließ Rügen, Wohnsitz unbekannt.
Die Universitätsklinik in Greifswald hatte in ihrem Gutachten über das Kind geschrieben:
a) Schuppenflechte
b) debil, d.h. nur bedingt bildungsfähig.
Marks Schicksal war damit eigentlich besiegelt: Heimaufenthalt ein Leben lang.
Der März zeigte sich auf Rügen von seiner grauesten Seite. Letzte Schneereste am Bodden konnten daran nichts ändern. Marks Ausschlag war plötzlich wieder ausgebrochen. Dazu kam der merkwürdige Dauergeruch im Heim, der mich an Hygieneräume in Moskau erinnerte. Ich hatte mich längst damit abgefunden, aber meine jungen Verwandten ekelten sich. In ihrem Dorf am Niederrhein hatten sie ihre heile Welt, ihr schmuckes Häuschen, waren weit weg von den Problemen der ostdeutschen Menschen nach der Wende. Der Frühling war am Rhein bereits eingezogen und bedeckte das flache Land mit seinem zarten Grün. Nun schienen sie auf der grauen Insel in schwarze Abgründe zu blikken.

Mark ahnte nicht, was die jungen Erwachsenen von ihm wollten. Der Ehemann spielte eine Weile mit ihm, seine Frau hielt sich zurück. Beim folgenden Gespräch mit Frau Menge holte ich Mark wieder auf meinen Schoß. Er entdeckte einen Kamm in meiner Tasche und versuchte, mich zu kämmen. Dann beugte er sich zu der jungen Frau hinüber, reckte sein Ärmchen und wollte auch ihre Haare glätten. Sie zuckte erschreckt zurück und verweigerte ihm jede Berührung. Damit war die Entscheidung gefallen.

Das Paar fuhr drei Tage früher als geplant wieder heimwärts, ja, seine Abreise glich einer Flucht. Ich glaube, die jungen Leute hatten ganz andere Vorstellungen gehabt von einer Adoption mit all ihren Problemen. Wir führten noch ein langes Gespräch im Quartier; ich versuchte aber nicht, sie umzustimmen.

Mark blieb weiterhin im Heim.

Ich muß gestehen, daß mich diese verfehlte Reise arg enttäuschte. Doch war oder wurde sie wirklich völlig ergebnislos? Ich hatte ja noch ein paar Tage Zeit. Zwar lag die Fotografie fast brach bei dem grauen Wetter. Am trüben Bodden gelangen die Lietzower Fischer im Boot dicht hinter dem Schilf mit Schneeresten am Ufer. Zwei Reiter am Strand – Silhouetten vor dem kalten, stillen Gewässer – das war alles.

Meine gute Malerfamilie in der Wildnis der Halbinsel Jasmund baute mich an gemütlichen Abenden bei einem Gläschen Rotwein wieder auf. Besonders die feinsinnige, sensible Ute hatte ich ins Herz geschlossen, Kunsterzieherin an der Lohmer Schule und im Heim – wie hatte sie das überstanden? –

In Lohme kam es zum ersten kritischen Schlagabtausch zwischen dem Heimleiter und mir. Martin war die Schlüsselfigur. Ich wollte sein Eigentum mitnehmen, das bei der schnellen Abreise im Februar zurückgeblieben war. Noch immer höre ich die heftigen Faustschläge des ehemaligen Parteisekretärs und Offiziers vor mir auf dem Tisch, mit denen er seinen Kernsatz kräftig

untermauerte: „Spätestens Ostern ist der Bengel wieder hier im Heim. Mit dem wird keiner fertig!"
Ich versprach ihm ganz ruhig, daß Martin nie wieder nach Lohme zurückkehren würde. „Wenn Martin wieder unter Ihrer Obhut leben müßte, wäre seine Zukunft vorprogrammiert: Er würde entweder kriminell oder ein Fall für den Psychiater."
Die Entgegennahme von Martins Hab und Gut mußte ich quittieren. Entsetzt war ich über das Kinderbild seiner Mutter. Es lag lieblos unter einem losen Glas auf dem Karton mit der Kleidung. Der Rahmen bestand aus vier Einzelteilen. Die Augen auf der Fotografie waren durch Messerstiche verunstaltet.
In Lietzow erforschte ich das Haus Semper, mitten im Walde gelegen, ehemaliges Stasi-Nest, jetzt Polizeischule des Landes Mecklenburg-Vorpommern. Ein Heizer gab mir redselig viele Auskünfte, die mir sehr wichtig waren. Gründe für mein Vorgehen gab es genug. War ich die neue Miss Marple oder auf Matulas Spuren? Der Fotoapparat tarnte mich als Touristin.
Hatte ich Mark vergessen? Nein, um ihn ging es, wenn ich wie ein Privatdetektiv umherschlich – um ein kleines, hilfloses Kind. Debil, debil, debil! hämmerte es in meinem Kopf. Abgeschoben, verleugnet – von wem? Das wollte ich wissen. Überall spürte ich Angst. „Bitte, forschen Sie nicht weiter, bitte nicht! – Mark wird wohl für immer in einem Heim leben müssen." Frau Menge sagte es mit Nachdruck. Sie war so erzogen, alles zu glauben, was Vorgesetzte, Fachleute wie Mediziner oder Psychologen aussagen. Ich aber nicht!

Jeden Tag ging ich mehrere Stunden in das Lietzower Heim. An Mark war der Rheinlandbesuch ohne Schrammen vorübergegangen. Er wurde immer zutraulicher zu mir. Der Name Mark gab mir wenig Spielraum, ihm meine Zuneigung zu zeigen. Er war so kurz, so wenig klangvoll – und Marki mochte ich nicht leiden. Saß er auf meinem Schoß, sagte ich manchmal „Kleiner Mann" oder „Mein kleines Schätzchen" zu ihm. Dann kletterte er hoch, stand mit seinen Füßen auf meinen Knien, streckte

seine Ärmchen hoch in die Luft und rief: „I bin dooß!" Ich mußte mit beiden Händen seinen Leib halten, damit er nicht stürzte. Aus dieser Sicherheit heraus versuchte er, über Bauch und Brust auf meine Schultern zu kommen, um noch größer zu werden. Doch bei diesem Unterfangen mußte ich streiken.
Mit der ständigen Wiederholung „I bin dooß!" gab er mir Einblicke in seine seelischen Nöte. Ihm fehlte nicht nur Liebe, sondern auch das, was wir so schön 'Selbstwertgefühl' nennen. Von nun an nutzte ich jede Gelegenheit, ihn zu fordern, brauchte seine Hilfe, dankte, lobte ihn.
Er brachte mir viele Dinge an, die ich betrachten sollte, er war erregt und sehr flink, wenn Freude in ihm war. Ich merkte immer wieder, daß er trotz seiner kleinen Figur große Kräfte entwickeln konnte. Hatte er sie gespeichert, aufgespart und nutzte nun die Gunst der Stunde, um seinem freundlichen Gegenüber alles zu zeigen, was in ihm war? Ich sprach kein tadelndes Wort, keinen Befehl; was ich wollte, lockte ich aus ihm heraus. Meine freundlichen Bitten öffneten alle Schleusen.
War er müde, kam er auf meinen Schoß und wurde klein wie ein Säugling, dann wieder zeigte er die Mimik und Gestik eines resignierenden Erwachsenen. Eine riesige Schere schien in seiner Entwicklung zu klaffen. Er stieß viele Laute unartikuliert aus, aber ganz bestimmte Sätze sprach er klar und deutlich. Mark gab mir Rätsel über Rätsel auf.
In einer besonders glücklichen Stunde bekam mein Schützling von mir ein überwältigendes Angebot: „Wenn du es gerne möchtest, will ich nun für immer deine Oma sein."
Er saß auf meinem Schoß, schaute mich mit leicht geöffnetem Mund an, ruckte erregt mit seinem großen Kopf und stammelte: „Oma – Oma – Oma!" Von nun an schmückte er jedes kleine Wort, jeden unartikulierten Laut mit diesen beiden inhaltsschweren Silben.
An all seinen bescheidenen Freuden ließ er mich teilhaben. Wenn ich morgens kam, holte er aus einem Winkel zwischen Schrank und Wand eine Tragetasche hervor und schleifte sie

hinter sich her. Darin waren all seine Schätze, die er aus Greifswald mitgebracht hatte, darunter meine Geschenke zu seinem Geburtstag. Das Foto von mir war vollkommen verknuddelt und auf der Rückseite bekritzelt. Da hatte er mir in Greifswald aus seinem Gitterbettgefängnis heraus lange Briefe geschrieben. Briefe an eine Frau, deren Namen er nicht kannte, von der er nicht wußte, wo sie lebte. Sicher hatte er alles hineingelegt, zu dem seine kleine Seele fähig war: Hoffnung, Vertrauen, vielleicht ein wenig Liebe.

Waren all seine Schätze verstaut und zwischen Schrank und Wand in Sicherheit gebracht, forderten seine großen, entwaffnenden Augen eine Gegenleistung: Omas Handtasche wollte er sehen – und zwar von innen. Da mußte ich brav auspacken und erklären. Kamm und Spiegel, Kugelschreiber und Notizblock und vor allem mein Schlüsselbund hatten es ihm angetan.

Am nächsten Tag schenkte ich ihm Kugelschreiber und Papier. Als wir gemeinsam 'arbeiten' wollten, wurde mir zum ersten Mal richtig klar, daß die Kinder im Gebäude nur den Teppich zur Betätigung hatten. An den kleinen Tischchen im Nebenraum wurde gegessen. Danach kamen Deckchen auf die gesäuberten Tischplatten, damit alles hübsch ordentlich aussah. Niemand durfte darauf malen, kneten oder kleben. Das Ordnungsprinzip stand über dem Betätigungsdrang der Kinder. Natürlich gab es die gemütliche Fernsehecke, gegen die nichts einzuwenden ist, wenn sie mit Maßen gebraucht wird.

Im Heim war inzwischen allen bekannt, daß Mark eine Oma bekommen hatte. Erstaunlicherweise gab es keinen Neid. Mehrere Kinder seiner Gruppe hatten Verwandte, die sich ab und zu sehen ließen, die anderen waren selten verständig, wie ich es mir kaum von westdeutschen Kindern vorstellen könnte.

Hatte mich ein Kind morgens vom Fenster aus erblickt, rief es laut: „Mark seine Oma kommt!" Sprangen einige auf mich zu, um mich zu begrüßen, riefen andere: „Faß ihr nicht an, das ist Mark seine Oma!" Natürlich bevorzugte ich Mark, versuchte aber ebenso, die anderen nicht zu vernachlässigen. Saß er auf meinem Schoß, so durfte uns zunächst niemand nahe kommen. Mit Händen und Füßen, mit lauten Tönen behauptete er seine Stellung.

Ich zeigte ihm dann, wieviel Platz ich noch hatte. Er kam aufs rechte Knie, Sandra aufs linke, Kathi schob sich mit leuchtenden Augen und grunzenden Lauten dazwischen. Niko und Mule kuschelten sich stumm links und rechts von mir auf dem Sofa. Eine kleine Kinderkette umspannte die vorderen Drei, verband sich mit Händen, deren Besitzer hinter der Sofalehne Schultern und Nacken von mir zu erhaschen suchten.

Der anfangs so widerstrebende Mark saß plötzlich mitten in einem Kinderpulk, wie es ihm zuvor nie widerfahren war. Mit seiner Oma war er Mittelpunkt, saß in einem Haufen voller Glück. Niemand ekelte sich vor seiner Haut, niemand stieß ihn zur Seite. Löste sich der Liebesklumpen langsam, blieb er als strahlender Sieger zurück auf meinem Schoß.

Eines Abends kam er nackt aus dem Baderaum. Seinen kleinen Bademantel zog er hinter sich her und legte sich auf das Fernsehsofa. Ich sah das aufgedunsene Bäuchlein, den großen, viel zu großen Kopf und die gemarterte Haut. „Darf ich dich fotografieren?“ fragte ich ihn. Er nickte, war aber plötzlich ganz verschämt, steckte einen Finger in den Mund und drehte sich zur Seite. Ich hatte schon ausgelöst, der Blitz schlug in die ängstlichen Augen – da schämte ich mich auch. Hatte ich ihn gekränkt, seine Würde verletzt?

Eine Erzieherin kam und begann, ihn zu salben. Er streckte seine Ärmchen aus und rückte so weit wie möglich von ihr weg, drehte den Kopf von ihr ab mit einem bösen Blick in den Augen. Die Frau tat ihre Arbeit verdrossen und ohne ein gutes Wort für ihn. Ganz flüchtig strich sie die Salbe auf die wunde Haut. Die Szene war grau, stumpf, fast ein wenig abstoßend.

Danach durfte ich Mark in den Schlafraum bringen. In einem leichten Nachthemdchen stieg er in sein Bett, holte sich einen Zipfel seiner Decke und Lori, die Kuh, nahe an seinen Mund und lag ganz still da. Die fünf anderen Kinder in dem Raum saßen aufrecht in ihren Betten und schauten gebannt zu uns hin. Da erzählte ich für alle eine kleine Gute-Nacht-Geschichte, streichelte ab und zu Marks nacktes Ärmchen und Lori, die Kuh. Allen gab ich zum Abschied die Hand, und Mark flüsterte ich ins Ohr: „Ich komme morgen wieder." Als ich draußen war, mußte ich tief durchatmen. Hatte ich meine Gratwanderung in der Verteilung der Gunst gut beendet?

Der letzte Tag meines Märzbesuches in Lietzow brach an. Mark kam mir besonders hübsch angezogen entgegen. Auch Frau Menge betrat den Raum, zog Mark zu sich heran, nahm sein Kinn in eine Hand und sprach freundlich auf ihn ein. Ich staunte nicht schlecht, als er seine Arme wie zwei hölzerne Stangen schützend vor seinen Leib legte, der starr vor Abwehr war. Ängstlich lächelnd schaute er seine Heimleiterin an.
Sie war im Hause in erster Linie Respektsperson und sicher nur selten so freundlich zu ihm wie jetzt. Ich sah in ihr eine mütterliche Frau, aber sie war erzogen und groß geworden unter dem Regime der DDR-Diktatur. Im Vergleich zu Lohme war der Ton in Lietzow liebevoller, aber auch hier wurde viel getadelt und selten gelobt.
Als Frau Menge gegangen war, lehnte Mark sich gegen einen Sessel, legte seine Ärmchen auf den Rücken, neigte den Kopf leicht zur Seite und schaute mich ohne Angst erwartungsvoll an. Er wirkte viel älter, als er war. Vollkommen entspannt, offen und wehrlos wartete er auf eine Äußerung von mir. „Wollen wir ein wenig an den Strand gehen?" fragte ich ihn. Die Erzieherinnen hatten mich auf die Idee gebracht: „Gehen Sie doch mal mit ihm spazieren. Das wird ihm Spaß machen."
Natürlich wollte ich das tun, obwohl ich mir nicht vorstellen konnte, daß ihm ein Spaziergang mit mir große Freude bereiten würde. „Okay, Oma", nickte Mark eifrig, und Hand in Hand marschierten wir los. Der Wind blies stark vom Wasser her, da änderten wir unseren Plan und gingen in den schützenden Wald. Dort entdeckten wir auf dem Boden allerlei Besonderhei-

ten im modernden Laub, saßen in der Hucke und wurden zu eifrigen Forschern. Bei Weggabelungen durfte Mark die Richtung bestimmen. Bald ließ er meine Hand los, lief einen Hang hinauf und wieder herunter, fand einen starken Knüppel, schlug damit ins Laub, umkreiste mich, blieb immer in meiner Nähe. Er war voller Eifer und doch ganz ruhig. Ich war sein ruhender Pol, war ihm sicher, meine Hand blieb frei für ihn. Er genoß dieses wundersame Glück, einen Menschen für sich allein zu haben, und dieses winzige Stückchen Freiheit hier im Wald.
Und ich? – Sehr viel lernte ich auf unserem ersten Spaziergang. Wir waren glücklich in der Natur; uns störte es nicht, daß sie noch zu schlummern schien, weil sich ein großes, friedliches Gefühl über den grauen Märztag legte.
Als wir uns den ersten Häusern näherten, entdeckte Mark im lichten Gestrüpp eine Katze. Er hockte sich hin und rief sie immer wieder sehnsuchtsvoll an: „Mule, Mule, Mule!" Warum sind im Heim keine Haustiere? schoß es mir durch den Kopf. Im Lohmer Heim ließ der Leiter neugeborene Kätzchen im Beisein der Kinder töten. Abhärtung nannte man so etwas.
Die nahende Autostraße rückte meine abschweifenden Gedanken wieder zurecht. Hand in Hand gingen wir dem Heim entgegen. – Wer hatte nun den größeren Gewinn von diesem kleinen Ausflug? Mark oder ich?

Nach dem gemeinsamen Mittagessen durfte Mark auf seine Bettruhe verzichten, weil meine Abreise bevorstand. Alle Kinder seiner Gruppe mußten schlafen, er aber saß bei seiner Oma auf dem Sofa. Wir waren ganz allein in dem überheizten Tagesraum mit der Fernsehecke, dem großen Tisch mit Sofa und Sesseln und dem Spielteppich für die Kinder. Die verbrauchte Luft und der Verzicht auf die gewohnte Entspannung nach der Mittagsmahlzeit machten mich müde. Ich brauchte große Energien, um Mark nicht zu enttäuschen.
Noch war er ein lustbetontes Energiebündel, das seine Stunde nutzte. Er ging auf Entdeckungsjagd. Da war mein schöner,

runder Anhänger mit dem gelben Bernstein, der seine Aufmerksamkeit erregte. Mal trug er ihn, dann hing er wieder an meinem Hals.
Der Hals, er wurde zum zweiten Programmpunkt. Mark tastete, griff zu, schaute mich zwischendurch fragend an: „Aua?“ – Das leidgeprüfte Kind zeigte Anteilnahme. Nun erfuhr er von mir etwas über Hautveränderungen, über Falten, Sommersprossen, Altersflecken und, und, und – . Noch nie habe ich so ruhig und abgeklärt über den Alterungsprozeß der Haut sprechen können wie mit Mark. Am Ende dieser Forschung brachte er es auf den Punkt: „Aate Oma“, sagte er fast zärtlich.
Noch einmal wollte er den Inhalt meiner Handtasche sehen. Da war es ja, das Schlüsselbund! Mark sprang plötzlich auf, bohrte alle Schränke an, reckte sich an der Zimmertür hoch und wollte sie verschließen. Just in diesem Augenblick kam ein guter Hausgeist mit Kaffee für mich und einer Limonade für Mark. Nach einer Weile überfiel ihn die Müdigkeit, er lehnte sich an und wurde wieder ganz klein und schutzbedürftig. Wir spielten ein wenig ‘schlafen’, doch aus dem Spiel wurde für das Kind Ernst. Ruhig atmend lag es noch lange in meinem Arm. –
Der Abschied von Lietzow wurde mir sehr schwer. Mark weinte bitterlich. Ich fand noch eine Tafel Schokolade im Wagen. „Für jedes Tränchen ein Stückchen Schokolade“, sagte ich ihm, „mehr darfst du einfach nicht weinen. – Ich komme wieder. Du hörst was von mir“, tröstete ich das schluchzende Kind. „Mark, du hast jetzt eine Oma“, raunte Frau Menge ihm zu. Aber es war eine Oma, die wegfuhr und noch nicht genau sagen konnte, wann sie wiederkommen würde.

Meinen Kummer verdrängte ich auf dem Heimweg. Ich fuhr allein und dachte nach vorne bei meiner Fahrt durch die beruhigende Landschaft Mecklenburg-Vorpommerns. Welche Schritte sollte ich nun tun? – Der Junge muß wissen, daß ein Mensch für ihn da ist, an ihn denkt und ihn das wissen läßt. – Ich werde ihm hübsche Karten schreiben und ihm in verständli-

chen Sätzen Mut machen. Wie bunte Schmetterlinge sollen sie einfliegen und Fröhlichkeit verbreiten.
Da brachte der Lietzower Postbote jede Woche Kätzchen, Hunde, springende Fohlen, Osterhasenfamilien, Frühlingsblumen und herrlichen, roten Klatschmohn ins Kinderheim. Wenn Frau Menge mit der Post durch den Flur ging, stampfte Mark an ihrer Seite von einem Bein aufs andere und stieß erregte Laute aus. Oft wurde er von seiner Heimleiterin geneckt. So suchte sie manchmal umständlich nach ihrer Brille, bis sie endlich sagen konnte: „Ja, deine Oma hat wieder geschrieben."
Aus Lüdenscheid, vom Comer See und aus Hamburg flogen die Grüße ein; manchmal sogar mehrere in einer Woche. Die Karten trug der kleine Mann nach ihrer Ankunft einen Tag mit sich herum, ließ sie sich immer wieder vorlesen und verwahrte eine nach der anderen unter seinem Kopfkissen.
Ich tat noch mehr. In der Zeitung erschien ein Foto von Mark mit geändertem Namen in der Bildunterschrift. Ich suchte nach einer Familie, die ihn zu sich nehmen würde – eventuell auf Zeit, für einen Nordseeurlaub, noch besser für immer. Zu uns konnte Mark nicht kommen. Mein Alter und unsere Familienverhältnisse sprachen dagegen.
Drei junge Frauen meldeten sich. Es kam aber zu keiner Begegnung zwischen den Ehepaaren und Mark – die Absagen erfolgten schon vorher durch die Ehemänner.

Alle meine Bemühungen verfolgte Reni aus Attenberg mit großer Anteilnahme. Wir kamen uns immer näher. Martin und Mark waren die Gesprächsinhalte. Reni kapselte sich nicht in ihrer neuen Mutterrolle ab, sie suchte das Gespräch und blieb außerdem offen für alle Themen. Ich schloß Reni immer mehr ins Herz. Die lebhafte, rheinische Frau machte mit Werner und mir kurzen Prozeß: „Wir haben keine Großeltern für Martin. Ihr seid hiermit als Oma und Opa adoptiert. – Basta!" Martin staunte: „Ist meine Mama denn dein Kind?" fragte er mich. Er war einverstanden mit der Entstehung dieser neuen, freiwilligen

Großfamilie, tanzte mit seinem Opa Tango, drückte seine Oma – als die Ansteckungsgefahr der Kopfrose vorbei war – , daß die Knochen krachten. Von mir lernte er den Schmetterlingskuß, den wir gemeinsam vervollkommneten zum zarten 'Doppeldekker'. Martin brachte Lachen und Weinen in unsere Herzen.

Als ich sein Hab und Gut Ende März nach Attenberg brachte, lud ich ihn zu einem Eis ein. Während wir ins Nachbarstädtchen in ein Café fuhren, las er mir unterwegs den Brief vor, den seine Gruppe mir für ihn mitgegeben hatte. – Seine Lohmer Gruppe – gebannt hatte sie gelauscht, als ich auf Rügen von Martins neuem Leben berichtete. Eine kleine Tragetasche füllte sie für ihn mit kleinen Kindergeschenken. – „Nun schreiben sie plötzlich alle ganz nett", sagte Martin auf dem Beifahrersitz. „In Lohme waren sie immer ganz garstig."

Im Café schleckten wir Eis. Martin wollte bis ins kleinste alles von Lohme wissen, und ich berichtete geduldig. Schließlich wagte ich bei dieser intensiven Beschäftigung mit der Vergangenheit eine Gegenfrage: „Wie war das eigentlich mit Frau Eiseler? Du mußt doch einen Grund gehabt haben. Warum hast du die Frau deines Heimleiters geschlagen?" Wie von der Tarantel gestochen rückte Martin von mir ab, legte schützend seine Handrücken vor das Gesicht und stammelte: „Bitte, bitte, nicht schlagen!" Ich erschrak, legte meinen Arm um Martins Schulter. „Du wirst nicht mehr geschlagen – nie mehr wirst du geschlagen, Martin!" – Und dann: „Du brauchst mir nichts zu erzählen, wenn du nicht magst, vieles kann ich mir doch denken."

Langsam und stockend packte er aus. Seine Stimme war genauso flach und ohne Grundresonanz, wie es mir in Lohme immer schon bei Jutta aufgefallen war. Alle Klänge saßen oben, verkrampft, flach und voller Angst. Eine verletzte Kinderseele erleichterte sich. Nichts hatte er tun dürfen, was ihm Spaß machte, keine Frage wurde ihm beantwortet. „Du störst! – Hau ab! – Halt die Klappe! – Nervensäge!" Stillsitzen, Kommandos, in der Ecke stehen, ins Bett müssen am Tage als Strafe, eingesperrt werden in ein Zimmer über eine Woche. Ein angestauter Protest

über Jahre; da schlug er eines Tages mit seiner Faust in das Gesicht seiner verhaßten Lehrerin, der Frau des Heimleiters.
Ab ins Krankenhaus – Psychopharmaka – Besuch aus Attenberg mittendrin. Martin kommt auf Urlaub ins Heim, wird fast aus dem Haus gedrängt, wird mit leichtem Gepäck dem fremden Ehepaar rausgereicht, wäre mit jedem Ehepaar mitgegangen, nur raus, raus, raus! Der Heimleiter läßt sich verleugnen, damit er später von 'Entführung' sprechen kann. Und außerdem: Es ist nicht mehr festzustellen, welche Erzieherin den Jungen so problemlos aus dem Hause drängte.
Martin schreibt am 23. 2. 1993 in Attenberg auf den Küchenkalender: „Tag des neuen Kindes." Schon auf der Insel kriecht er im Hotel ins Bett seiner neuen Eltern, in Attenberg steigt er zu seiner Mutter in die Badewanne. Elf Jahre ist er alt – ein schmaler Jungenkörper dürstet nach Nestwärme.
Sein Vormund in Stralsund gibt grünes Licht für Martins Glück: Rückkehr ins Krankenhaus nicht nötig – Einschulung in Attenberg gestattet – und das alles, ohne den Heimleiter zu fragen! „Der Vormund ist unfähig! – Wie kann er dem Ehepaar erlauben, mit der behandelnden Ärztin zu sprechen?" schreit der durchs Telefon.
Martin bekommt seit dem 23. 2. 1993 keine Medikamente mehr. Der Hausarzt in Attenberg setzte sie ab.

Wir alle lieben Martin. Er sitzt lange an seinem Schreibtisch und malt seine Qualen von seiner Seele. Unten ist die kleine Stadt. Die dunkle Gestalt ist das 'neue Kind', das dort lebt. Der riesige Himmelsraum ist erfüllt von einer Engelgestalt, die eine lange Kette trägt, wie seine Mutter auf dem Kinderbild. Eine Sprechblase: „Ich bin immer bei dir. Ich werde dich behüten."
Martin durfte seine Mutter nicht beerdigen. Im April fuhren Ralf und Reni mit ihm ans Grab seiner Mutter, mitten in Vorpommern. Ein großer Kranz und ein Brief von einem kleinen Jungen schmücken nun das Grab.

Das Kinderbild seiner Mutter habe ich reproduziert und neu gerahmt – für Martin.
Warum schreibe ich über ihn? Weil er Wegbereiter wurde für Mark. Er gewährte uns Einblicke in seine verletzte Kinderseele, in die Tragödien der Heimerziehung in Lohme. Wir fragten nichts. Wir merkten an seinem Verhalten, was gewesen war, hörten zu, wenn er von selbst von seinem Kinderleben sprach. Fünf Jahre Heim, erst in Prora, dann ein Jahr in einer Familie. Danach wartete die Abgeschiedenheit Lohmes auf ihn. – Musik wollte er machen, nichts durfte er.
„Ich wünsche mir eine Trompete", flüsterte er mir ins Ohr, als wir im November 1990 zum ersten Mal im Tagesraum in Lohme waren. Auf Werner ging er zu und wich nicht mehr von seiner Seite. Kam ich allein nach Lohme, steckte er seinen Kopf tief hinein in das geöffnete Wohnmobil, suchte und fragte nach ihm.
Nie werde ich das Frühstück im riesigen Speisesaal vergessen, das ich gemeinsam mit den Kindern einnahm. Jutta saß rechts von mir, Martin über Eck links. „Herr Eiseler will mir neue Eltern besorgen", sagte Martin mit seiner verhauchten Stimme. „Das kann er dir gar nicht versprechen", trumpfte Jutta auf, „niemand weiß, ob das klappt." Mir gegenüber saß stirnrunzelnd der verschlossene Bernd, Martins Halbbruder. „Ich will nie wieder Eltern haben, nie wieder!" stieß er heraus und versank erneut in Schweigen. –

Bei jedem Besuch in Lohme begegnete uns Martin als lebhafter, freundlicher Junge. Auch beim denkwürdigen Adventsbesuch im Dezember 1992. Als ich etwas müde vom Fahrersitz kletterte, stand kurz danach Martin an meiner Seite und hatte eine Bitte: „Ich will morgen bei der Feier was vorspielen. Ich hab ein altes Akkordeon. Können Sie mir die Lieder noch mal abhören?" „Natürlich, Martin", versprach ich ihm, „am liebsten aber erst morgen Vormittag. Melde dich bitte beim Frühstück bei mir." – Ist denn kein Erzieher dazu fähig? schoß es mir durch den Kopf.

Am nächsten Vormittag hielt ich mein Versprechen. Martin setzte sich in seinem tristen Zimmer auf sein Bett, ich saß gegenüber auf dem Bett seines Schlafgenossen. „Ich hab mir alles allein eingeübt“, sagte er eifrig. „Vier Lieder: vom Nikolaus, von den Glocken, dann eins vom Schnee – und noch eins.“
Es wurde eine kleine Sternstunde; es sprang ein heller Funke von Lohme nach Attenberg. ‘Wir wollen gerne ein Kind annehmen,’ höre ich Reni sagen mitten in meiner Rügenausstellung in ihrem Wohnort. – Und alle spielen ein Instrument: Ralf, Reni und Hanne.
Am Abend nach der großen Lüdenscheider Bescherung gab es ein langes Gespräch mit Herrn Eiseler. Umständlich, breitspurig, mit vielen ‘*Will ich mal sagen*’ kam er auf den Punkt: Martin hat einen Amtsvormund; er ist ohne Schwierigkeiten zu vermitteln, aber er ist ein schwieriges Kind.
Am nächsten Tag stand Martin wieder vor mir und berichtete stolz: „Ich soll auch in der Schule spielen.“ Und dann kam die zweite Bitte mit diesem entwaffnenden Blick in den Augen: „Ob Sie mich wohl von der Schule abholen können? Das Akkordeon ist so schwer.“ Da hielt ich gegen zwölf Uhr vor der Schule und wartete. Martin kam und bat auch für die Heimkameraden aus seiner Klasse. Lachend und singend holperten wir über das Lohmer Pflaster heimwärts. Im düsteren Flur des Heimes stand Martin danach vor mir, faßte um meine Taille, schaute zu mir hoch und sagte: „Sie sind aber eine liebe Frau!“ So ist Martin.
Herr Eiseler dagegen weiß ganz andere Dinge zu berichten: Vandalismus, Nervensäge, Störenfried und – natürlich – schlechte Leistungen in der Schule. Das ist die Quintessenz seiner langen Tiraden.
Aber da ist noch Ute, die Kunsterzieherin. Sie erzählt von einem sensiblen Kind, das so gerne malt, das sie einführt in die Welt der Farben und Formen, mit dem sie Bilderbücher betrachtet, das mit flehentlichen Augen hinter ihr her schaut, wenn sie am Ende ihrer Dienststunden in ihren Mantel schlüpft und das Heim verläßt.

Nach unserer Rückkehr wird rund sechs Wochen über Martin verhandelt. Alles läuft ordnungsgemäß über Jugendämter und Vormund. Dann fahren Ralf und Reni los, ahnen nicht, was inzwischen auf Rügen geschehen ist und – erlösen ein Kind aus seinen Qualen.
Noch einmal muß ich es sagen: Martin wurde wichtig für Mark. Wir erlebten sein Staunen über das Leben im westlichen Deutschland, sein Glück an seinem zwölften Geburtstag, seine erste, süße Liebe zu Jana. Martin bereicherte unser Leben. –
Über Mark sprach ich nur mit Reni und meinem Hausarzt. Werner gegenüber blieb ich stumm.

Im Juni 1993 fuhr ich allein mit gefülltem Wohnmobil nach Rügen. Der Klatschmohn blühte in verschwenderischer Fülle, mischte sein Rot mit dem Weiß der Margeriten. Kornblumen in dunklem Blau rundeten die Farbsinfonie. Reifende Gerste setzte warme Akzente; ab und zu ein spätes Rapsfeld in fast frechem Gelb. Über allem aber der hohe, nordische Himmel mit ziehenden, weißen Wolkenbildern und tirilierenden Lerchen. Blaue Wieken und Buchten mit Schaumkronen und ruhige, sanfte Wasser in den Bodden. Die Insel war wie verzaubert.
Als ich das 'Schloß Lietzow' über dem Jasmunder Bodden erblickte, klopfte mein Herz immer schneller. Kurz hinter dem Damm hielt ich vor dem Lietzower Heim. „Die Kinder sind alle am Strand", hörte ich von einer Angestellten, „irgendwo rechts neben der Treppe." Ich stieg hinab und sah die Kindergruppe in der Ferne. Durch den Sand stapfend gewahrte ich, daß sich ein Bündelchen aus der Gruppe löste und in unwahrscheinlicher Geschwindigkeit auf mich losstürmte. Sand wirbelte auf, Ärmchen flogen hoch, kleine Fingerchen spreizten sich. Rechtzeitig kniete ich im Sand und fing ein heftig atmendes Kind auf, schaute es an, lachte, drückte es ganz sanft – immer wieder. „Ich hab mich so auf dich gefreut", flüsterte ich in sein Ohr. „Du siehst so hübsch aus! Du hast rote Bäckchen!" „Oma, Oma",

stammelte das Kind. – „Komm, jetzt sage ich den anderen Kindern Guten Tag."

Frau Winter war freundlich. Sie gab Mark Urlaub bis zum Abendessen. Wir wanderten Hand in Hand am Strand entlang, suchten nach Schätzen im Sand und trieben allerlei Kurzweil. Plötzlich blieb Mark stehen, stellte sich breitspurig hin, schaute zu mir hoch, und ich begriff am Klang seiner Laute, daß er mir eine Frage stellte. Ich hatte sie aber nicht verstanden. Wieder kniete ich vor ihm und sagte: „Hilf deiner Oma, sie hat nicht richtig aufgepaßt." Jetzt war er nicht der Getadelte, sondern der Überlegene. Er schaute in ein freundliches Gesicht, das große Geduld signalisierte. Da brachte er heraus: „Ha du Kade?" – ? – ? „Meinst du eine Karte? – Eine Karte, die der Postbote bringt?" Er nickte eifrig. Da mußte ich seine Frage verneinen. Er erfuhr nun etwas über die Bedeutung einer Postkarte, über ihren Wert für zwei Menschen, die voneinander getrennt sind und sich nicht sehen. „Ich bin jetzt bei dir zu Besuch. Wenn ich wieder weggefahren bin, schreibe ich Karten an dich, damit du weißt, daß ich an dich denke." Mark nickte, er hatte mich verstanden und fragte in der folgenden Woche nie wieder nach einer Karte.

Für ihn begann nun mit Sicherheit die erste Traumwoche seines jungen Lebens. Wir verließen den Strand und gingen zum Auto, weil dort noch viele Mitbringsel für alle Kinder versteckt waren. Mark lief um den ganzen Wagen, bestaunte das weiße Ungetüm und kletterte vor mir hinein. – Mitbringsel? – Nein! – Das Steuerrad, der Fahrersitz, die Autotür, Schalter und Hebel. Er war plötzlich ein kleines Energiebündel, dessen große Stunde gekommen war und fuhr mit 'Brrrrrrd' und 'Düdüüüt' durch die weite Welt.

Er lernte die Lichtanlage kennen und erschrak vor der Kontrolleuchte der Warnblinkanlage. Wir kletterten nach draußen, und ich erklärte ihm die Funktion. Immer wieder stieß er heraus: „Okay Oma, okay Oma!" Mit affenartiger Geschwindigkeit kletterte er zurück in den Wagen und schaffte es, die für ihn schwere Fahrertür zuzuziehen und gleichzeitig seine Beinchen

mit Schwung zur Automitte hin in Sicherheit zu bringen. „Du bist toll!“ sagte ich zu ihm voller Bewunderung. Sein großer Kopf ruckte erregt, und seine Augen leuchteten.

Weil mein Ankunftstag schon zum Bersten gefüllt war mit Glück, überreichte ich ihm mein persönliches Geschenk erst am zweiten Tag. Es war ein hübscher, kleiner Rucksack, in den Mark all seine Schätze aus der Tragetasche einpacken sollte. Natürlich waren auch neue Schätze darin, lauter Dinge, die so ein kleiner Junge gut gebrauchen kann. Zuerst begriff er gar nicht, wie er mit solch einem Behälter umgehen mußte. Doch die verstauten Süßigkeiten beschleunigten seinen Eifer, mit den Schnüren und Riemen zurecht zu kommen.
Jeden Tag kam ich einige Stunden ins Heim und beschäftigte mich mit Mark. Wir hielten uns aber nicht lange im Haus auf, denn das Kind strebte hinaus zum 'dooßen Auto'. Ich bekam die Erlaubnis, mit ihm wegzufahren. Die Straße von Bergen nach Lietzow war gesperrt, dadurch gab es keinen Durchgangsverkehr auf der sonst stark befahrenen E 22. Nur vom nördlichen Saßnitz aus konnte man als Anlieger nach Lietzow gelangen. Die Bauarbeiten auf dieser Strecke waren so weit gediehen, daß ein langsamer Autoverkehr auf noch rubbeliger Fahrbahn stattfinden konnte. Der Betrieb war mäßig; ab und zu mußten Querrinnen überwunden werden.
Aus dieser Situation heraus tat ich etwas Verbotenes. Ich packte den Beifahrersitz voller Rügen-Literatur, die ich immer im Wagen habe, polsterte alles mit einem Kissen und umschlang den Aufbau mit einer Wolldecke. Obendrauf setzte ich Mark und schnallte ihn an. Er hatte jetzt einen genauso guten Überblick über die Straße wie ich. Voller Spannung schaute er mich an, als ich ihm sagte: „Nun fahren wir in die weite Welt!“ Die reichte allerdings nur bis Saßnitz, Sagard oder einmal zum Tempelberg bei Bobbin.
Versehentlich überfuhr ich eine holperige Querrinne etwas zu schnell und schalt danach mit mir selbst. Daraufhin warnte er

mich vor jedem Hindernis und half der 'alten Oma', wo er nur konnte. Als wir den Tempelberg bei Bobbin erreicht hatten, sagte ich ihm: „Wir wären nie hier angekommen, wenn du mir nicht geholfen hättest." Er wuchs um einige Zentimeter nach meinem Lob, lief schwungvolle Linien auf dem geräumigen Parkplatz, rief „Oma! Oma!" mit fröhlicher Stimme und erklomm plötzlich im Geschwindschritt mit seinen kurzen Beinchen die vielen Treppenstufen zur Aussichtsplattform.
Ich rief: „Halt, Mark, wir gehen zusammen!" Aber ich begriff, daß Schreien, Schimpfen und Zetern hier keinen Sinn hatten. Ich begriff, daß dieses Kind dort oben nicht die Aussicht genoß, sondern die Höhe, den Himmel, das unsägliche Glück der Freiheit. Es streckte die Ärmchen, so hoch es konnte, es spreizte die Fingerchen in unnachahmlicher Gebärde, als wollte es zum Flug ansetzen oder das Unfaßliche, das Nieerlebte mit Händen greifen und festhalten. Es war raus aus dem Gitterbettchen des Krankenhauses, raus aus dem Heim mit der räumlichen Enge, dem starren Tagesablauf, den Tadeln und Kommandos der Erzieherinnen.
Mark war mit Sicherheit genau so glücklich, wie ich bange war vor den nun folgenden Augenblicken. Als ich die ersten Stufen erklimmen wollte, begann er mit seinem rasanten Abstieg, hüpfte, sprang von Stufe zu Stufe, als hätte er täglich geübt, zeigte sein Geschick und seine Kraft. Ich hielt die Luft an, verhielt mich ganz still, atmete tief und erlöst, als der fröhliche kleine Kerl mich übermütig einige Male umkreiste, schließlich zum 'dooßen Auto' lief und auch dort ein paar Runden drehte.
Ich schalt nicht mit ihm, sagte nichts von meiner Angst – nein, das Kind sollte sein Glück ungetrübt in vollen Zügen genießen.
Und dann kam die von ihm gewünschte Lichtkontrolle. Mir war es recht, denn was wiegt eine strapazierte Batterie gegenüber der Einsicht, daß das Kerlchen bildungsfähig ist, nicht debil, wie es die Greifswalder Universität schriftlich gegeben hatte und wie es Heimleitung und Erzieherinnen im anerzogenen Untertanen-

geist als unumstößliche Tatsache hinnahmen. Ich dagegen glaubte nur an Mark und an mich.
Was hatte er gestern gelernt? Wie ist seine Auffassungsgabe? Wie funktioniert sein Gedächtnis? – Das erfuhr ich jetzt.
Er wußte alles. Er schaltete, kontrollierte draußen die Lampen und Blinkleuchten; die Angst vor der Warnblinkkontrolleuchte war weg. Er entdeckte neue Dinge: Seitenfenster herunterkurbeln, Fensterschwamm nehmen, Fenster hochkurbeln und putzen, putzen, putzen. – Und dann kam das Problem: von außen putzen. Ich sah, wie es in seinem Köpfchen arbeitete. Schließlich kurbelte er die Scheibe so weit herunter, daß er mit seinem Ärmchen gut durchlangen konnte, wenn er auf dem Fahrersitz stand. Mark putzte, so gut es ging, war aber mit dem unteren armbreiten Schmutzrand nicht zufrieden. Da half ich ihm bei dem kleinen Rest von außen. Fast kumpelhaft nickte er: „Okay, Oma." Viel lieber aber hätte er alles selber geschafft.
Mir fiel wieder auf, daß alle seine Bewegungen schnell und lustbetont waren, als wollte er jahrelanges Abgebremstsein, jahrelange Verurteilung zu einem überwiegend passiven Verhalten, zu einem Leben auf Sparflamme nun gewaltsam und in einem mächtigen Schub überwinden.
Leider war die Uhr gegen uns. Wir fuhren wieder in die straßenbaubedingte Sackgasse nach Lietzow. Mark half eifrig bei allen Hindernissen. Ich konnte nur immerzu „Danke, Mark – was machte ich bloß ohne dich! – Du bist tüchtig!" sagen.
Das kleinwüchsige Kerlchen wollte plötzlich eiligst ins Heim und erzählen. Es platzte schier vor Mitteilungsdrang. Als ich später an seinem Bettchen saß, um ihm 'Gute Nacht' zu sagen, fragte ich ihn schmunzelnd: „Was ist denn nun das beste? Das große Auto oder die Oma?" Er schaute mich mit leuchtenden Augen an und stieß hervor: „Das dooße Auto! Und dann die Oma!" Da wußte ich Bescheid. Aber weil mir eine ehrliche Antwort lieber war als Heuchelei, schlief ich dennoch zu später Stunde zufrieden ein.

Am nächsten Tag erzählte mir Frau Menge, daß Mark aufrecht im Bett gesessen hatte, als sie um Mitternacht mit seiner Medizin gegen die angebliche Schuppenflechte zu ihm gekommen war. „Ich konnte ihn kaum beruhigen, so glücklich war er", sagte sie.

Unser nächster Ausflug führte uns nach Saßnitz. Eigentlich wollte ich Mark die Fischerboote im Hafen zeigen, aber seine Lust auf ein leckeres Eis war riesengroß. Darum hielt ich bereits oben in dem kleinen Städtchen, weil bunte Verkaufsstände verführerisch lockten. Bald schleckten wir genüßlich um die Wette und genossen das Zusammensein.
Gleich neben dem Eisstand wurden Spielwaren für Kinder angeboten. „Du darfst dir heute etwas aussuchen", sagte ich zu ihm. Er schaute sich suchend um und griff nach einer kleinen Sonnenbrille, die ihm auch paßte. Weil sie so billig war, ermunterte ich Mark, sich noch etwas zu wählen. Zu meinem Erstaunen schüttelte er den Kopf und war mit seinem bescheidenen Geschenk zufrieden. Er setzte es auf, zeigte auf meine Sonnenbrille – und ich begriff: Nun waren wir beide gleich – Oma und er.
Beim Gang zur Kasse kamen wir an kleinen Blasinstrumenten vorbei. Mark ergriff eins, blies hinein und legte es wieder hin. Da erklärte ich ihm die Regeln des Einkaufs im allgemeinen und die der Selbstbedienung im besonderen. „Wir nehmen jetzt diese kleine Trompete auch mit, weil du sie schon gebraucht hast."
Er hörte mir sehr aufmerksam zu, und am nächsten Tag konnte ich in Sagard erneut prüfen, wie Auffassungsgabe und Gedächtnis funktionierten. Ich wollte meinen Kühlschrank im Wohnmobil auffüllen, denn Werner war von Hamburg her im Anmarsch. Von Rügen aus sollte unsere Reise zur Mecklenburgischen Seenplatte gehen und dann weiter ins Brandenburgische.
Beim Einkauf in dem Minimarkt in Sagard begriff ich erneut, daß mein lieber, kleiner Begleiter völlig neue Dinge lernte. Der gestrige Tag in Saßnitz hatte Früchte getragen. Mark faßte

nichts an und schaute nur aufmerksam zu. Ich erzählte ihm allerlei über die Waren, die in den Einkaufskorb kamen, ja, selten habe ich mit soviel Umsicht und Geduld eingekauft. Mark durfte das Geld an der Kasse abgeben und die Restmünzen in Empfang nehmen. Und klar, es gab wieder ein Eis.
Später half er mir beim Einräumen des Kühlschrankes. Dabei knieten wir auf dem Boden; ich erzählte ihm nebenbei vom Opa, der nun bald kommen würde. Als die Roggenbrötchen verstaut werden sollten, machte er mir mit Gesten deutlich, daß er gerne eins essen würde. Käse oder Wurst lehnte er ab.
Als Dank für seine große Hilfe beim Einkauf durfte er sich wünschen, was wir nun gemeinsam mit unserer Restzeit machen wollten. Da wollte er sich das Innenleben des Wohnmobils angucken. Ich zeigte und erklärte ihm alles. Vor der plötzlich aufpuffenden Gasflamme erschrak er sehr, dafür machte ihm das Bett im Auto große Freude. „Safen", sagte er, „Oma auch." Da schliefen wir ein wenig, aber Mark wollte keine Berührung von meiner Hand an seinem Köpfchen. „Aam weg, Oma!" Ich gehorchte sofort und wußte plötzlich, daß dieses fünfjährige Kind stets allein in seinem Bettchen gelegen hatte, keine Nestwärme, keine Mutterliebe kannte. Es zog sich in seine gewohnte Einsamkeit zurück. Ganz still verhielt ich mich und tastete mich nur mit meinen Gedanken an seine arme Kinderseele heran. –
Die Uhr mahnte zum Aufbruch. Gemächlich fuhren wir in unsere lange Sackgasse nach Lietzow hinein und meisterten alle Hindernisse. Kurz vor dem Heim hörten wir lautes Kinderlachen und sahen, daß alle Heimkinder auf dem Hofplatz spielten. Mark auf seinem hohen Thron versuchte, durch Winken auf sich aufmerksam zu machen, aber das Heim lag bei unserer Anfahrt links, und er saß rechts auf dem Beifahrersitz. Ich schaltete schnell: „Mark, wir fahren jetzt eine Ehrenrunde, denn wir beide haben das größte Auto von Lietzow!" – „Okay, Oma!"
Da rollten wir zum nahen Parkplatz am Bodden, wendeten dort und fuhren schließlich im Schneckentempo am Heim vorbei. Die Kinder drängten sich ans große Tor, Mark reckte sich, so

hoch er konnte, winkte mit seinem rechten Ärmchen und krähte, so laut er konnte: „Hallo, Kinder!" – „Du bist der König von Lietzow!" sagte ich lachend.

Am nächsten Tag mußte ich noch einmal ausgiebig nach Lohme: Besprechung mit dem Heimleiter, für eine Lüdenscheider Spenderfirma Kinder mit Fahrrädern fotografieren, nach der Schule mit einigen Kindern Gespräche führen – ich hatte ein volles Programm.
„Ich komme gegen Abend ganz kurz", versprach ich Mark, und er nickte verständig. Als ich in Lohme merkte, daß mir die Zeit davonlief, rief ich in Lietzow an, damit das Kind nicht vergeblich wartete. Da spürte ich das Erstaunen der Erzieher. – Wie? – Einem Kind Nachricht geben?
Überhaupt – wie sahen die Erzieher mich? – Nun wirkte ich schon fast drei Jahre in Abständen auf dieser schönen Insel – und endlich lösten sich einige Zungen, packten aus und berichteten von der Angst, die fast alle vor mir hatten. Spitzel, Kontrolle einer neuen Aufsichtsbehörde aus dem Westen, Zittern um den Arbeitsplatz – was will diese Frau?
Und die Kinder? Merkwürdig: sie gehen auf sie zu, erzählen, fragen, wünschen sich was, bitten, daß sie zu ihnen ins Zimmer kommt.
„Zauberin" wurde gesagt, ich mußte lachen. Was hatte ich denn eigentlich getan? Mein gefülltes Fahrzeug war doch schon Garant für Sonntagsstimmung am Alltag. Ich gab noch Zeit und Geduld hinzu, ein gutes Gedächtnis und zur Unterstützung einen Notizblock. Das Wichtigste aber war: Ich nahm jedes Kind ernst und hielt meine Versprechen. Konnte ich sie nicht erfüllen, erklärte ich dem Kind den Grund.
Ute, die Kunsterzieherin des Heimes in Lohme, war von Anfang an offen und voller Vertrauen. Zwar verpaßte sie meine ersten drei Besuche, weil sie kränkelte, lief dafür aber im Dezember 1991 hinter mir her wie der Teufel hinter der armen Seele.

„Endlich war ich zur gleichen Zeit mit Dir da. Unsere erste Begegnung: Du hattest kaum Zeit, standest zwischen den Gabenbergen in dem unwirtlich großen Raum, dem Speisesaal. Ich höre noch Dein offenes 'Ja'. – Antwort auf meine Bitte – und wir knüpften ganz selbstverständlich die Fäden fest.
Du hast für uns die Konturen Deines Lebensfeldes aufgelöst, und Werner hat dabei mitgetan – das ist das Großartige! Gerade als ich meine Kreise kleiner ziehen mußte, da kamst Du; warst weit mit Werner gefahren, in den windigen Norden, über die holprigen, steinigen Wege. Manchmal war es mir so, als käme immer wieder ein Zauberfisch ganz freiwillig an unsere Ufer. Ja, Du brachtest Gaben, aber vor allem Dein Herz – und viele fangen jetzt endlich an zu begreifen, was Du eigentlich willst."

So schrieb Ute in einem ihrer Briefe an mich.
Besonders in diesem Juni schüttete sie alles über mir aus, was sie endlich loswerden wollte. „Als Martin wegkam und du danach im März in Lohme auftauchtest und Herrn Eiseler deine Meinung sagtest, da hieß es plötzlich: 'Die Frau ist toll!'"
Ute berichtete von den wöchentlichen Besprechungen, in denen nur der Heimleiter redete und kein Erzieher etwas zu sagen wagte. „Du müßtest daran teilnehmen dürfen, du würdest erleben, daß jeder geduckt wird und keiner seine Fähigkeiten entfalten kann. Die guten Erzieher kündigen oder bekommen ihre Kündigung, wenn sie aufmucken. Dieser ewige Wechsel, das bekommt keinem Kind."
Auch Utes Mann, der Maler, den sie alle Janus nannten, packte aus, denn er und seine Frau waren 1962 nach Lohme gekommen. Beide hatten in der Schule und im Heim arbeiten müssen, Janus nur kurz, weil er sich künstlerisch freischwamm. Er berichtete von vollgepferchten Zimmern, heutige Zweibettzimmer waren mit acht Kindern belegt. Ein Höckerchen für die Kleidung, kein Eigentum, Kleiderausgabe nach Kalender, nicht nach Verschmutzungsgrad und Temperatur. Einnässen und

Einkoten waren an der Tagesordnung. „Was du heute erlebst, ist schon das Paradies.“
In den Nächten in meinem Wohnmobil unter der schattigen Buche vor dem Atelier des Malers hatte ich über vieles nachzudenken, verstand manchmal die Welt nicht mehr. 1962? Ein Jahr später siedelte ich um nach Lüdenscheid, hatte eine herrliche Lehrertätigkeit im Wesertal hinter mir. ‘Schule der Gesittung’ könnte man sagen, wenn man Schlagworte mag.
Auch wenn ich an Mark dachte, konnte ich mich nicht beruhigen. Wie kann ich dem armen Jungen nur weiterhelfen?

Der Abschied rückte heran. Als ich Werner am nächsten Tag in Stralsund vom Bahnhof abholte, sagte ich zu ihm: „Bevor wir morgen die Insel verlassen, muß ich noch mal ins Lietzower Heim. Du kannst im Wagen warten; es ist ja warm.“
Er kam diesmal mit ins Haus und wurde gleich von einer älteren Erzieherin umsorgt. Mark ging nur zögernd auf den ‘Opa’ zu. Die Männerwelt war ihm fremd. Umgekehrt hatte Werner stets großen Respekt vor Hautkranken. Zu einer liebevollen Annäherung kam es nicht.
Während Werner mit der Erzieherin sprach, saßen Mark und ich noch eine ganze Weile auf dem Sofa. Er kletterte auf meinen Schoß, griff plötzlich in einem Anfall von Übermut nach dem Zipfel meiner weißen Baskenmütze, zog sie mir vom Kopf, ließ sie am Zipfel kreiseln und setzte sie sich selbst auf. Dann wurde er ganz ernst, schaute mich eine Weile an, nahm die Mütze und drückte sie gegen mein Gesicht. – Ich hielt still. – Ganz vorsichtig betastete er nun mit seinen Händchen meine Stirn, die Augen, Nase und Mund, mein Gesicht in seinem ganzen Umfang. – Ich hielt still. – Jetzt spürte ich durch den Stoff der Mütze, daß sein großer Kopf die Erkundung wiederholte. Seine Nase drückte meine; wir erahnten einen Hauch unseres Atems. Seine Stirn preßte sich an meine, linkes Auge, rechtes Auge, die Wangen – alles bekam Druckkontakt durch die schützende, ihm helfende Hülle. Schließlich drückte er sein Kinn gegen meins und – sei-

nen kleinen Mund gegen meinen. Dann – der Rand der Baskenmütze wurde leicht verschoben, zwei Augen waren sich viel zu nahe, Wimpern berührten sich kurz, der große, leuchtende Augenstern des Kindes verschwand wieder hinter der schützenden Mütze. Ich atmete ganz flach und leise, ließ den kleinen Forscher gewähren.

Wie erspare ich ihm nur die Tränen beim Abschied? Meine Gedanken eilten voraus, Ideen kamen. Gottlob, sie kommen fast immer zur rechten Zeit.

Frau Menge brachte noch mehrere Spendenquittungen ins Zimmer und setzte damit die Abschiedsstunde fest. Wie immer war sie mit meiner Idee einverstanden. „Wir machen noch eine klitzekleine Rundfahrt, Mark." Opa und er stiegen ein, und ich verabschiedete mich schon und drückte Kinder- und Erzieherhände. Mark nutzte die Gunst der Stunde und führte dem erstaunten Opa schnell noch eine Lichtkontrolle vor, flink und geschäftig. „Alles okay, Oma", meldete er. Opa staunte mit offenem Mund.

Dann kam die versprochene Kurzfahrt. Wieder fuhren wir zum nahen Parkplatz am Jasmunder Bodden. Dort kauften Mark und ich am Imbißstand dreißig Portionen Kindereis. Auf der Rückfahrt sagte ich zu ihm: „Du machst gleich was ganz Großartiges. Du gehst mit Frau Menge ins Heim und schenkst jedem Kind ein Eis – von Oma und von dir. – Und Opa und Oma fahren weg."

Mark war ganz aufgeregt, er setzte zum Sprung an. Frau Menge nahm ihn in Empfang, zusammen mit der schweren, kalten Tragetasche; ich konnte gerade noch seine Stirn küssen und „Tschüs, mein Junge" sagen. – Anschnallen, starten, zurücksetzen. Ein Kind strebte an der Hand seiner Heimleiterin zielgerade ins Haus, drehte sich nicht um, hatte einen wunderbaren Auftrag auszuführen. Ich atmete ganz tief, der Motor brummte fast beruhigend. Was ich wollte, hatte ich geschafft: Mark weinte nicht.

Werner und ich aber fuhren den großen Umweg über Saßnitz und Prora, um die Insel wieder verlassen zu können. Wie gut, daß ich die vielen Querrinnen fast auswendig kannte, wie gut, daß der Verkehr ganz ruhig war, denn meine Augen wurden feucht, und ich ließ den Tränen freien Lauf.

Fritz Reuters Geburtsstadt Stavenhagen, Müritzsee mit Waren, sanft geschwungene Endmoränenlandschaft, fruchtstrotzend, menschenleer und beruhigend für das Auge. Nach Mecklenburg fesselten uns Kulturstätten in Brandenburg, preußische Geschichte rund um Berlin.

Aus Rügen reiste ein Mohnblumenstrauß mit – Ute gab ihn mir – mit einer roten Blüte und unzähligen Knospen. Auf der ganzen Reise begleiteten mich die Gedanken an ein Kind, das so zu erblühen begann wie Utes knospender Strauß. An jedem Abend streute ich die welken Blätter einer Mohnblüte in mecklenburgische Kornfelder, in märkischen Sand. In Lüdenscheid öffnete sich die letzte Knospe. – Eine rote Mohnspur von der Schatzinsel Rügen ins Märkische Sauerland.

Hier begann der Alltag wieder: auspacken, waschen, einkaufen, Unkraut im Garten. Gleich am ersten Abend legte ich meine Beine hoch und führte ein langes Telefonat mit Attenberg. „Wie geht es Martin?“ Das wollte ich wissen. Es gab nur Erfreuliches zu berichten; er lebte sich immer mehr ein. Schmunzelgeschichten kamen durch den Draht: Martin hatte in Bonn bei der Besichtigung einer katholischen Kirche gestaunt beim Anblick der Beichtstühle. „Hier sind ja lauter Kasperletheater!“

Mit Jana, seiner neuen Freundin, telefonierte er heftig und innig. Reni hörte ab und an unfreiwillig zu: „Ich könnt' mich glatt in'n Boden einstampfen, so verliebt bin ich!“ Und dann: „Ich werde versuchen, dir auf ewig treu zu bleiben.“

Um ein wenig vorzugreifen: Bereits im Juli auf der Sommerreise verliebte er sich unsterblich in Natascha. Sie gehörte zur Besatzung eines ukrainischen Schiffes, war siebzehn Jahre und schrieb

ihm in fünf Sprachen auf: „Ich liebe dich!“ – Geduldig hielt ich still, als er seine Seelenqualen nach der Rückkehr in Attenberg an mir ausließ.
Doch zurück zum Ende des Klatschmohnmonats Juni. Reni, Mutter und Pädagogin, wollte auch von meinen Eindrücken und Erlebnissen auf Rügen hören. Da erzählte ich alles, was ich hier über meinen Junibesuch niedergeschrieben habe. – Fürwahr, es wurde ein langes Gespräch!

Am nächsten Abend klingelte das Telefon. Es war Reni. Wenn sie etwas mit Nachdruck rüberbringen will, sind ihre Sätze ganz kurz, fast abgehackt. So war es auch jetzt. „Wir haben uns entschlossen! – Alle sind einverstanden! – Mark kommt zu uns!“
Ich mußte mich hinsetzen. Meine Stimme war weg. „Hörst du mich?“ – „Ja“, sagte ich endlich – und dann zog ich alle Register, die geeignet waren zu warnen. Alles, was ich von Marks Hintergrundgeschichte wußte, mußte ich nun preisgeben.
„Interessiert mich nicht! Das Kind ist wichtig! Wir wollen dem Jungen helfen!“ Reni ließ sich durch nichts beirren. „Martin möchte gerne einen kleineren Bruder haben, er will seinen Platz mit ihm teilen. – Und Ralf? Gar kein Problem! Er möchte Leben im Haus haben. Hanne wünscht sich, daß Mark bald kommt, damit sie ihn noch ein Jahr vor ihrem Studium erlebt und richtig kennenlernt.“

Vier Wochen dauerte es noch, bis Mark zu uns kam, eine Zeitspanne, die mir unendlich lang wurde, die aber auch gleichzeitig für alle nötigen Vorbereitungen fast zu kurz war. Ich benachrichtigte Frau Menge in Lietzow. Reni setzte sich mit den Jugendämtern auseinander und mit Marks Vormund. In meinem Fotolabor entstanden Vergrößerungen von Mark und von der Attenberger Familie. Die Fotos von dem Kind brachte ich nach Attenberg. Dort riß man sie sich gegenseitig aus der Hand, staunte über Mark, der in seinem Mienenspiel so wandlungsfähig ist. Als ich schließlich noch die kleine Serie vom Juni 1993 mitbrachte, in der Mark auf einem Kipplader sitzend zusammen mit anderen Kindern für eine Werbereihe des Spenders all der schönen Holzspielzeuge etliche Male abgelichtet wurde, vertiefte sich Hanne lange in die sprechenden Bilder und nahm sie still-heimlich mit in ihr Zimmer.

Ich selber merkte bei der Laborarbeit, daß Mark im Laufe der acht Monate, die ich ihn nun kannte, fröhlicher geworden war. Ob meine Besuche und die vielen Postkarten an ihn dabei eine Rolle gespielt hatten?

Reni rief mich jeden Tag an. Wir informierten uns gegenseitig über alle Fragen, Planungen, Entscheidungen und Ereignisse, die Martin und nun vor allem Mark betrafen.

Ich schickte von nun an Briefe an den Jungen, denn Postkarten reichten nicht mehr aus. In jedem Brief lag ein Foto, über das ich schrieb. Das erste war von Martin und seiner Familie. Die Worte dazu wählte ich sehr sorgsam aus. 'Mama' und 'Papa' bezog ich auf Martin, natürlich nicht auf Mark. Er bekam im Laufe der vier Wochen eine unverbindliche Einladung, um in der Nähe seiner Oma sein zu können. Ich überließ es dem Heim und seinem Vormund, ihm mehr Hoffnungen zu machen. Es war schwierig, sehr schwierig, die Briefe richtig zu formulieren.

Einmal schickte ich ein Foto von Oma und Opa. Er mußte uns als Einheit begreifen. Ich erzählte viel von Opa, der so gerne Spaß macht. Mark mußte lernen, daß er seine Oma mit dem ihm noch fremden Opa würde teilen müssen.

Das Wohnmobil – weiß vor einem roten Mohnfeld – wurde zu einem wichtigen Schicksalsträger.

„Oma wird alt! Die Scheiben sind schmutzig und müssen geputzt werden, der Kühlschrank ist leer, die Lampen müssen alle geprüft werden. Willst Du Oma helfen? Sie kann das nicht mehr alleine."

Der stärkste Vorstoß war in dem Satz enthalten:

„Martin wünscht sich einen kleinen Bruder."

Wie würde Mark alles verarbeiten? Was würde Frau Menge zu ihm sagen? – Besuch? – Für immer?

Das letzte Juliwochenende rückte heran. Ralf, Reni und Martin fuhren nach Rügen. In Lietzow wurde Marks Hab und Gut in einem gelben Plastiksack verstaut. Frau Menge sagte dem Kind: „Du kannst für immer in der Nähe deiner Oma bleiben, wenn du willst.“ Mark wollte – und wie er wollte!
Am Vortage seiner Abreise hatte er Narrenfreiheit im Heim. Immer wieder besuchte er Frau Menge in ihrem Büro und ließ sich alle Fotos zeigen, die ich geschickt hatte. Auf seinen Wegen treppauf, treppab durch das ganze Haus hielt er jeden an, dem er begegnete und verkündete voller Eifer: „I fah man weg un tomm nich wieder!“
All das erfuhr ich erst viel später.

Und ich? – Neben meiner helfenden Laborarbeit hatte ich noch einen Kipplader aus Holz bestellt, der auch rechtzeitig fertig wurde; just das Modell, das Mark von der Weihnachtsladung am meisten beeindruckt hatte. Mein großes, rotes Dalarnapferd aus Schweden mit der hübschen Bemalung riß ich mir vom Herzen, verstaute alles zusammen mit Blumen und Süßigkeiten im Wohnmobil und fuhr am Ankunftstag gegen Abend nach Attenberg. Dort lag ich auf der anderen Straßenseite vor dem Haus auf der Lauer, konnte nicht essen und nicht lesen, schreckte auf bei jedem nahenden Autogeräusch, versuchte autogenes Training – ohne jeden Erfolg.
Wie würde Mark sich einleben? Wie würde seine Haut auf den Klimawechsel reagieren, auf die Zuneigung und Liebe, die wir ihm entgegenbringen wollten? Wie würde sich seine Sprache entwickeln im Kreise einer gebildeten Familie? Überhaupt – war es richtig, was wir taten? Vor allem für Ralf und Reni? Sie waren bereit, für zwei Kinder ihr ganzes Leben umzukrempeln. Ich bewunderte sie!
Die Zeit im Wohnmobil wurde endlos lang. Ich stieg aus und erging mich draußen. Bei der Rückkehr zum Wagen fiel mein Blick auf seine Kennziffern: 2917. Diese Kombination hatte ich bei der Anmeldung des Fahrzeugs vor zwölf Jahren gewählt,

denn ich war an einem 17.4. in einem Haus Nummer 29 geboren. Nun entdeckte ich plötzlich die enge Verbindung zu meinen Rügener Enkelkindern. Martin war am 29. Mai geboren und Mark? Er war vier Jahre alt, als ich ihm, dem Heimkind Nummer 17, meine Hände entgegenstreckte und 'Komm' zu ihm sagte. Und noch eine merkwürdige Verstrickung kam aus dem Unterbewußtsein ans Tageslicht: In der Straße, in der ich geboren bin, stand im vorigen Jahrhundert ein Waisenhaus. Die Straße trägt noch heute den Namen 'Waisenhofstraße'.
Während ich über Zahlen und ihre Magie nachdachte, über schicksalhafte Verkettungen, fiel mein Blick auf Ralfs und Renis Haus. Nummer 24 las ich. Da hatte ich auch mein Geburtsjahr. Straßenname, Hausnummern und Geburtsdaten verknüpften meine Enkelkinder, die die Insel Rügen mir beschert hatte, und mich zu einem dichten Gefüge.
Voller Staunen stieg ich wieder in den Wagen und vergaß eine Weile Zeit und Stunde.

Da, das Geräusch eines Motors! Es war fast 20.30 Uhr. Ralf hielt mit seiner Familie vor der Haustür. Auf dem Rücksitz gewahrte ich neben Martin ein kleines Köpfchen; ganz winzig schien es mir zu sein. Ralf kam zuerst auf mich zu, nahm mich in den Arm und sagte: „Ich glaube, du mußt dich um das Kind kümmern."
Martin war schon dabei, den Kleinen aus dem Kindersitz zu befreien und ihn aus dem Wagen zu heben. Ich fing ein verschlafenes, taumelndes Kind auf, feucht von der Wärme des Sommertages, hielt es sorgsam fest und flüsterte ihm ins Ohr: „Nun bist du endlich da! Deine Oma hat schon so lange auf dich gewartet – endlich, endlich bist du bei uns!" Reni, Ralf und Martin schauten und hörten zu, wie ich auf dem Bürgersteig kniete und die leisen Rufe: „Oma, Oma!" in mich einsog, wie unnachahmliche Fingerbewegungen folgten zum Mündchen hin und in mein Gesicht hinein. Ich spürte einen ganz kleinen, erschöpften Körper, einen schweren Kopf, der gegen meine Schul-

ter fiel. Ganz klein schien mir das Kind zu sein, ganz hilflos, müde und matt. Hinter ihm lagen rund 700 km – endlose Straße, Sommerwärme und – fahren, fahren, fahren. Drei fremde Menschen um das Kind den ganzen Tag lang – irgendwo in der Ferne das Bild der Oma – ein langer Weg in eine neue Welt. Wie ein Film im Schnellauf spulte sich die Zeit vom vorigen Herbst bis zu diesem warmen Juliabend vor meinem inneren Auge ab.

Für Mark, das Heimkind Nummer 17, wurde der 29. Juli 1993 zum 'Tag des neuen Kindes'. Für mich war es gewiß: Unser Schatz von der Insel Rügen wurde hier unter sauerländischem Himmel zum zweiten Mal geboren.

Dezember 1995

Und dann für immer !

Du bist in unsere Welt eingetreten wie ein kleiner Stern, der das Strahlen lernen mußte. Du hast unser Denken und Fühlen verändert, hast uns das Staunen gelehrt, das Weinen und Lachen. Du hast uns neu begreifen lassen, daß du Rechte hast auf dieser Welt, denn du bist ein kleiner Mensch – ein Kind.
Du hast ein Recht auf Liebe und Verläßlichkeit.

Heute ist Heiligabend 1995. Vor einem Jahr saß ich mit dir im dunklen Zimmer; wir hörten leise Weihnachtsmelodien und warteten auf die Bescherung. Ich spürte gleichermaßen Neugier und auch Angst in dir, denn du wolltest das Christkind sehen, das durch den Garten huschen würde, um dich zu bescheren. Gleichzeitig suchtest du Schutz bei mir, preßtest deinen kleinen Körper fest an mich, während deine Augen gebannt durch die Terrassentür in den Garten blickten.
Und dann brach es aus dir heraus: „Oma, Weihnachten wird das Christkind geboren und schenkt allen Menschen was. – Und dann, Oma, dann haben sie ihn Ostern angenagelt! Warum, Oma?"

Wieder ist Weihnachten. – Heute bin ich nicht bei dir. – Warum?

Ich will versuchen, alles niederzuschreiben: den Tag deiner 'zweiten Geburt' genauso, wie die vielen Geschichten, die du uns erleben ließest, die sich – Perlen gleich – aufreihten zu einer Kette, mit der wir uns schmückten, die uns aber gleichzeitig verband zu einer neuen Familie.
Wir? – Das waren Ralf, Reni und Hanne, das waren Werner und ich – und Martin, der dein 'großer Bruder' wurde und dich im Juli 1993 aus dem Wagen hob und mir hinreichte.

Der 'Tag des neuen Kindes' begann für Mark am 29. 7. 1993. Er war fünf Jahre alt, wirkte wie ein Kleinkind in seinem Aussehen und in Mimik und Gestik. Mark war hautkrank und sprachgestört, doch wenn ein Lächeln über sein Gesichtchen huschte, veränderte sich die Welt.

An dem warmen Sommerabend des späten Julitages nahm ich das von der Reise erschöpfte Kind aus Martins Händen in Empfang, führte es zuerst zum vertrauten 'dooßen Auto', zum Wohnmobil, das auf der anderen Seite der ruhigen Wohnstraße auf es wartete. Mark strebte ein wenig taumelnd an meiner Hand zum Wagen, schaute durch die geöffnete Schiebetür, löste sich von mir und kletterte plötzlich flink hinein, den Kipplader erobernd. Die vertraute Umgebung weckte seine Lebensgeister. Ralf, Reni und Martin folgten uns und schauten zu. Fast war es so, als ob wir, einen Halbkreis vor der geöffneten Tür bildend, auf die Bühne eines kleinen Theaters blickten. Doch niemand von uns ahnte, ob hier der erste Akt einer Komödie oder etwa eines pädagogischen Lehrstückes begann. Wir, die Hauptpersonen, kannten wir uns wirklich? – Wir hatten kein Programm, keine Inhaltsangabe zu diesem Schauspiel, das auch ein Drama werden konnte.
Bei allen Zuschauern beobachtete ich trotz der Erschöpfung nach der langen Reise Spannung und Neugier. Reni verhielt sich ganz ruhig. Ich hatte ihr nur flüchtig die Hand drücken können; sie sprach nicht und beschränkte sich zunächst nur auf das Zuschauen.
Mark dagegen schien die Welt um sich herum zu vergessen. Er untersuchte den Laderaum des Kippladers, tat den Blumenstrauß aus meinem Garten achtlos beiseite und freute sich über die Süßigkeiten. Da nahm ich die Blumen und flüsterte ihm etwas ins Ohr. Das Kind ergriff den Strauß mit beiden Händen, reichte ihn aus der Türöffnung hinaus in den 'Zuschauerraum', gab ihn in seiner einmaligen Gebärdensprache der Frau, die bereit war, die Mutterrolle für es zu übernehmen. – Wenn ein

Kind Blumen überreicht, geht selbst am Abend die Sonne auf. Spannungen lösten sich, ein Schmunzeln glitt über alle Gesichter. Reni nahm den Strauß mit leisem, gewinnenden Lächeln an. Immerzu mußte ich sie anschauen. Sie kannte Mark jetzt gute vierundzwanzig Stunden. Wie ein eigenes Kind wollte sie ihn nehmen. „Ich mußte Hanne, mein eigenes Kind, auch so nehmen, wie sie war. Für beide Jungen gilt das Gleiche." So äußerte sie sich mir gegenüber vor der Abreise.
„Willst du nicht sehen, wo dein neues Bett steht?" Zum ersten Mal sprach sie Mark nach seiner Ankunft freundlich an und lud ihn damit in sein neues Heim ein. „Du hast gewiß Durst – wir alle haben Durst."
Der inzwischen ganz muntere Mark fühlte sich sichtlich wohl in Omas 'dooßem Auto', hatte mit 'Brrrrd' und 'Düüüüt' auf dem Fahrersitz eine Traumweltreise gemacht und eigentlich nicht die Absicht, seine Position zu ändern. „Das Auto bleibt heute nacht hier – und Oma auch", fügte Reni hinzu.
Da strebten wir alle fünf dem Hause zu. Mark hielt meine Hand und fragte: „Oma, ... dein Haus?" „Nein", erwiderte ich, „das Haus gehört Mama, Papa, Hanne und Martin."
Wir gingen durch den Flur und durch das kleine Zimmer auf die Terrasse. Der Garten breitete sich vor uns aus, links ein kleines Gewächshaus, ein Teich im Hintergrund, der große Kirschbaum, neben dem die Trittleiter stand, rechts im rechten Winkel zum Haus ein Schuppen. Aus der geöffneten Tür sprang ein schwarzer Wuschelkopf heraus und bellte uns zur Begrüßung an. Eine Katze folgte mit zwei süßen, kleinen Kätzchen, die die Terrasse mit lustigen Sprüngen belebten. Mark drehte sich taumelnd um sich selbst, wußte vor Staunen nicht, ob er auf die Tiere zueilen oder über die Blumenkästen mit roten Geranien zum Hausdach emporschauen sollte. Abwechselnd tat er beides, taumelte und versuchte, mit seinen Ärmchen die Balance zu halten. Seine Fingerchen spreizten sich, griffen in die Luft, ergriffen das Unfaßbare genauso, wie sie auf dem Tempelberg auf Rügen die Freiheit 'angefaßt' hatten. Mark spürte intuitiv die

große Veränderung in seinem jungen Leben. „Oma, ... das dein Haus?" fragte er erneut. Wieder verneinte ich und erklärte: „Das ist Mamas und Papas Haus von der Gartenseite aus. Omas Haus wirst du auch bald sehen."
Mark stand jetzt ganz still, schloß seine Händchen, als wollte er etwas unwiderruflich festhalten und stammelte leise mit seinem hellen Stimmchen: „Das is aber söön – und dann für immer!" Er hatte das Unbegreifliche begriffen. – Mir schossen die Tränen in die Augen. Mark erfaßte den Neubeginn seines Lebens mit dem Verstand, das als debil abgestempelte Kind durchschaute die Zusammenhänge und erkannte seine Chance. –

Alle hatten plötzlich etwas Hunger und einen trockenen Mund. Es gab Leichtes und Erfrischendes – ich saß neben Mark und half ihm. In diese Eßzufriedenheit hinein beschämte mich Martin. Nicht ich, nein, er dachte zuerst an Opa. „Wir müssen Opa anrufen! Opa muß doch wissen, daß wir alle wieder hier sind und Mark mitgebracht haben."
Gesagt, getan. Alle sprachen mit Opa und berichteten aus ihrer Sicht von der Ankunft des neuen Familienmitgliedes. Mark führte das erste Telefonat seines Lebens, krähte laut und aufgeregt einige frohe Laute in den Hörer und hielt ihn anschließend voller Übermut an Strubbels Ohr und Schnauze, der sich zu seinen Füßen niedergelassen hatte.
Reni steuerte nun liebevoll und doch bestimmt den Übergang in die für alle notwendige Nachtruhe. Ich badete Mark, salbte ihn, gab ihm seine Medizin und begleitete die Pflege seiner kranken Haut mit allerlei beruhigenden Worten. Reni untersuchte den großen, gelben Plastiksack für Sondermüll, in dem Marks Hab und Gut hergereist war, nach Nachtzeug für das Kind. Martin versorgte die Tiere und Ralf das Auto.
Reni und ich wollten Mark in sein neues, eigenes Zimmer bringen. Noch nie hatte er allein in einem Raum geschlafen. Ängstlich schaute er zu mir auf. „Oma bleibt hier, Mark", tröstete ihn Reni, „und morgen essen wir alle zusammen ein tolles Früh-

stück." „Wo slafst du, Oma?" „Im großen Auto." „I slaf auch in'n dooßen Auto!" Reni und ich schauten uns an; ich nickte ihr leicht zu. „Gut", sagte sie darauf, „für eine Nacht wird das erlaubt."

Martin, der bereits im Schlafanzug durch die Tür schaute, bekam große, traurige Hundeaugen und blickte sehnsüchtig hinter uns her. Im Wagen zog ich alle Vorhänge zu, blockierte das Lenkrad und verriegelte die Türen. „Alles absießen, Oma, sons tommt'n Buhmann." „Nein, ich bin ja bei dir." Wir krochen unter die Decke; ich streichelte zart sein Köpfchen und sagte ihm 'Gute Nacht'. „Aam weg, Oma!" – Wieder wünschte er im Bett und wohl jetzt besonders im Dunkeln keine Berührung.

Sofort fiel mir das ähnliche Erlebnis auf Rügen ein. – Er hatte neben mir im Wohnmobil gelegen, weil er 'safen' mit mir spielen wollte. Ob er Angst hatte, im Schlaf berührt, gestört, gequält zu werden? Fünf Jahre allein in einem Bettchen ohne Mutterliebe! Wie mochten die Säuglingsschwestern mit ihm umgegangen sein? Zeitdruck, Fließbandarbeit an Kindern, Schichtwechsel, immer wieder eine andere Stimme, wenn seine Betreuerinnen überhaupt mit ihm sprachen. Wir wollen ihnen keine Grausamkeit unterstellen, aber über die lange Zeit hinweg erlebte Mark eine schleichende, stetig wachsende Qual; seine kleine Seele starb einen langsamen Tod auf Raten.

Als er mit zwei Jahren ins Kinderheim wechselte, wieder vertraut werden mußte mit vielen neuen Gesichtern und Stimmen, mit energischen oder sanften Händen, war sein Kopf immer noch viel zu groß für den kleinen Leib und die zarten Gliedmaßen. Mit großen, traurigen Augen schaute ein Wesen in die Welt, das von den meisten gemieden wurde, das auf seine Einsamkeit inmitten der Menge durch Hautausschlag reagierte und darum noch abschreckender wirkte. Seine verletzte Seele weinte durch die Haut. Mark kümmerte vor sich hin wie ein Pflänzchen mit zu wenig Nahrung und Licht.

Kann man solche Entbehrungen und Qualen vergessen machen? – Wir wollten es versuchen.

Noch nie hatte Mark von sich aus seine Ärmchen um meinen Hals gelegt, obwohl er gerne auf meinem Schoß saß, sich anlehnte und wohl fühlte. Er konnte nicht umgehen mit Liebesbeweisen. Zuerst hatte er meine Haut in Lietzow untersucht als interessierter Forscher, der Hautprobleme kannte. Dann hatte ihm meine schützende Baskenmütze geholfen, mein Gesicht zu erforschen, mir ganz nahe zu sein.
Während all diese Erinnerungen durch meinen Kopf gingen, merkte ich, daß Mark allmählich ruhiger atmete und langsam in den Schlaf hinüberglitt. Auch ich entspannte mich immer mehr. – Plötzlich fühlte ich einen Stoß seitlich gegen meine Nase. „Bit du da, Oma?“ Ein erschrecktes Kind saß aufrecht. „Ja, Mark, was ist los?“ Ich beruhigte ihn und sagte scherzhaft: „Laß bitte deine Oma heil, sie wird noch gebraucht.“
Ein Weilchen war wieder Ruhe. Aber noch zweimal fuhr ein erschrecktes Kind hoch, traf in heftiger Abwehr- oder Suchbewegung meine Augen, daß die Sterne tanzten, beim zweiten Mal meinen Mund. „Mach deine Oma nicht kaputt“, flüsterte ich, „du brauchst keine Angst zu haben.“ Endlich übermannte es der Schlaf. Ein Zipfelchen der Bettdecke hatte es sich in den Mund gestopft, während ein Däumchen leicht seine Lippen berührte.
Ich kam noch lange nicht zur Ruhe und grübelte nach über Marks erbärmliches Kinderleben. Er suchte Schutz bei mir und hatte doch gleichzeitig Angst vor mir. Er mußte so schlechte Erfahrungen mit Erwachsenen gemacht haben, daß er noch nicht in der Lage war, einem Menschen voll zu vertrauen. Seine überreizten Nerven nach der langen Fahrt und der Veränderung in seinem Leben trugen sicher dazu bei, diesen Zustand zu verstärken.
Pünktlich um Mitternacht kam er wieder hoch, fing an, sich zu kratzen und sagte mehrere Male: „Oma, Mezin!“ Endlich schaltete ich. Mark bekam um 24 Uhr eine Tablette, die den Juckreiz mildern sollte.

Kurzer, kostbarer Schlaf.
Im Morgengrauen mußte Mark die Toilette aufsuchen. Ich trug ihn ins Haus, weil Reni in dem gelben Sack keine Hausschuhe gefunden hatte. Als wir wieder zum Wagen wollten, erschien Martin im Treppenhaus. Seine großen, sehnsüchtigen Hundeaugen vom Abend waren noch verlangender geworden. „Willst du mitkommen?" Er schien Angst zu haben, ich könnte mich wieder anders besinnen. Wortlos und barfuß stürmte er an mir vorbei nach draußen und verschwand im Wagen.
Das Wohnmobil wurde in den nächsten beiden Stunden zum Ort ungewöhnlicher Ereignisse. Es trafen aufeinander: zwei enthemmte Jungen, eine alte Oma, Lakritzen, Saft, Bananen, Möhren, Kissen und weiteres Bettzeug, ein Steuerrad und drei Hirne voller Phantasie. Wir fütterten uns gegenseitig, der Fahrersitz war ständig und häufig wechselnd besetzt, und trotz Lenkradblockade und fehlender Autoschlüssel fuhr einer kauend und trinkend durch die weite Welt, derweil der andere mit seiner Oma im Bett turnte. Kissenschlacht, Beine hoch und Kopf nach unten, Bananenschale gleichmäßig verteilt, Laken mit Lakritzenmustern, klebendes Lenkrad und drei hochrote Köpfe mit glücklichen Augen.
Als wir zwei Stunden später gebadet oder geduscht mit einwandfreiem Kreislauf und wie drei Verbündete beim Frühstück saßen, Oma zwischen Martin und Mark, schaute Reni uns prüfend an: „Was ist los?" „Hm – Martin war noch kurz im Auto. Wir haben ein wenig Spaß gemacht." Mark und Martin blieben stumm, und mehr verrieten wir nicht.

Eigentlich begann nun ein ganz normaler Alltag und war doch voller neuer Ereignisse. Ich fuhr mit den beiden Jungen in den Supermarkt, weil Söckchen und Hausschuhe für Mark fehlten. Noch nie hatte ich Kindersöckchen gekauft, saß unversehens mit Mark auf dem Fußboden, weil ich so viel besser am kleinen Füßchen Maß nehmen konnte. Martin reichte verschiedene Größen und Farben nach unten und lachte über das Bild zu seinen Füßen. Wir fielen auf. – Aber noch mehr staunte die Inhaberin des Schuhgeschäftes, behandelte uns voller Aufmerksamkeit. Sie schien die ungewöhnliche Situation zu spüren, war voller Neugier, die aber nicht befriedigt wurde. Mit den schönsten Hausschühchen, die wir für Mark finden konnten, zogen wir vergnügt und verschwiegen von dannen.

Daheim lernte Mark mit Martins und meiner Hilfe das Haus kennen, staunte über den großen Ökogarten, der vor Wildwuchs überquoll, wurde eindringlich vor dem Teich gewarnt und entpuppte sich als ein blutiger Anfänger beim Umgang mit Tieren. „Nicht so heftig, nicht so schnell, nicht grob, sondern behutsam und vorsichtig!“ Martin war es, der dem Kleinen zeigte, wie man sich einem Kätzchen nähern mußte, um es für einige Augenblicke liebevoll im Arm halten zu können. Mark, überwältigt von allen neuen Eindrücken, torkelte und stolperte durch seine neue Welt, drehte sich um sich selbst wie in Ekstase und streckte seine Händchen dem Himmel entgegen.

Am Mittagstisch krähte er bereits das Tischliedchen mit, das Reni am Morgen zum Erstaunen des Kindes eingeführt hatte.

„Jedes Tierlein hat sein Essen,
jedes Blümlein trinkt von dir.
Du hast uns auch nicht vergessen,
lieber Gott, wir danken dir.“

Wir reichten uns die Hände und wünschten uns eine gesegnete Mahlzeit.

Der Mittagsschlaf im neuen Bettchen wollte kaum gelingen, nur die Nähe der Oma brachte Mark dazu, für ein Weilchen ins Traumland zu versinken.

Ralf und Martin fuhren am Nachmittag in ein Möbelgeschäft, um einen neuen Kleider- und Wäscheschrank zu kaufen. In den Zimmern der Kinder wurde umgeräumt und alles nach den neuen Bedürfnissen geordnet.

Meine Aufgabe bestand vor allem darin, Mark den Übergang zu erleichtern, ihm das Gefühl der Fremde zu nehmen. Ich war bereit, mehrere Tage zu bleiben, wenn es nötig sein sollte.

Zwischen den Eroberungszügen durch seine neue Welt saß das Kind immer wieder auf meinem Schoß, lehnte sich vertrauensvoll an und schien zufrieden zu sein. Aber plötzlich begann es, mein Gesicht zu berühren; nicht vorsichtig und behutsam, nein – Mark patschte mit seiner Hand kräftig hinein und schlug seinen harten Schädel gegen meinen. Er tat es aus Freude. Martin mußte lachen. Wir zeigten ihm sanftere Liebesbeweise und als Krönung den Schmetterlingskuß, bei dem die Augenwimpern ganz zart die Wange des anderen berühren.
Am späten Nachmittag kam ein Pressevertreter, der etwa zwei Stunden blieb. Er war sehr beeindruckt von der sich aufopfernden Pflegefamilie und schrieb für seine Zeitung einen langen Bericht. In ihm forderte er zur Nachahmung auf. Gleichzeitig griff er die Langatmigkeit der Behörden an.
Reni, die mir die Kinder hauptsächlich überlassen hatte, weil der Haushalt sie forderte, war zu allen gleichmäßig freundlich. Sie behandelte Mark so, als sei er schon lange ein vertrauter Mitbewohner. Erst als er ankündigte, er wolle wieder bei Oma im 'dooßen Auto' schlafen, steckte sie die Fronten klar ab. „Eine Nacht war erlaubt, aber nun mußt du lernen, nachts in deinem eigenen Zimmer zu schlafen." Ich fügte hinzu: „Hörst du, wir müssen alle der Mama gehorchen." Dabei blieb es.
Weil Mark noch nie allein in einem Zimmer geschlafen hatte, setzte ich mich zu ihm ans Bett und wartete, bis bei dem noch immer überreizten Kind endlich die Augen zufielen. Ein wenig saß ich auf heißen Kohlen bei dem recht mühseligen Übergang vom Wachsein in den wohltuenden Schlaf, denn Martin hatte beim Abendessen erneut an Opa erinnert: „Opa ist jetzt ganz allein!" „Ich habe vorhin mit ihm telefoniert", verteidigte ich mich. „Aber mußt du dich nicht mal um Opa kümmern?"
Er liebte seinen 'Opa' vom ersten Tage an, den wir im Kinderheim Lohme verbrachten. Während ich damals auf dem abgetretenen Teppichboden umherkroch und Kinder ablichtete, wich er nicht mehr von Werners Seite, hielt seine Hand, ging mit ihm auf dem tristen Flur spazieren, erzählte und lachte über

seine Späße. Er schlich sich nicht in Werners Herz, nein, er sprang mit einem vollen Satz hinein – für immer.
All das stand deutlich vor mir, als Martin sich um seinen Opa sorgte. Ich beschloß, noch am Abend nach Hause zu fahren und am nächsten Tag auf Abruf bereit zu sein.
Aber als Mark endlich eingeschlafen war und auch Martin ins Bett mußte, hatten Ralf und Reni noch ein übervolles Herz. So kam ich erst gegen Mitternacht weg.

Am nächsten Tag ertönte kein Hilfeschrei aus Attenberg. Mark gewöhnte sich ein, schien nichts aus seiner jüngsten Vergangenheit zu vermissen, zeigte keine Symptome von Heimweh, schien einen Schnitt gemacht zu haben zwischen Rügen und dem Sauerland. Als schönstes Ereignis wurde mir gemeldet, Mark habe nach seinem Mittagsschlaf aufrecht im Bett gesessen und laut gekräht: „Wo is meine Mama?“ – Wie schön muß das für Reni gewesen sein! Sie wollte ihn nehmen wie ihr eigenes Kind, und sein Herzchen flog ihr entgegen. Dieses Ereignis bewegte mich lange Zeit.

Der letzte Julisonntag brach an und sollte zu einem Familienfest gestaltet werden. Das ging auf keinen Fall ohne Oma und Opa aus Lüdenscheid. An dem herrlichen Sommertag fuhr ein weißes Wohnmobil, von Lakritzen gereinigt, mit kleinen Geschenken und Blumen beladen, nach Attenberg.
Opa und sein neuer, kleiner 'Enkel' schauten sich aus einem gewissen Abstand immer wieder neugierig an. Auch Hanne war von einem kurzen Wochenendausflug heimgekehrt, und Mark mußte gleich zwei neue Menschen kennenlernen.
Reni bereitete in der Küche ein großes Büfett vor, das den ganzen Tag nach Lust und Laune für jeden erreichbar sein sollte. Martin stand neben ihr und schnitt Gemüse für Frischsalate, Mark kletterte auf einen Stuhl und durfte aus einer großen Tüte Nudeln in einen Topf mit kochendem Wasser schütten. Er tat es voller Lust, ja, er brachte sein Glück in seiner deutlichen Ge-

bärdensprache nach außen, schien fast zu platzen vor Freude, stand wie ein sprühender, lichtfunkelnder Stern inmitten der Familie auf dem alten Küchenstuhl und beglückte uns alle.
Während Reni und Hanne die Platten anrichteten und im Eßzimmer aufbauten, fand Mark ein neues Betätigungsfeld. Draußen entdeckte er einen großen Malerquast im Schuppen und strich nun dessen Wände von außen an. Ein mit Wasser gefüllter Eimer ersetzte den Farbtopf. Mark strich und strich, reckte sich, arbeitete mit der ganzen Kraft seines kleinen Körpers. Wieder hatte ich das Gefühl, als würde hier etwas nachgeholt, aufgearbeitet, als schrie der kleine Körper stumm in die Welt hinaus: 'Endlich, endlich laßt ihr mich! – Endlich darf ich – endlich spüre ich, wie ich wachse, endlich bin ich angekommen!' – Für immer? – Ich hoffte es mit zitterndem Herzen, denn zum ersten Male erlebte ich, wie ein fast stumm gewordenes Kind zu erblühen begann.
Nie wieder hörten wir den klagenden Ruf: „I bin dooß!“ Nie wieder sahen wir den sich reckenden und um Größe ringenden Körper, nie wieder versuchte Mark, mich oder ein anderes Familienmitglied als Aussichtsplattform zu nutzen. So widersinnig es klingen mag: Der Junge begriff seine 'Nesthäkchenrolle' und war durch sie der Größte.

Der Familiensonntag wurde ein herrlicher Tag, der nur eine kleine Schrecksekunde hatte. Als Martin mit seiner Küchenarbeit fertig war, nahm ich ihn beiseite und sagte: „Du, ich wollte mit dir mal etwas besprechen.“ Er wich erschreckt zurück und stotterte: „Was, was hab ich getan? Oma, was hab ich getan?“ – Jetzt erschrak ich, denn mir war sofort klar, daß ich das ganze schreckliche Lohme heraufbeschworen hatte mit Heimleiter und Erziehern, die sich vor allem dann mit den Kindern befaßten, wenn diese etwas verbrochen hatten. „Martin, beruhige dich, ich will etwas Schönes mit dir besprechen!“
Belohnen wollte ich ihn, weil er problemlos bereit war, seinen Platz mit dem neuen 'Bruder' zu teilen, weil er am Ankunftstag

von Mark kein Geschenk erhalten hatte. Wohl empfand ich es als gut, daß seine Kronprinzenrolle nun abgeschwächt wurde, aber er sollte jetzt spüren, daß er uns genauso wichtig war wie Mark.

Wir gingen zum Wagen, und ich überreichte dem strahlenden Jungen einen roten Kassettenrecorder für sein Zimmer. Das Glücksfaß lief fast über, als ich von unserem Finnenzelt erzählte, das bei uns auf dem Dachboden verstaubte und unter dem Kirschbaum beim Teich einen guten Platz haben könnte. Beim vormittäglichen Gang durch den Garten war mir dieser Gedanke gekommen.

Auf die höchste Stufe kletterte Martins Glück, als ich nach Absprache mit seinen Eltern mit ihm nach Lüdenscheid fuhr, um das Zelt sofort zu holen. Bei unserer Abfahrt stand Mark ganz steif und mit geballten Fäustchen auf dem Bürgersteig. „Wir sind bald wieder da. Geh zu deiner Mama, sie wartet auf dich."

Ich wußte, es war hart für den Jungen, aber er mußte lernen, daß seine Oma ihm nicht allein gehörte. Außerdem – er mußte erfahren, daß Papa, Mama und Hanne sehnsüchtig auf ihn warteten.

Bei der Fahrt nach Lüdenscheid beugte sich Martin mit dem Oberkörper aus dem Seitenfenster und rief jubelnd in die Welt: „Oma, Oma, Oma!"

Auf dem Dachboden in Lüdenscheid fanden wir außer dem Zelt auch noch Sonnenhüte. Martin entdeckte dann den höchsten Balkon, und wieder jubelte er seine Freude in die sauerländische Bergwelt hinaus.

Und dann kam der Zeltaufbau in Attenberg: Mark beobachtete das Geschehen mit nach hinten verschränkten Ärmchen. Zeltplane, schlaff und staubig, Heringe, Schnüre, Stangen, gerundet und gerade. Alles fügte sich schließlich zusammen, hatte aber noch nicht den letzten Halt, noch nicht den straff gespannten Stoff, der dir das Gefühl vermittelt: Nun ist dein Sommerhaus fertig. Werner hielt ein Vierkantstück in der Hand, blank und mit vier Öffnungen, betrachtete es mit tiefen Stirnfalten im Ge-

sicht und drehte es hin und her. Schlaff lag das Zelt am Boden, mit ihm die Stangen, die nicht wußten, wie sie, in aufgerichteter Stellung, Halt finden würden.
Da – Mark sprang herzu, nahm Opa das alles verbindende Vierkantstück, gewissermaßen den haltgebenden 'Schlußstein' im Gewölbe, aus der Hand, sprang zum schlaffen Zelt mit dem traurigen Stangengewirr in seinen Falten und zeigte uns allen, wie man die Schlußarbeit zu beginnen hatte. Für die Vollendung des Werkes fehlten ihm noch Kraft und Größe.
Von nun an sah Werner seinen jüngsten Enkel immerzu an, schaute und staunte im sicheren Abstand von drei Schritten. Mark staunte zurück, lief mutig etwas näher heran, schaute nach oben und war schnell wieder weg.
Da – Oma kam mit dem Fotoapparat. „Oh, bitte, 'n Bild von Oma machen! Oma mit'n Hut! – Ja, ja, ich seh dich, auch 'n Hut!" Mark drückte ab. Sein erstes Foto: Omas Zeltschuhe, die sie anhatte, wegen der strubbeligen Ökowiese.
Werner verschwand häufiger. Wir entdeckten, daß er sich bei Ralf aufhielt, der seinen freien Sonntag opferte, um nach Bauplan den neuen Schrank zusammenzusetzen. – 'Wenn munt're Reden sie begleiten ...'
Und Reni? – Sie war überall und nirgends. Wurde irgendwo das Geschehen etwas zu turbulent, erhob sie beschwichtigend beide Arme, spreizte die Finger ein wenig, schwang sie leicht wie kleine, Hitzköpfe kühlende Fächer und formulierte dazu ein beruhigendes „Gemach, gemach!" Noch oft sollten wir diese preisgünstige 'Beruhigungspille ohne Nebenwirkungen' verabreicht bekommen.
Mark und Hanne tasteten sich zunächst auch nur mit Blicken ab. Nach der Mittagszeit zog Hanne sich ganz zurück. „Sie hat einen Freund", sagte Martin und grinste.
Werner und ich fuhren abends ein wenig erschöpft, aber rundum zufrieden heim. Was war mit uns geschehen? Welch ein neues Kapitel wurde für uns aufgeschlagen?

In den folgenden Wochen und Monaten gewann der Weg nach Attenberg eine immer größere Bedeutung für uns. Noch wertvoller war das Telefon, das mir überwiegend den passiven Teil zuwies: den Hörer abnehmen, zuhören, bestätigen, vorsichtig Gegenvorschläge machen, wenn man den Wunsch danach spürte, piepsendes Kinderstimmchen im Hintergrund, leise übergehend in Eintonmelodien – und schließlich ganz energisch: „Nu sag schon endlich Tschüs!" „Dein Sohn verlangt nach dir, Reni!" sagte ich lachend.
Von nun an reihten sich Geschichten aneinander, jede für sich ein köstliches Einzelstück, jede aber noch mehr ein Glied in einer neuen Kette: die Geschichten von Marks Kinderleben, der zu arbeiten und zu wachsen begann.
Hört zu:

Ganz leise öffnet sich die Tür zu Hannes Zimmer, das im Keller liegt. Hanne hat sich die hellblonden Haare gewaschen, die nun, von der Nässe ganz dunkel, ihren Kopf schmal einfassen und lang und feucht herunterhängen. Der mutige, kleine Eindringling schaut zu ihr auf: „Sin die tot?" „Nein", sagt Hanne, nimmt Mark auf den Schoß, umschließt ihn mit der Feuchte ihres Kopfschmuckes, sitzt lange mit ihm, gibt und empfängt Wärme. – Das Kind – eingehüllt in einen feuchten Mantel – ist es so im Mutterschoß? – „Meine dooße Sester." „Kleiner Bruder! – Nun hab ich einen kleinen Bruder!"

Reni nimmt Mark zum Einkauf mit. Überall bekommt er etwas: Wurstzipfel, Bonbon, sogar eine Rose. – Einmal geht er hinter den Tresen – wißbegierig, neugierig – wird nicht weggeschickt, steht mit halb geöffnetem Mündchen und staunt. Reni sucht ihn, ist aufgeregt. Da schaut er neckisch um die Ecke: „Hie bin ich, mein Sßätzchen!"

Der Alltag wird zur Lust! Baden – Entchen im Wasser. Abtrocknen – großes, warmes Badetuch. Lachen – gute Worte –

lustige Musik von der Kassette. Salben – ganz sanft und zärtlich – alles wird gut. – Siehst du? – Die rote Pustel wird immer kleiner – ganz lieb und vorsichtig etwas Salbe darauf. – Singen – essen – Milch, Brot – alles beginnt zu schmecken. Der gelbgrüne Pilzbelag auf der Zunge verschwindet. Der Hausarzt hat alle mitgebrachten Präparate abgesetzt.
„Schuppenflechte? – Nein, das Kind hat Neurodermitis. – Cortison? Um Himmels willen! Absetzen!" Er gibt ganz sanfte Medizin und viele Empfehlungen für eine richtige Ernährung.
Ralf berichtet, was er bei seinen Arzt- und Apothekenbesuchen erfahren hat: Die Universitätsklinik Greifswald sei Abschiebeklinik für drogensüchtige und alkoholkranke Ärzte und Pfleger. Sechs Wochen wurde Mark dort im Januar/Februar 1993 diagnostiziert und behandelt. Mit falscher Diagnose und Medizin kam er wieder nach Lietzow ins Heim. Mein Hausarzt beurteilte Marks Krankheitsbild richtig, obwohl er nur eine Fotografie von dem Jungen sah.
Ralf ist außerdem sehr stolz, daß seine Kunden ihm Komplimente machen wegen seines guten Aussehens. „Sie sind jünger geworden! Machen das die Söhne?"

Und das Kind? – Mark hat zu tun! – 'Ich arbeite – ich bin Fernfahrer mit Omas Kipplader. Ich fahre in der Küche ab, komme durch den Flur, fahre im Wohnzimmer über den Teppich, durch das Eßzimmer, komme in die Küche, esse und trinke – die Arbeit macht hungrig. – Ausladen, einladen, noch mal umladen – ich setze mich drauf, drehe das Steuerrad – drehe wieder meine Runde, brauche meine Beinchen, brauche Kraft, viel Kraft! Am Abend bin ich müde. Gute-Nacht-Geschichten von Mama, beten. – Wer ist 'Gotten'? Wo ist er? – Ich hab ihn noch nie gesehen.' – Papa sagt 'Gute Nacht'! Die Tür bleibt geöffnet. Leise Geräusche kommen von unten.
Marks stumpfes Haar beginnt zu glänzen. „Wir müssen zum Frisör", sagt Mama. Die Friseuse macht darauf aufmerksam, daß

Marks Kopf bedeckt ist mit einem dichten Flaum, der überall aus den Poren sprießt – ein richtiger 'Kükenkopf'.
Jubel! Alles wächst an dem Kind. Die Nägel wachsen an Händen und Füßen, das Schneiden wird zum Fest. Das volle, dichte Haar wird hell wie Ostseesand mit einer Prise Bernstein. Es glänzt wie das Fell eines Pferdes, das 'gut im Hafer steht'. – Alle staunen! Hurra, das Kind wächst! Neue Hosen, neue Schuhe, alles neu. Die Kleidung aus dem Heim – überall mit der Nummer 17 – verschwindet. Mark ist keine Nummer, Mark ist unser Nesthäkchen.

Eines Tages stehe ich vor der Haustür und klingele. Martin öffnet: „Oma, Mark ist vor die Tür gerannt, nun sind Mutti und Papa mit ihm zum Arzt gefahren.“ Ich bin erschrocken und lasse mir drinnen alles genau erklären. Mark war nach seinem Mittagsschlaf taumelnd vor die Tür seines Zimmers gelaufen und hatte sich kräftig am Türdrücker gestoßen. Wir warten im Wohnzimmer, Hanne und ihre Freundin Herta sind auch da.
Endlich! Die Eltern kommen mit Mark, der auf seiner Stirn ein großes Pflaster hat. Wie selbstverständlich gibt Ralf mir das Kind in die Arme. Ganz klein und hilflos ist es, ganz schutzbedürftig. „Ruhig, ruhig.“ – Eine kleine Gehirnerschütterung, eine Platzwunde wurde genäht. Bei Oma lehnt man sich an und wird wieder gesund.
Nun sitzen wir alle im Wohnzimmer um den Tisch herum, können den Blick nicht wenden von dem Kind in seiner Hilflosigkeit. – Allmählich wird Mark munterer, will sich bewegen. Ich versuche sanft, ihn zu bändigen und zeige ihm all die sehnsüchtigen Augen in der Runde. „Sieh mal, wie sie dich alle angukken: Papa, Mama, Herta, Hanne und Martin. Alle wollen, daß du mal bei ihnen auf dem Schoß sitzt. Guck doch mal, wie der Papa dich anschaut!“
Ganz vorsichtig wechseln wir Marks Platz – nun lehnt er sich erschöpft beim Papa an. Doch kaum sitze ich wieder, erhebt sich Martin, setzt sich neben mich und fleht stumm um Liebe. Ver-

nachlässigen wir ihn? Leidet er, weil Mark so oft im Mittelpunkt steht? Ich muß mich verstärkt um ihn kümmern und fange gleich damit an. Reni holt Mark und bringt ihn ins Bett, da wird meine neue Aufgabe leichter.

Heimkinder leben zwischen Haß und Liebe zu Erwachsenen: zu ihren Eltern, die versagt haben, zu ihren Erziehern, die zu wenig Zeit für den Einzelnen aufbringen können, - die auch oft zu gleichgültig sind. Heimkinder schwanken zwischen Vertrauen und Mißtrauen - ihre Wünsche sind heftiger, ihre Enttäuschungen größer, sie sind sensibler, reifer als Kinder aus normalen Elternhäusern und gleichzeitig kleinkindhafter, nach Wärme und Geborgenheit gierend, nach einem winzigen Zipfelchen Glück haschend.

Eines Tages kamen Reni und Ralf unverhofft zu uns nach Hellersen. Natürlich waren die Kinder bei ihnen. Werner mähte gerade den Rasen im Garten. Mark rannte zu Opa und fiel fast über das Elektrokabel. Martin wollte wieder auf den oberen Balkon mit dem weiten Blick bis zur Homert. Mark entdeckte das kleine Pförtchen, lief hinaus und zur Nachbarin Maria, staunte sie mit großen Augen lange an. Dann ging's mit affenartiger Geschwindigkeit auf den oberen Balkon. Dort winkten nun beide Nachbar Herbert zu.
Ralf und Reni hatten Durst. Alte Leute haben stilles Wasser im Haus und trinken abends ab und zu ein Gläschen Wein. Ralf und Reni lehnten den Nachmittagskaffee mit leiser Verachtung ab, sie tranken am liebsten Bier. Ich hatte für niemanden das richtige Getränk, hatte kein Spielzeug für die Kinder, hatte nur Angst und Sorge: Mark konnte die Treppen herunterfallen, im Keller die Fotochemie entdecken, vom oberen Balkon stürzen, in den Teich fallen, auf die Straße laufen und vor ein Auto geraten, und und und ...
Da ging ich mit beiden Kindern über die Wiese in das Krankenhauscafé und spendierte dort ein leckeres Eis.

Abends dachte ich: Du mußt viel ändern – Spiele und die richtigen Getränke bereit haben, damit sich alle wohl fühlen.

Seit Mark da ist, ruft Reni täglich an. Ich höre von ihr: Er fährt fast immer mit seinem Kipplader, den er gefüllt hat mit lauter Sammelsurium, was ein kleiner Junge so alles gebrauchen kann. Omas Foto ist mittendrin. Jede Fahrt macht Oma mit. Das Kind genießt das Spiel für sich allein, niemand stört es. Mit hohem, wisperndem Stimmchen fängt es an zu sprechen, kommentiert seine Handlungen, formt all seine Gedanken in Worte, in Satzfragmente, in ganze Sätze um . Es hat Schwierigkeiten bei der Artikulation, weil es im Heim kaum gesprochen hat. „Hab ich auch eine Mama?“ hat es dort gefragt, als es dazu fähig war, denn zu jedem Kind gehört eine Mama. Das weiß jedes Heimkind instinktiv, denn es hört, daß die anderen Kinder Mütter haben und sieht wohl auch manchmal eine, die mit schlechtem Gewissen ihr abgeschobenes Kind besucht. „Hab ich auch eine Mama?“ fragt es zum zweiten Mal, weil keine Antwort kommt. Was soll man darauf antworten? – „Deine Mama ist tot??“ – Niemand mochte es herausbringen. Da sagt jemand zu dem Kind: „Für dich gibt es keine Mama.“ – Das Kind erstarrt vor Schreck und spricht fortan nicht mehr.
So kam es, daß Mark zwar alles um sich herum erfaßte, aber in sich vergrub, daß er dadurch keine Übung hatte, richtig zu artikulieren.
Uns verblüfft er von Tag zu Tag mehr. Er hört, was die Erwachsenen sagen, er spricht die Sätze nach, ganz korrekt mit seinem hellen Stimmchen und einem fast schelmischen Gesichtsausdruck. Mit hellwachen Augen formt er sie um, macht sie paßgenau für seine Situation und dokumentiert damit, daß er ihren Sinn erfaßt hat. Er zeigt uns, daß er ein denkender, wacher, kleiner Mensch ist.
Und noch mehr: Mark beginnt zu singen, singt seine Gedanken vor sich hin in kleinen Intervallen, höchstens mal eine Terz –

ein wiegender Leiergesang. Sein Seelchen fliegt mit den Tönen heraus; er wird ein fröhliches Kind.
Immer wieder höre ich ihn im Hintergrund, wenn Reni mit mir telefoniert. Warum wiederholt sie sich so oft? Ich lausche viel lieber dem Kind, das auf großer Fernfahrt ist, Ware einlädt und am nächsten Ort auslädt. – „Nu sag schon endlich Tschüs!" Und ich: „Reni, dein Sohn verlangt nach dir." Noch vier, fünf Gedanken, dann beendet sie das Telefonat. Reni braucht einen Gesprächspartner. – Ist Ralf zu still?
Was ist eigentlich mit Ralf? Wenn wir ihn ansprechen, bekommen wir eine Antwort. Das ist es dann aber auch. Seine Augen sind versteckt hinter dicken Brillengläsern. Verstärken sie seine Sehkraft, oder helfen sie ihm auch, etwas zu verbergen? Neigt er zur Schwermut? Fast möchte ich es glauben. Die Kinder scheinen ihn abzulenken. – Wovon?? – Ich mag ihn, doch ab und zu ist er mir unheimlich, rätselhaft. Reni sagt einmal: „Was der eigentlich denkt, ich weiß es nicht. – Aber er tut alles, was ich will."

Im August muß bei Martin ein kleiner, operativer Eingriff gemacht werden. Diagnose: Verengung der Vorhaut. Das Krankenhaus in Lüdenscheid liegt fast vor Omas Haustür. Schon Tage vorher kommt die Bitte: „Oma, bring mich bitte hin! Bleib bitte bei mir, auch wenn ich aus der Narkose aufwache. – Oma, ja? Bitte, bitte!" Natürlich sagt Oma „Ja!" Zwei Tage vorher kommt die nächste Bitte: „Oma, kann ich bei euch schlafen?" – Am Abend vorher wird Martin zu uns gebracht, darf noch eine Kleinigkeit essen. „Morgen früh mußt du fasten!" Aber Oma hat einen Ablenkungstrick bereit: „Wenn du willst, schlafen wir im Wohnmobil!" „Hurra!" Jetzt steht es 1:1 für Martin und Mark.
Wir fahren auf den Wendekreis. Vor uns breitet sich die Wiese aus, und auf ihr erhebt sich das imposante Kreiskrankenhaus, in dem an diesem lauen Sommerabend immer mehr Lichter aufleuchten. Tröstliche Lichter – 'Gesundheitslichter' – , die vom Leben und Helfen erzählen.

Martin klettert zuerst ins Wohnmobil und soll oben schlafen. Ich will mich unten hinlegen, habe aber Schwierigkeiten, mich auszuziehen, denn Martin hängt mit dem Kopf über der Bettkante und will alles mitkriegen. Paßt mir gar nicht! Ich will ihn überlisten; muß noch etwas aus dem Haus holen. „Nein, nein!" schreit er, „ich bleib hier nicht allein!" „Angsthase!"
Martin läuft noch mal mit ins Haus. Ich überliste ihn dennoch, ziehe mich auf der Toilette aus, Schlafanzug an und laufe mit ihm im Bademantel zum Wagen.
Nun sieht er statt der halb bekleideten Oma durch das obere Fenster das erleuchtete Krankenhaus. „Oma, Oma", stöhnt er und zittert wegen morgen. Endlich ist Ruhe im Wagen.
In der Morgenfrühe liegt plötzlich ein bibbernder Knabe neben mir und fleht um Schutz. Wie schmal ist der Junge, wie rank und schlank! – Wir müssen früh aufstehen. Martin nimmt ein Bad. Er darf nichts essen. Wir gehen über die Wiese zur 'Schlachtbank'. Anmeldung, Aufnahme, drittes Stockwerk, Abteilung XY, Zimmer 4. Ein junger Mann liegt dort. Martin macht aus seiner Angst ein Theaterstück, bibbert, flattert mit den Armen, bekreuzigt sich. – Bekreuzigt sich?
Ja, der Junge aus der ehemaligen DDR, aus dem staatlichen Kinderheim, wird seit seiner Umsiedlung nach Attenberg in den katholischen Glauben eingewiesen, ist auf dem Wege, ein Glied der römisch-katholischen Kirche zu werden. Er bringt in seiner Veranlagung die Lust an Glanz und Glorie, die Lust am Theatralischen, am Sich-zur-Schau-stellen mit. Heute zeigt Martin seinem jungen Zimmergenossen und mir seine Angst und gleichzeitig seine Kraft, sich selbst zu helfen.
Stöhnen – bekreuzigen. – Er sitzt aufrecht im Bett, murmelt mit entsprechender Mimik und Gebärde: „Heilige Mutter Gottes, steh mir bei!" Dann schlägt er das Kreuz, immer wieder, während seine Lippen sich lautlos bewegen.
Angelernt, aufoktroyiert in wenigen Monaten. Nichts ist gewachsen von Kindheit an. Vor vier Jahren mußte er noch Arbeiter- und Kampflieder singen – im Gleichschritt Marsch! – So

schießt es mir durch den Kopf. Wo sind seine Wurzeln? Wo ist er daheim? –
Ein Arzt erscheint und erklärt mir mit Hilfe einer Skizze, was nun an Martin gemacht werden soll. Ich muß als 'Großmutter' unterschreiben, und das Geschehen nimmt seinen Lauf. Seine Hand haltend, begleite ich ihn in den Fahrstuhl, gehe neben seinem Bett über den langen Flur bis zum OP. Eine junge Ärztin gibt Martin eine Beruhigungsspritze, wendet sich dann zu mir: „Warten Sie bitte oben und halten sich auf Abruf bereit." „Viel Glück, Martin!"
Ich war noch gar nicht oben angekommen, da wurde schon nach mir verlangt. Es war ein Anruf vom OP: „Martin sagt, er habe heute morgen Cornflakes gegessen." Der Schlingel! „Kann nicht sein, fast unmöglich. Er war nur ohne Aufsicht, als ich das Bad benutzte. In der Küche war alles unverändert." Da wollte wohl ein Angsthase den Eingriff hinausschieben?
Etwa nach einer Stunde mußte ich in die Intensivstation kommen und wartete nun im Schutzkittel neben Martins Bett auf sein Erwachen. Ein ganz entspanntes Kind lag da in den Kissen mit blondem Gelock und weichen Gesichtszügen. – Unschuldsengelchen! – Und niemand hatte dieses Kind in den letzten sechs Jahren so richtig liebgehabt. Wer hatte ihm geholfen, seine schweren Kindheitserlebnisse zu verarbeiten, die Erinnerungen an den trunksüchtigen, schlagenden Vater zu löschen, den frühen Tod der Mutter zu überwinden? Waren solche Erlebnisse überhaupt zu tilgen, auszuradieren aus dem Gedächtnis, dem Herzen? – Wer hatte ihm geholfen, seine Talente zu fördern, um seinem jungen Leben einen neuen Sinn zu geben? Viel Kraft würde es brauchen, um ihm beizustehen.
Ein hörbarer Seufzer riß mich aus meinen Gedanken. Martin atmete tief, öffnete die Augenlider halb und versank erneut in seinen Dämmerschlaf. Nun behielt ich ihn fest im Auge, sah seinen Kampf mit Traum und Schlaf, seine ausgreifenden Hände auf mein Gesicht zu, nie ihr Ziel erreichend. Augen öffneten und schlossen sich, wurden von Mal zu Mal klarer, Hände be-

rührten schließlich meine Stirn. „Martin, du bist nicht allein, ich habe auf dein Erwachen gewartet.“ Da hob ein starker Jungennacken seinen Lockenkopf hoch, ein Lächeln glitt über das reine Gesicht, das mir deutlich sagte: Nun bin ich wieder wach. Die ganze Situation ist mir vollkommen gegenwärtig. Alles, alles weiß ich. – „Hurra, Martin, du hast es gut überstanden. Nun bist du auf dem Wege, ein Mann zu werden.“
Oben im Krankenzimmer lag er noch eine Weile entspannt und recht erschöpft in seinem Bett. Mittags kam Ralf und holte ihn ab. Nun mußte er sich in den nächsten Tagen ein wenig schonen, sollte täglich in Kamille Sitzbäder machen.
Schade, dadurch fiel die geplante Wochenendfahrt mit Oma und Opa im Wohnmobil erstmal aus. Ein kleiner Fotokurs war vorgesehen – danach ein Wettbewerb. Wer macht die schönsten Fotos? Opa, Oma oder Martin? – Schade, nun müssen wir alles verschieben!

Da gibt es, sozusagen als Trost, eine schöne Überraschung für Martin: Der Maler Janus von der Insel Rügen ist mit Frau Ute unterwegs an den Comer See – einen Monat Malurlaub in einer Landschaft, die er vorher noch nie sah. Das Ehepaar macht Zwischenstation in Lüdenscheid. Martin fiebert dem Besuch entgegen. Reni meldet durchs Telefon: „Er ist den ganzen Tag nicht zu gebrauchen.“
Ute war seine ehemalige Kunsterzieherin und Betreuerin im Heim, einer der wenigen Menschen, der ihn für Stunden glücklich machte. Von Janus hängen Gemälde im großen Speisesaal des Heimes. Ja, Malerei interessiert Martin!
Gegen Abend fahren wir nach Attenberg. Mark hat uns gehört und guckt aus der Haustür. Ich bin die letzte, weil ich den Wagen abschließe. Kleine Beinchen setzen sich in Bewegung, streben gradlinig auf ihr Ziel zu. Ich kann gerade noch ganz schnell die Knie beugen, um den Schatz von der Insel bei der Begrüßung Auge in Auge zu haben. Alle drehen sich um und schauen zu. Werner steht uns am nächsten. „Schau, der Opa möchte

dich haben“, flüstere ich in Marks Ohr. Da, ganz schnell geschieht es. Mark sitzt auf Werners Arm, legt sein linkes Ärmchen vertrauensvoll um dessen Nacken, fühlt sich ganz geborgen. Und Werner? Er sieht so aus, als wollte er das Kind nicht wieder hergeben.
Bald sitzen wir alle um den großen Tisch im Wohnzimmer. Martin zeigt voller Eifer die Fotos von der Flug-Schiffsreise in die Ukraine, die er vor Marks Ankunft in der ersten Hälfte der Sommerferien mit seinen neuen Eltern gemacht hatte. Dann liegen seine Malereien auf dem Tisch und werden von allen begutachtet. Janus nimmt Martins Zeichenblock und fängt an, Werner zu porträtieren. Martin schaut voller Andacht zu. Ich muß die Gruppe immerzu ansehen und bekomme wieder einmal bestätigt: Ein Lehrer, der etwas kann, verschafft sich ganz von selbst, fast mühelos, Respekt und Anerkennung. Er hat kaum disziplinarische Probleme.
Bevor wir den gastlichen Ort verlassen, zeigt Martin seinem Rügenbesuch sein Zimmer. Der Zufall will es so, er bleibt zum Schluß mit Ute allein im Raum, stellt sich vor sie hin und bittet sie um eine Beurteilung der Lohmer Heimleitung. Ute erzählt uns auf dem Heimweg von diesem Gespräch. Natürlich war sie auf solch eine Frage von einem zwölfjährigen Knaben nicht gefaßt und hat versucht, ihm klarzumachen, daß kein Mensch von Grund auf böse ist, daß er geformt wird von Kindheit an durch seine Umwelt, durch Erziehung und Erleben. Notwendigerweise mußte sie den diktatorischen Erziehungsstil des DDR-Staates erwähnen, in dem die Lohmer Heimleitung gedrillt und darum kaum einer mitmenschlichen Regung fähig war. Wie soll man einem Kind in wenigen Minuten klarmachen, daß der Heimleiter, seine Stellvertreterin, daß fast alle Erzieher und ebenso Martins Lehrerin, die Frau des Heimleiters, Produkte ihrer Erziehung und Berufsausbildung waren: eben Kinder einer Diktatur?
Martin hatte seine Frage an Ute gerichtet, nicht an mich, denn Ute hatte den Erziehungsstil des Heimes über Jahre miterlebt

und nicht nur auf Kurzbesuchen wie ich. Ich glaube, daß Martin diese Frage schon lange mit sich herumtrug und nun eine Antwort erhoffte, um mit den unterschiedlichen Erziehungsmaßnahmen und Verhaltensweisen der Erwachsenen zurechtzukommen.
Etwa zwei Jahre später erfuhr ich durch eine Lehrerin der Grundschule, in der Martin nach seiner Ankunft in Attenberg das vierte Schuljahr beenden mußte, daß er den Unterrichts- und Erziehungsstil im freien Westen mit Staunen und Verwunderung quittierte. Ein mitmenschlicher Umgangston zwischen Lehrern und Schülern, sogar für ihn freundliche Anreden und Ermunterungen. Ja, Martin war Kommandos gewohnt, mußte sich einzwängen in starre Regeln – ich hatte es selbst erlebt.
Zum Zeitpunkt des Besuches von Janus und Ute stand er kurz vor der Einschulung in seine weiterführende Schule und war tief im Innersten sicher erneut gespannt, was ihn nun erwarten würde.
Wir wurden alle nachdenklich auf der Heimfahrt nach Lüdenscheid und hofften mit Martin, daß seine neuen Eltern ihm helfen würden, seinen richtigen Weg zu finden.
Am nächsten Tag fuhren Janus und Ute in froher Erwartung Richtung Süden. Bei uns aber klingelte am Nachmittag das Telefon: „Oma, sagst du mir die Adresse von Janus und Ute am Comer See? Ich will ihnen schreiben." Er tat es auch. – Stundenlang konnte er am Schreibtisch sitzen und malen oder schreiben. Er legte eine Zeichnung in seinen Brief und meinte: „Ich will mit Janus Bilder tauschen. Das macht Spaß!"
Mir ging der Rügenbesuch und seine Bedeutung für Martin lange durch den Kopf. Wie wichtig war es für ihn, daß seine wenigen positiven Erlebnisse und Begegnungen auf der Insel Rügen wach gehalten wurden. Sie konnten zur Versöhnlichkeit beitragen, zur besseren Aufarbeitung seiner Vergangenheit.

Kurz nach diesem Ereignis flattert uns eine Einladung ins Haus. Eins der verschiedenen Orchester, in denen Hanne Geige spielt, feiert Jubiläum und gibt aus diesem Anlaß ein Festkonzert. Reni hat Plätze in der ersten Reihe reservieren lassen. Warum eigentlich? Der Hörgenuß ist in der Mitte mit Sicherheit besser. Mark sitzt zwischen Reni und mir, d. h., er zieht es vor, auf meinen Schoß zu klettern und sich dort wohnlich einzurichten. Vor Beginn des Konzertes schaut er mich an, löst die leichte Verschlingung meines Seidentuches mit einem Ruck wie ein kleiner Eroberer, der seinem Opfer begreiflich macht: Jetzt komme ich! Das Tuch fliegt auf seinen leeren Stuhl. Wieder schaut er mich prüfend an. Sein rechtes Händchen berührt meinen Hals, gleitet prüfend unter den Haaransatz und dann abwärts. Seine Augen suchen auf der anderen Seite unterhalb des Ohres etwas. – Was? – Im März auf Rügen war es doch noch da! Eine kleine knubbelige Stelle. Seine linke Hand fährt prüfend dorthin, wo diese Stelle war; seine Augen blicken mich fragend an. – „Weg!“ sage ich leise. Er nickt erstaunt. – Ich dagegen staune über das Gedächtnis des Kindes.

Dann greift Mark an den Halssaum meiner sommerlichen Bluse, will ihn lüften, verschieben, damit er bessere Einblicke gewinnt. Ich wehre seinen kleinen Händen und flüstere ihm leise zu: „Bitte, nicht! – Schau mal nach hinten, da sitzen viele, viele Leute.“ „Aber i will doch boß mal'n bissen bei dir tucken, Oma“, sagt er bittend. „Nein, nein“, wehre ich ab. Er läßt sich ablenken, sein Leib preßt sich warm gegen meinen, sein Kopf lehnt an meinem rechten Ohr – in großer Ruhe und Andacht betrachtet er die musikbeflissenen Bürger des kleinen Provinzstädtchens in Erwartung eines mittelmäßigen Konzertes.

Die Orchesterspieler betreten die Bühne, stimmen ihre Instrumente aufeinander ein; es wird ruhig. Der Dirigent betritt sein Podium. Mark dreht sich mit meiner Hilfe um, damit er nicht nur hören, sondern seine Hanne und alle anderen auch sehen kann. Er sitzt nun so auf meinem Schoß, wie bei unserer ersten Begegnung im Heim auf Rügen.

Sein erstes Konzert, Klänge von Haydn und Mozart, brav und bieder vorgetragen, Kleinstadtniveau, doch das empfindet das

Kind nicht. Es nimmt auf mit Augen und Ohren, ist mit ihnen ein neugieriger, kleiner Mensch. – Und sonst? Ein Kleinkind, das Omas Wärme genießt, das seine Händchen zum Munde führt, sie spreizt und dreht in lieblicher Gebärde.
Die Pause ist da. Mark rutscht von meinem Schoß, erstürmt in affenartiger Geschwindigkeit die Bühne, eilt zum ersten Cellisten und lehnt sich vertrauensvoll an ihn. Es ist Maik, der Bruder von Herta, den Mark schon kennengelernt hat.
Nach der Pause klettert er wieder auf meinen Schoß, verschwendet keinen Blick an seinen Stuhl. Die leichtere Muse lullt uns ein, während Marks Bewegungsdrang erheblich wächst. Ich erwarte deshalb sehnsüchtig das Ende des Konzertes.
Von wem ist die Polka, die als Schlußstück auf dem Programm steht? Ich weiß es nicht mehr. Aber eins weiß ich noch genau, als sei es eben erst geschehen: Der Rhythmus gefällt dem Kind. Sein Kopf bewegt sich ruckartig, dann sanfter wiegend. Ich freue mich, fasse leicht seinen Rumpf, löse ihn ein wenig von meinem Leib, während meine Knie vorsichtig die Schwünge seines Kopfes unterstreichen. Knie – Rumpf – Kopf – Kopf – Rumpf – Knie. Der Rhythmus fließt durch uns hindurch, verstärkt sich in seiner Ausdruckskraft. Das Kind tanzt auf meinem Schoß. – Schoßpolka! – Die kleinen Beinchen haben Platz nach vorne, treten auf imaginäre Tanzböden, immer stärker, ganz diszipliniert. Meine Hände gleiten vom Rumpf über seine Achselhöhlen zu den Oberarmen, stützen und verstärken seinen Tanz, fassen schließlich seine Händchen – breit ausladend. Das Kind tanzt mit allen Gliedern, gestützt und unterstützt durch meine Knie und Hände. Geordneter Schwung, gebändigte Freude! Ganz frei ist das Kind – und doch nicht. Es fügt sich fröhlich ein in den begrenzten Raum. Nichts kann ausufern, entgleiten. Es ist fast wie ein Schöpfungsakt – wunderhübsch mitzuerleben.
Reni sitzt links neben uns, hält ihre linke Hand über den Mund und lacht nach innen. Werner auf der rechten Seite staunt uns durch seine Brille an und verliert vor Verwirrung das Programm.

Unermüdlich ist der kleine Kerl, tanzt mit seiner Oma die 'Schoßpolka' bis zum Schlußakkord. Der Beifall von Eltern, Geschwistern und Verwandten brandet auf; wir stimmen ein, klatschen in die Hände, bis sie krebsrot sind.
Zugabe! Wiederholung! – Die Zuhörer fordern ihr Recht. Der Dirigent setzt noch einen drauf: Nun darf jeder bei der Polka mitsingen. Mark und ich nehmen unsere Tanzbewegungen in stummem Einverständnis nicht wieder auf, denn so schön, wie es eben war, wird es sicher nicht noch einmal. Aber wir singen aus voller Kehle, und das Kind jubelt sein Glück hinaus in die Welt.

Am Abend, als ich zur Ruhe komme, muß ich noch lange an Marks Tanz mit mir denken. – Und langsam taucht es auf, ganz tief aus dem Unterbewußtsein: das ähnliche und doch ganz andere Erlebnis mit Martin.
Mai ist es, Mark war noch gar nicht bei uns. Martin hat seine ersten Geigenstunden bereits hinter sich, nun ist er gespannt, wie es klingt, wenn viele Geigen und andere Streichinstrumente zusammenspielen. Hanne spielt im Orchester, ein festlicher Saal, Blumenschmuck, gedeckte Tische mit Getränken und Knabbergebäck. Reni ist im Vorstand und hat die Organisation für dieses Konzert bis hin zu den Dankessträußchen am Schluß fest im Griff.
Martin hört sein erstes Konzert. Er sitzt bei uns, horcht auf die Melodien, beäugelt den Gebäckteller, greift zu. Beim zweiten Mal schaut er mich vorher fragend an. Ich nicke. Er lächelt, greift zu, in rhythmischen Schwüngen zum Mund. Die Ohren sind für die Töne da, die Geschmacksnerven für die Plätzchen. Es ist ein rundherum runder Genuß. Ein Ehepaar uns gegenüber lächelt.
„Du kannst unseren Anteil auch essen", sagt die Frau leise zwischen zwei Sätzen von Mozart. Martin strahlt, schaut mich fragend an. Ich nicke. Es ist ein wunderschönes Konzert für alle, niemand läßt sich stören durch den Nachbarn.

Zum Schluß spielt das Orchester Johann Sebastian Bach, strömend wie ein Fluß, rhythmisch. Es ist kein Gebäck mehr da! Martin entdeckt mein Knie, trommelt leicht und locker mit seinen Fingern den Takt darauf, lächelt ganz entrückt. – Ich denke an Lohme, an den Grundschulunterricht in der kleinen Dorfschule. Dort trommelte er unter dem Arbeitstisch seinen Protest in den Raum, des Drills und der Langeweile überdrüssig, brachte seine Lehrerin, die Frau des Heimleiters Eiseler, zur Weißglut, sprang schließlich auf und schlug mit seiner Faust zurück, denn zuerst schlug sie.
Und hier? Wir lächeln alle über den elfjährigen Knaben, der mitschwingt in den Rhythmen eines Johann Sebastian Bach, der das Mittelmaß des durchaus liebenswerten Orchesters aufwertet durch seine Freude, die er empfängt durch die Musik. Schließlich halten Martin und ich uns an den Händen und schwingen sie leicht im Takt. – Dann klatschen wir, bis die Hände brennen.
Nun wird Martins Mithilfe gebraucht. Er verteilt die Sträuße an die Solisten; für jeden Orchesterspieler gibt es ein kleines Blümchen. Der Einsatz geht weiter: Martin stapelt Stühle, schiebt sie an die Seite. Es ist eine Freude, ihm zuzusehen. Reni spricht mit ihm, deutet auf die Dekorationsblumen: hübsche, bunte Frühlingssträuße. Martin greift sie, sammelt sie zu einem Blumenstrauß, kommt zuerst zu uns, überreicht Oma, dann Opa einen Strauß, springt davon, geht hierhin und dorthin, verteilt mit liebenswerter Verbeugung, mit unbefangenem Lachen Blumen, steht locker da mit leeren, starken Fäusten und erntet Erstaunen und Dank. – Ich bin glücklich über Martin.

Zu Beginn des neuen Schuljahres 1993 wechselt Martin seine Schule. Das kurze Gastspiel in der Grundschule hat er zu aller Zufriedenheit beendet. Nun beginnt nach den wenigen Monaten seines Hierseins die Arbeit in der Gesamtschule mit allen Möglichkeiten der Abschlüsse. Die Dorfschule in Lohme war klein, die Grundschule in Attenberg in erträglicher Größen-

ordnung. Und die Gesamtschule? – Ein Riesengebäude, das Angst wachsen läßt.
Während Mark den Einschulungstag seines großen Bruders fröhlich und unbeschwert miterlebt, ist in Martins Gesicht bei der Einschulungsfeier der Schrecken geschrieben. Lohme war leise – und hier? Selbstzufriedenheit, lärmend und sicher – oder wird auch so Angst überspielt? Ich spüre es, Martin möchte fort, weit fort! Hanne nimmt ihn lieb an der Hand und bringt ihn in dem großen Festsaal dorthin, wo sich seine neue Klasse formiert. Ein schwerer Weg beginnt.

Glücklicherweise vergißt Martin am nächsten Wochenende erstmal die Schule, denn die Festwiese im Ort ist voller Buden und Karussells. Reni berichtet begeistert. Laut lachen muß sie über den Wettkampf der Kinder. Ein Mast muß erklommen werden. Ganz oben hängen Gewinne an einem Rad. „Rate mal, Oma, wer wurde wohl Sieger?" – Martin schaffte die Höhe nicht, aber Mark bezwang sie wie ein kleiner Kletteraffe und holte die dickste, gut geräucherte Mettwurst herunter.
Und noch ein Ereignis lenkt von der Schule ab: Papas Geburtstag. Ein kleines Familienfest steht ins Haus. Wir überreichen einen kreisrunden 'Flachmann', denn Ralfs Freude an hochprozentigen Schlucken ist unverkennbar. – Abends kommen zwei Ehepaare, machen ein wenig Spaß mit den Kindern. Einer der Männer greift nach Mark, bringt ihn zum Kreischen. – Woher kommt plötzlich das Wort? Plötzlich steht es im Raum: „Klauer! – Klauer!" Mark greift das Wort auf, rennt um die Sitzgruppe herum und schreit: „Du Klauer! Du Klauer!" Zeigt mit den Händen auf den Mann. Alle lachen, lachen, lachen. – Mark wird immer lauter, rennt und schreit den Mann an.
Ich bin entsetzt, traurig – warum greift Reni nicht ein? Die Kinder müßten längst im Bett sein. Aber Reni feiert und vergißt ihre Kinder. Tage später sage ich ihr vorsichtig, wie ich über diese Sache denke. Außerdem paßt sie so gar nicht zu ihren

Vorstellungen über Erziehung, die sie fast täglich mit mir austauscht.

Während Martins Probleme in der neuen Schule riesengroß waren, fiel der Einstieg Marks in den Kindergarten in seiner Bedeutung fast unter den Tisch. Reni, die nach den Sommerferien eine Hilfe für den Haushalt einstellte, bereitete Mark sehr behutsam auf den Kindergarten vor. Zunächst mußte er sich an die junge Hilfskraft gewöhnen, die außer dem Haushalt, der Bügelwäsche auch ihn am Vormittag übernahm, während Reni in der Schule war. Mark spielte am liebsten allein, niemand nahm ihm etwas weg, niemand zerstörte seine Arbeit, niemand lehnte ihn ab wegen seiner Neurodermitis. Zwar wurde seine Haut immer glatter und rosiger, aber seine Erinnerungen an die Heimkinder in Lietzow trugen nicht dazu bei, dem Gedanken an Kindergruppen mit Freude entgegenzusehen. Trotzdem, er mußte neue Erfahrungen im Umgang mit Gleichaltrigen machen.
„Komm ich dann wieder nach Hause?“ war eine seiner ständigen Fragen. Er kannte den Unterschied zwischen Heim und Kindergarten nicht. So ging er erst nur zum ‘Schnuppern’ hin auf halb freiwilliger Basis, bis er merkte, daß er regelmäßig mittags heim durfte und nicht dort bleiben mußte. Er wurde angeregt durch Spiel, Tanz, hübsche Geschichten – all das hatte in Lietzow gefehlt – er erlebte als ersten Höhepunkt einen Sing- und Tanzauftritt im Seniorenzentrum von Attenberg, bei dem er auf ganz individuelle Weise fröhlich mitsang und -hopste.
Leider hatte er einen Widersacher im Kindergarten, der ihm das Leben erschwerte. Ab und zu brach es aus ihm heraus, sein ganzer Körper redete, von den geballten Fäustchen bis in die Beinchen hinein, die ganz steif wurden vor Zorn: „Robbi ist bös!“ „Warum?“ Heftiges Seufzen, mehr nicht, und noch einmal mit einer Stimme, die aus dem Bauch kam: „Robbi ist bös!“

Auch Martin hatte sich mit bösen Elementen auseinanderzusetzen, als da waren: plumpe Neugier bis zur Taktlosigkeit, Unverständnis, vielleicht auch nur Ungeschick von seiten der Lehrer, dazu eine Klassengemeinschaft, die roh und gefühllos reagieren konnte.

Er wurde an einen Tisch gesetzt, an dem außer zwei westdeutschen Jungen auch ein Türke saß. Mußte das sein? Zwei vom Rande der Gesellschaft, die aber keine Zusammengehörigkeit spürten, sondern eher das Gegenteil. Tägliche kleine Auseinandersetzungen förderten Unaufmerksamkeit. Die Antipathie zog merkwürdigerweise an; besonders in den Pausen standen sich der blonde und der schwarzhaarige Junge unter Hochspannung gegenüber. Aus dem Dauergeknister entlud sich der Streit. Die westdeutschen Klassenkameraden hatten ihr kostenloses Schauspiel.

„Bei uns sind fast jeden zweiten Tag die Polizei oder der Unfallwagen auf dem Schulhof", berichtete Reni. Aber ein Handgemenge, das sich die beiden Außenseiter lieferten, erhielt immer ein besonderes Gewicht. „Natürlich! Wieder der Junge aus dem ostdeutschen Heim! – Natürlich! Der Türke ist auch dabei." T-Shirts wurden zerrissen – und kleine Verletzungen waren an der Tagesordnung. Martin flüchtete oft zu Hanne und Herta, den beiden angehenden Abiturientinnen, um ohne Schlägerei die Pausen zu überstehen.

Das erste große Problem entstand aber nicht aus der Schülergruppe heraus, sondern wurde durch einen Lehrer in Szene gesetzt. In dem Fach, in dem soziale Probleme in der Gesellschaft zu besprechen waren, sah der Lehrer sein nächstes Anschauungsobjekt in seiner Klasse sitzen: Martin, das Heimkind aus der ehemaligen DDR. Er mußte aufstehen und aus seinem Heimleben erzählen, er mußte berichten, warum er ins Heim gekommen war, und schließlich sollte er noch preisgeben, ob er von Angstträumen geplagt würde. Martin war Gehorsam gewohnt, fing mit leiser, verhauchter Stimme an, stockte, stammelte, wußte nicht, wie er das durchstehen sollte, schluckte, stotterte

und brach schließlich in Tränen aus, als von einem Mädchentisch widerliches Gekicher herübertönte.
Die ganze Familie war entsetzt. „Du mußt eingreifen, Reni", sagte ich am Telefon, „sonst besuche ich den Lehrer." Reni griff ein, aber was geschehen war, war geschehen. Nun wußte wirklich jeder aus seiner Klasse, woher er kam. Abstreifen wollte er seine Vergangenheit, normal sein wie alle anderen, mitten unter ihnen fröhlich sein. Er sehnte sich nach Freunden und fand keine.
Reni setzte für Martins Eingewöhnungsphase vor allem auf den Kunst- und Musikunterricht. Er kam sehr schnell mit seiner Geige in das Schulorchester. Gewiß, es war viel Wohlwollen seitens des Orchesterdirigenten dabei, da Martin große Schwierigkeiten hatte, die Notenschrift zu erlernen. Er sah ihren Sinn nicht ein, denn er lernte sehr schnell auswendig. Aber er biß sich langsam durch. Schade war nur, daß das Orchester ausschließlich aus Mädchen bestand. Martin suchte einen Freund.
Die Hoffnung, der Kunstunterricht könnte Martin schneller in die Klassengemeinschaft integrieren, sein Selbstvertrauen stärken, schlug gänzlich fehl. Der Junge, der zu Hause lange an seinem Schreibtisch saß und selbstvergessen malte, konnte in der Schule nicht mit dem etwas aufgelockerten Unterrichtsstil umgehen. Er war Strenge und Drill gewöhnt. So schlug er ausgerechnet in dem Fach, in dem er etwas konnte, über die Stränge, kasperte hinter dem Rücken seines Lehrers, brachte die anderen Schüler zum Lachen und erfuhr, daß er sich auf diese Weise Aufmerksamkeit verschaffen konnte. Er war sich nur nicht darüber im Klaren, welchen Stellenwert das Lachen seiner Mitschüler hatte. Diese störende Form der Mitarbeit übertrug er auch ab und zu auf andere Fächer, in denen er sonst ordentlich mitarbeitete. Der Tiefpunkt war erreicht, als er eines Tages seine Englischlehrerin, die er sehr gerne mochte, mit den unflätigsten Ausdrücken belegte, die er aus seiner 'Lohmer Schublade' hervorholte. Wir waren alle entsetzt und sehr traurig. Martin mußte nachmittags in die Wohnung dieser Lehrerin gehen und sich

entschuldigen. Reni behauptete von nun an, daß Martin sich mehr zu Männern hingezogen fühle.
„Von allen Frauen erkennt er nur seine Mutter an. Aus ihr macht er eine Heilige." Ich versuchte, ihr das auszureden, weil ich fürchtete, die Mutter-Sohn-Beziehung zwischen ihr und Martin könne darunter leiden, wenn sich solche Gedanken in ihrem Kopf festsetzen würden. War sie etwa eifersüchtig auf seine leibliche Mutter? Sie hatte doch ein ganz positives Verhältnis zu ihm aufgebaut. All das sagte ich ihr und noch mehr: Er verehrt seine große Schwester Hanne, seine erste, kleine Freundschaft zu Jana war doch ganz normal, und ich – mit mir kommt er auch gut zurecht. Leider merkte ich, daß Reni nicht vollkommen zu überzeugen war.
Sie ging sogar noch einen Schritt weiter und wollte wissen, daß Martins freundliche Art nicht echt sei, daß seine Hilfsbereitschaft, sein spontanes Zugehen auf andere Menschen reine Berechnung sei. „Er will nur auffallen und auf sich aufmerksam machen."
Reni hätte längere Zeit im Lohmer Heim leben müssen, dachte ich, dann würde sie verstehen, daß alle Heimkinder eine Möglichkeit suchen, mit der sie auf sich aufmerksam machen wollen. Krankheiten, Selbstverstümmelungen, Vandalismus sind z.B. einige Schleusen, durch die ein Kind ohne Elternliebe der Welt seine Not mitteilt. Auch die Hilfsbereitschaft gehört auf die gleiche Schiene. Dank und Bewunderung ernten ist doch etwas Feines, oder nicht? Und – treffen diese Überlegungen nur auf Heimkinder zu? Nicht auch auf alle Normalbürger, auf mich und ebenso auf Reni? – Warum hatte sie sich solch einen Berg an Problematik ins Haus geholt und ließ sich in endlos langen Telefonaten fast täglich von mir bewundern?
So verriet sie mir doch einige Wochen nach Marks Ankunft und dem damit verbundenen Besuch des Pressevertreters, daß der ganzseitige Bericht über das neue Zuhause zweier Heimkinder bei ihr auf dem Nachtschränkchen läge und sie ihn fast jeden Abend lesen würde, um sich in ihrem eigenen Ruhm zu

sonnen. Warum tat sie das? – Fast schien es mir, als sei das Lesen ihrer eigenen guten Taten für sie eine Art Drogenersatz – oder? Warum tat sie das?
Ich ahnte es noch nicht, denn ich schaute im gleichen Augenblick verstärkt auf Martin, dem ich Angebote machen wollte, damit Kasperei und Vandalismus sich in Leistungen umwandeln würden, die sein Selbstbewußtsein stärken und ihn auf Dauer innerlich ausgeglichener machen könnten.

Die Herbstferien stehen vor der Tür, die Familie in Attenberg rüstet für eine Reise in die Berge. – Da fahren zwei Heimkinder von der Insel Rügen im Schlafwagen in die Nacht hinein, zum Jahresbeginn noch im Abseits, 'Vandale' der eine, krank und im Wachstumsrückstand der andere. Nun haben sie ihr Federkleid getauscht, aus grauen Entlein wurden schmucke Schwäne. Ihre Haare sind dicht und glänzen mit den Augen um die Wette – zwei hübsche Kerlchen aus der ehemaligen DDR.
„Rügen? Wo liegt denn das? – Doch in Polen?“ – Oder: „Wie kommen Sie denn mit denen klar? Ich meine, wie verständigen Sie sich miteinander?“
So und ähnlich tönten verschiedene Stimmen im Märkischen Kreis kurz nach der Wende. Sind die Erdkundelehrer daran schuld, die das 'andere' Deutschland jenseits der Zonengrenze im Unterricht vernachlässigten? Sind es die Reiseanbieter, für die die DDR kein besonders lukratives Gebiet war?
Und nun fahren zwei dieser Rügener von Köln nach Meran. Fahren weiter, als der Lohmer Heimleiter denken kann. Er sah sich 1991 mit mir einen Deutschlandatlas an, Spende vom Lüdenscheider Buchhandel, und gestand mir, daß er gerade bis Lübeck, Hamburg und Hannover Bescheid wisse; alles andere war auf seinem inneren Deutschlandbild in westlicher Richtung weiß, ohne jede Eintragung, ohne jede Notiz. Stuttgart, München z.B. – keine Inhalte, nur Achselzucken. Lüdenscheid kann man schon ganz vergessen, das kennen manche Bürger im westlichen Deutschland auch nicht.

Von Köln nach Meran fahren Martin und Mark mit ihren Eltern, schlafen in den Herbsturlaub hinein, werden auf der Höhe über 2000m zu jungen Adlern, tragen ihre Rucksäcke über steinige Bergpfade, essen auf ihrer Hütte Kaiserschmarren aus der Pfanne, erweitern ihren Horizont mehr als der Heimleiter aus Lohme, der erst den ganzen politischen DDR-Ballast abschütteln muß, damit er klar gucken kann.
Nach der Rückkehr: „Du hast ja richtig stramme Knackwaden", sagt Oma bewundernd zu Mark und kneift zärtlich hinein. Das Kind jubelt, ißt Tomaten, nimmt Rettiche zwischen die Zähne, liebt alle Gemüsesorten und Kartoffeln. Da stochert niemand mehr mit der Gabel im Essen herum; Mark ißt mit Lust, es ist eine Freude, ihm zuzuschauen.

Im Umfeld von Attenberg sind seit dem Sommer noch mehr Dinge geschehen, die wir gespannt verfolgen und an denen wir auch großen Anteil haben. Der Pressebericht nach Marks Ankunft hatte Folgen: Ein junges, kinderloses Ehepaar meldete sich und nahm Kontakt auf zur Lietzower Heimleitung. Die erste Reise nach Rügen wird dem jungen Paar sicher unvergessen bleiben. Ihm wurde Felix anvertraut, der bei dem ersten Ausflug mit dem Auto zusammen mit dem Dackel der jungen Leute stumm auf dem Rücksitz saß und kein Wort herausbrachte. Felix war fünf Jahre alt, hatte dunkle Haare und ein liebes, gutes Puppengesicht.
Am zweiten Tage wurde wieder ein Ausflug gewagt, fast schon mit dem Mute der Verzweiflung. Diesmal ging das Paar mit dem Jungen auf den Königsstuhl. Bei der Rückfahrt saß Felix hinten. Plötzlich fragte das fünfjährige Kind: „Wollt ihr wohl meine Eltern werden?" Dann bat es darum, daß der 'Onkel' doch auch mal bei ihm auf dem Rücksitz sitzen solle.
Als Felix abends wieder im Heim war, fragten ihn die Erzieher: „Wo warst du denn?" Er antwortete mit leuchtenden, verklärten Augen: „Ich war auf einem hohen Berg und habe die weite Welt

gesehen." – „Wie heißt denn der Onkel?" Felix überlegte nur kurz: „Sie sagt immer 'Herrchen' zu ihm."
Der große Tag seiner Reise ins Märkische Sauerland war Mitte Oktober da. Wir begrüßten ihn am nächsten Tage mit Geschenken und freuten uns über Mark und Felix, die sich wie zwei gute Freunde kumpelhaft auf die Schulter klopften. Beim Abschied kniete ich vor Felix und bekam einen Kuß auf die Wange, dazu eine erstaunliche Einladung: „Wenn du das nächste Mal kommst, kannst du gerne mal bei mir schlafen." Da konnte ich nur „Danke" stammeln.

Opa ist alt, sogar uralt! Mark staunt ihn an und fragt mich: „Wann stirbt Opa?" „Noch nicht, mein Kind, erst feiern wir seinen Geburtstag." Opa wird 88 Jahre alt. Die Feier in der 'Brandeike' wird eine große Überraschung für ihn. „Wir feiern ganz klein, nur ein paar der engsten Freunde kommen – natürlich auch deine Cousine. Du wirst sehen, es wird ganz gemütlich." Und dann kamen sie am Abend an: die engsten Rügenmitarbeiter, die liebsten Nachbarn und – die Enkel mit ihren Eltern. Da wurden mit hochroten Köpfchen und leisen Stimmchen Gedichte gestammelt, Blümchen überreicht und Hände geschüttelt. Martin hielt ein 'Gemälde' unter seiner Jacke versteckt, druckste etwas herum, zog es hervor und präsentierte seinem Opa ein Stilleben in herrlichen Farben. Werner staunte noch mehr, als der Junge später auf seiner Geige in reinen, klaren Tönen 'Freude schöner Götterfunken' mit nur einem kleinen rhythmischen Fehler spielte. Ich war sehr stolz auf Martin, der sein Lampenfieber nur in seinen hochroten Ohren an die Öffentlichkeit brachte.
Bald darauf kam der große Auftritt des Cellisten Mark. Ja, der Junge hatte seit etwa sechs Wochen ein zierliches Kinderinstrument, dem sich ein Stühlchen und ein Notenständer, der in paßgenauer Höhe aufgestellt wurde, hinzugesellten. Das linke Händchen umfaßte den Cellohals, die rechte Faust packte den Bogen in nicht ganz korrekter Weise, hielt ihn eher wie einen

Schlagstock, doch gab gerade diese Handhaltung dem nun folgenden emsigen Tun des Kindes etwas ungemein Rührendes. Immerzu mußte man hinschauen, wenn der Bogen schräg hoch, dann wieder exakt im rechten Winkel zur Saite dem Instrument Töne entlockte, die noch nicht zur Aufnahme einer musikalischen Fachausbildung gereicht hätten. Das Köpfchen des Kindes bewegte sich dazu in bewundernswertem Gleichmaß; die linke Hand, die das Instrument hielt, war noch nicht befähigt, mit kräftigen Fingern Saiten zu verkürzen, dadurch Töne zu erhöhen und durch ständiges Auf-und-nieder der Finger Melodien zu formen. Es war schlichtweg das Spielen leerer Saiten, das für die schmunzelnde Hörerschar zum zweifelhaften Hörgenuß, statt dessen aber zum köstlichen Sehvergnügen wurde.
Als Mark einen Augenblick innehielt, fragte ich ihn leise: „Bist du fertig?" „Nein, Oma, jetzt kommt noch das Lied vom schnellen Auto." Er drehte sein Notenblatt um, tippte mit dem Bogen energisch und zielsicher auf eine handgemalte Note in Größe eines Taubeneies und erklärte mir: „Oma, eben war das langsame Auto dran, dein 'dooßes Auto', – und nun kommt Papas – das is ganz snell." Mit ruckartigen Kopfbewegungen, mit Rumpfturnübungen, mit raschem Bogenstrich erstand das geräuschvolle Lärmgebilde von Papas schnellem Firmenwagen, bis am Ende ein erschöpfter, aber stolzer Spieler aufstand und die Ovationen des begeisterten und gleichzeitig erleichterten Publikums leise lächelnd und sogar schon mit einem eben aufschimmernden selbstbewußten, ja übermütigen Gesichtsausdruck entgegennahm.
Es wurde ein heiterer Abend mit gutem Essen und besonders freundlicher Kinderbetreuung, auf dem der Opa sogar ein Tänzchen mit der Oma wagte. – Ausgerechnet an diesem Abend verunglückte Hanne mit ihrem ersten Auto bei einem Kurzurlaub an der Nordsee. Ralf und Reni fuhren noch in der Nacht los, um ihre Tochter heimzuholen. Ein Wagen mit Totalschaden mußte abgeschleppt werden, während Hanne für mehr als vier

Wochen mit Prellungen und Knieverletzungen in die Sportheilstätte kam.

Martin möchte und darf mir am 1. Advent bei der Spielzeugbörse helfen. Dort habe ich seit 1990 einen Stand, der über meine Rügenarbeit informieren soll. Martin freut sich riesig darauf, aber drei Tage vorher kommt von Reni eine Absage. Der Junge hatte vergessen, beim Zahnarzt einen Schein abzugeben. Nun sollte er bestraft werden. „Aber es ist doch eine gute Sache, wenn er seinen ehemaligen Kameraden im Heim hilft und wenn er außerdem für seine schöne Insel werben kann." So ist mein vorsichtiger Einwand. „Und noch eins: Ist die Strafe nicht etwas zu hart?" „Martin ist ein Schussel, das muß sich ändern. – Außerdem: Für ihn ist es sowieso nicht so gut, wenn er sich hervortun kann, das bekommt ihm nicht." Auch mein Einwand, daß ich dann ein wenig umdisponieren müsse, weil ich ihn für eine bestimmte Aufgabe einsetzen wollte, fruchtet nicht. Ich werde zwar zwei Helfer beim Aufbau haben, aber danach allein sein.
Am Abend vor dem 1. Advent geht das Telefon. Es ist der aufgeregte Martin, der mir freudig mitteilt, daß er doch kommen darf. Natürlich freue ich mich für ihn und disponiere wieder um. Ralf, Reni, Martin und Mark kommen kurz nach der Eröffnung und schauen sich ein wenig um. Martin bleibt gleich bei mir, und ich weise ihn in seine Aufgabe ein. Er soll die Verlosung von mehreren Nikolausfotos übernehmen. Während die Schnäppchenjäger auf der Börse erst alle die billigen Weihnachtsgeschenke einkaufen oder tauschen, kommt Mark etwas später noch mal schnell auf Omas Schoß, denn an meinem Stand gehen zunächst alle vorbei.
Ein leeres Blatt, ein Kuli, der Lolli im Mund: Wir beginnen zu malen, zu schreiben. Ich führe behutsam die kleine Hand, versuche es, denn das Fäustchen ist vollkommen verkrampft. Zacken ja, aber runde Schwünge, herrliche Schleifen wollen nicht entstehen. Singen müßte man dabei, leicht den Takt klopfen, da-

mit Lust entsteht. Warte nur, denke ich bei mir, wir zwei könnten noch viel Lernspaß bekommen. Heute ist nicht der richtige Tag.
Ralf, Reni und Mark fahren bald nach Hause. Martin ist zunächst etwas zappelig, läuft aber zur großen Form auf beim Verkauf der Lose. Er hat Talent, mit Menschen umzugehen, hilft beim Ausfüllen der Loszettel: „Ja, ja, bitte Name und Adresse und die Telefonnummer, und dann bitte eine DM. Für eine DM kannst du dieses große Nikolausfoto gewinnen. Ich drücke dir die Daumen!" – „Wann bekommt man Nachricht?" Ein schüchternes Stimmchen stellt die Frage. „Nach der Börse ist die Auslosung. Die Gewinner werden angerufen. Dir drücke ich ganz besonders die Daumen!" Martin hat eine gewinnende Art, ich freue mich über ihn.
Hinter uns an der Stellwand hängen Rügenfotos von mir. Auch hier macht Martin sich nützlich: „Ich sag Ihnen die Bildnummer – das ist der 'Schwanenstein' bei Lohme, und dort sehen Sie Kap Arkona. Das Foto von Mönchgut finde ich auch ganz toll!" Martin wünscht allen einen schönen Sonntag und eine gute Adventszeit. Am Ende der Börse haben wir Geld- und Sachspenden, können zwei Nikolausfotos auslosen und mehrere Rügenbilder.
Nach Kaffee und Kuchen im Röntgenweg darf Martin die Nikolausgewinner anrufen. „Hallo, hier ist Martin, der dir das Los verkauft hat. Du hast Glück gehabt, herzlichen Glückwunsch! Deinen Nikolaus kannst du dir ab morgen nachmittag bei den Lüdenscheider Nachrichten abholen. Fröhliche Weihnachten!" Martin ist voller Eifer.
Gegen Abend bringen wir den Jungen nach Attenberg. Dort darf die erschöpfte Oma die Füße hochlegen und sich ausruhen. Ganz schnell stehen die Getränke auf dem Tisch, Platten mit mundgerechten Häppchen gesellen sich hinzu.
Mark entdeckt kleine Gürkchen, die er mit einem Gäbelchen aus dem Glase fischt, sie wie einen Siegerpokal um den Tisch transportiert, immer den weitesten Weg wählend, bis er bei

Oma ist. „Mund auf, Oma!“ – Noch nie in meinem Leben aß ich so viele kleine Gürkchen, immer noch eins – und wieder eins! Bei der letzten Gurke bissen er und ich abwechselnd ab, ganz, ganz kleine Häppchen mit dem süßsauren ‘Gurkenkuß’ als Krönung.

•

Wenige Tage danach kommt es zu einem langen Telefonat mit Attenberg. Reni meldet sich, ist sehr aufgeregt und erzählt: „Mark bekam gestern gegen Abend Fieber, war schon am Tag vollkommen lustlos, weinte und legte sich freiwillig auf ein Ledersofa. Ralf fuhr mit uns zur Kinderklinik nach Lüdenscheid. Wir kennen den Jungen noch zu wenig, um selbst zu entscheiden, was nötig ist. Der diensttuende Arzt hörte uns an und horchte Mark ab. ‘Ja, da bleibst du am besten mal über Nacht bei uns.’ Er nahm den Jungen liebevoll auf den Arm und ging mit ihm über den langen Korridor. Mark griff mit seinem rechten Ärmchen aus, wimmerte: ‘Mama, Mama!‘ – Ich faßte seine Hand und blieb neben ihm. Der Arzt wollte trösten: ‘Du bist bestimmt nicht allein.’“ – Die Tür wurde aufgestoßen. – Gitterbettchen, Kinderköpfchen – Mark sah alles mit einem Blick. Ein gellender Schrei, ein Aufbäumen des kleinen Rumpfes, der Arzt konnte das Kind kaum halten. – Greifswald, Gitterbett als Gefängnis, endloses Liegenmüssen in Einsamkeit, Kinderheim – alles erstand vor seinem inneren Auge. „Mark wurde abwechselnd steif wie ein Brett, schrie wie am Spieß, arbeitete ruckhaft mit allen Gliedern, befreite sich mit letzter Kraft aus den ‘Klauen’ seines ‘Peinigers’, riß mich zu Boden, und sein strapazierter Kehlkopf formte immer wieder die Worte: ‘I will nach Hause! I will nach Hause!’ Es half nichts, der Junge war nicht zu halten, wir mußten ihn auf eigene Verantwortung wieder mitnehmen, bekamen Medizin für ihn und brachten das erschöpfte Kind schnell ins Bett. – Ich war vollkommen fertig“, sagt Reni, „ich hab bei ihm gesessen, bis er eingeschlafen war.“
Stark bewegt von diesem Bericht am Telefon, leide ich nachträglich noch einmal mit dem Jungen. Doch dann sage ich zu

Reni: „Du – 'Nach Hause', hat er gesagt, 'ich will nach Hause!' – Reni, er hat nach seiner Mama geschrien – das bist du! Fast fünf Monate ist er jetzt bei euch und beginnt, Wurzeln zu schlagen."
Wir sind beide doch recht erleichtert nach diesem Gespräch, und Reni spricht von einer homöopathischen Ärztin, die sie in Kürze mit Mark aufsuchen will. Ich aber denke immerzu an Marks Schreie: 'I will nach Hause!' – Welch ein herrlicher Wunsch!

Werner und ich fahren zur Nikolauszeit nach Rügen, laden unsere Geschenke in drei Heimen aus, führen viele Gespräche mit allen, die es wollen, und kehren ein wenig erschöpft heim.
In Attenberg steht das Fest der heiligen Taufe bevor, denn Martin und Mark sind auf dem Wege, katholische Christen zu werden. Martin hat Unterricht bei dem Ortspfarrer, Mark erfährt über Reni von Gott und Christus, von Geburt, Kreuzigung, Auferstehung und Himmelfahrt. Reni, die evangelisch ist, betet mit dem leicht erstaunten Kind, das seinen Ansprechpartner gerne sehen und anfassen möchte.
Zur Taufe kommen Gäste von außerhalb. Warum ist niemand aus Attenberg dabei? – Es gibt herrliche Geschenke; die Festtafel von erlesener Ausstattung ist des Anlasses würdig. – Doch wichtiger ist wohl der heilige Akt in der Kirche, bei dem die beiden Täuflinge in ihren schwarzen Anzügen eine gute Figur machen, wenn man einmal davon absieht, daß Mark sich bei den Worten des Pfarrers dauernd in die Hose greift und sehr unruhig ist. Der verständige, fromme Mann flüstert Reni in einer Pause zu, sie solle ruhig mit dem Kind zur Toilette gehen, er würde warten. – Doch das ist es nicht, vielleicht kneift das Unterhöschen ein wenig, oder der Gedanke an den bevorstehenden Wasserguß auf das gut gekämmte, helle Haar macht nervös. Mark zeigt sich dann aber als kleinkindhafter Täufling, reckt seine Ärmchen zur Mama hoch und will in seinem schwarzen Anzug auf ihren Arm. Da steht die kleine, zarte Frau nun mit dem Plumpsack von Kind, das ihren Hals umärmelt und sich von nun an sicht-

lich wohler fühlt, läßt die ständigen Wiederholungen der Liturgie über sich ergehen und scheint sehnsüchtig den Taufakt zu erwarten. – Die beiden vorbereiteten Kinder beugen den Kopf, der längst bekannte und benutzte Name eines jeden wird verkündet, geweihtes Wasser netzt Martins dichte Locken und Marks weiches, helles, in mehreren Blondtönen schimmerndes Haar. Zwar muß sich der Vertreter Christi weit zu Mark herunterneigen, der aus alter Gewohnheit eher die anerzogene Haltung nach dem 'Großen Geschäft' eingenommen hat: 'Bitte, abputzen!' – Der Taufakt ist vollzogen. Nun heißt ihr vor Gott Martin und Mark. Alles ist jetzt anders – oder doch nicht?
Zumindest gibt es gleich daheim ein herrliches Essen, Taufkerzen lassen die Augen der Kinder schimmernd aufleuchten, weiße Blumen schmücken die Festtafel, kleine Schaukelpferdchen dienen als Serviettenringe. Martin sieht aus wie ein vornehmer, junger Lord, und Mark schaut stumm mit leicht geöffneten Lippen in seine große Kerze, die ihren Schein auch auf die lustigrotblaue Applikation wirft, mit der der schwarze Anzug geschmückt ist. Wie klein bist du doch, Mark! Gerne wäre ich Pate geworden für dich, aber leider habe ich eine andere Konfession.
Aus den jungen Atheisten der staatlichen Kinderheime Rügens sind nun Christen geworden – Martin und Mark – gesegnet von Gott durch die Hand des Priesters.
Reni ist nach dem Essen völlig erschöpft. Immer wieder hatte sie ihren Platz an der Festtafel verlassen, in der Küche Nachschub geholt und selbst fast nichts gegessen. „Ich hab in der Küche dauernd probiert“, sagt sie entschuldigend. Später kommt sie mit einem Glas Bier zur satten, plaudernden Gesellschaft in der Ledersesselrunde. Auf meinen fragenden, besorgten Blick rechtfertigt sie sich: „Dat ist flüssiges Brot.“
In der Folgezeit geht Martin weiter zum kirchlichen Unterricht als Vorbereitung auf die Kommunion. Mark braucht seine Hände zunächst nicht mehr zum Gebet falten, und auch das

kleine Dankliedchen vor den gemeinsamen Mahlzeiten fällt buchstäblich unter den Tisch.

Martin und Mark vertragen sich so, wie das eben bei Geschwistern ist: Gute Begegnungen wechseln mit kleinen Kämpfen und Aggressionen. Mark weiß sich zu behaupten, und Martin ist ebenso ein freundlicher als auch unwilliger Helfer für den Kleinen. Zu Kampfhähnen werden beide, wenn Oma und Opa kommen. Wer kriegt wen? – Wer kriegt wen zuerst? – Wer kriegt wen wie lange? – Begegnung zu viert? Unmöglich! Da wird fast mit der Stoppuhr gemessen, erst Oma und Mark – Opa und Martin, dann der Tausch.
Am schwierigsten ist es, wenn ich allein komme. Da braucht es viel Diplomatie und Sanftmut, um die hitzigen Gemüter zu beruhigen und zur Einsicht zu bringen. In einer günstigen Stunde erzähle ich beiden Jungen von meinem großen Herzen. Wir sitzen im Wohnzimmer auf dem Sofa, Martin drängelt sich rechts, Mark kuschelt sich links von mir. „Ihr seid beide in meinem Herzen eingeschlossen", sage ich beruhigend, aber Martin will es genauer wissen. „Wo sind wir da? – Wo bin ich, Oma?" – „Du bist auf der rechten Seite, und Mark wohnt auf der linken Seite." – Stille. – Ich füge hinzu: „Niemand braucht eifersüchtig zu sein." Doch Martin denkt weiter: „Und wo ist Opa?" – Wieder einen Augenblick Stille, in der Marks Augen riesengroß werden und seine Lippen sich immer weiter öffnen. „Genau in der Mitte." – Beide schauen auf die Stelle, die ich mit der Hand markiere. „Aber ihr habt ihn ganz schön zusammengequetscht!" – Links ruckt triumphierend ein blonder Schopf, schnauft laut und zufrieden, rechts staunt Martin, runzelt grübelnd die Stirn, sich meinen Herzenszustand bildlich vorstellend. Dann schweifen seine Augen durch den Raum, bleiben auf Mama und Papa hängen, die, auf der anderen Seite des Tisches sitzend, ihr gefülltes Glas fast vergessen und unser Gespräch still schmunzelnd verfolgen. „Und Mama und Papa?" stößt Martin hervor, „wo bleiben die?" Ich weise auf Ralf und Reni hin und fordere die

Jungen auf: „Seht sie euch doch an! Sie sehen ganz zufrieden aus und gar nicht eifersüchtig." Wieder zeige ich auf mein Herz: „Sie füllen hier alle Lücken aus, die ihr ihnen noch laßt, quetschen sich überall dazwischen, so ähnlich wie Vanillesoße noch überall im Magen Platz hat." – Genüßliches Schmatzen links und rechts: „Ha, Oma, dann ist dein Herz jetzt zum Platzen voll!" „Ja, es ist schon eine richtige Herzerweiterung."

Mit diesem vollen Herzen lud ich meine beiden Enkel nach Lüdenscheid in das Weihnachtsmärchen ein und bereitete mir damit selbst eine große Freude. Da saßen die beiden noch durch DDR-Erziehung geprägten Jungen zwischen selbstsicheren westdeutschen Kindern. Noch nie war mir so deutlich geworden, wieviel Lautes, Lärmendes von Selbstsicherheit ausgeht, wenn sie gepaart ist mit mittelmäßiger Intelligenz. Martin und Mark saßen zunächst völlig irritiert inmitten der Lärmkulisse. Schließlich drehte Mark sich um und sagte mit steifem Nacken und dem Brustton der Überzeugung, jedes Wort mit ausladenden, langsamen Lippenbewegungen formend: „Nu seid doch mal leise!" Martin dagegen zog die Stirn in Falten, sprang hoch und stieß ein energisches „Ruhe!" heraus. – Ich war fast ein wenig stolz auf meine disziplinierten Enkel und sehr gespannt, wie das Kindermärchen auf ihre nicht gerade verwöhnten Gemüter wirken würde. Das Stück war recht schlicht. Sowohl Inhalt, als auch Aufmachung ließen aus dem 'Lebkuchenmann' kein Bravourwerk entstehen, aber das Spiel war doch spannend genug, um Martin bis zum Ende zu fesseln. Mark dagegen teilte seine Aufmerksamkeit durch drei. Er betrachtete hingebungsvoll mit der entzückenden Mimik eines staunenden Kindes das Geschehen auf der Bühne, ließ sich aber ablenken durch die Nähe seiner Oma, mit der er leise und eindringlich immer wieder Tuch- und Hautfühlung suchte. Schließlich hatte ich klugerweise auch noch kleine, knisterfreie Leckereien bereit, die in Reichweite im Halbdunkeln gut zu finden waren und nicht klebten. So wurde der Nachmittag ein Genuß für alle Sinne, bei dem Martin na-

türlich nicht vergessen wurde. Er steckte selbstvergessen die dargereichten Schleckereien in den Mund, während seine Augen schnell wieder das Geschehen auf der Bühne verfolgten. – Und nach der Pause? Wieder riefen die beiden ehemaligen DDR-Zöglinge in einen westdeutschen Kulturpalast hinein: „Nu seid doch mal leise!“ – „Ruhe!“
Nach dem Theater besuchten wir noch gemeinsam meinen Supermarkt, um ein paar fehlende Lebensmittel einzukaufen. Mark schob den Einkaufswagen durch die Gänge, und Martin und ich leerten ihn zum Schluß an der Kasse. Als ich bezahlen wollte, legte Martin noch schnell ein kleines Marzipanbrot vor die Kassiererin auf das Laufband und sagte: „Das muß ich noch zurückgeben, es lag in unserem Einkaufswagen. Wir haben es nicht gekauft.“ Dann fügte er etwas stotternd hinzu: „Viel-, vielleicht meldet sich die Frau ja noch.“ Ich sah Martin an, die Kassiererin schaute erstaunt hoch. Dann sagte sie: „Ich leg das Brot mal beiseite. Das ist aber lieb von dir, daß du es wieder abgibst.“ Wie meinte sie das? – Vor dem Einkauf hatte ich kein Brot in dem Einkaufswagen gesehen. Er war ganz sicher leer gewesen, als wir ihn vom Wagenstand holten. Hatte Martin beim Einkauf zugelangt und sich nicht getraut, mich zu fragen, ob ich ihm das Brot bezahlen würde? Oder wollte er die Süßigkeit heimlich durchschmuggeln? Ich sagte an der Kasse nichts, nickte Martin ermunternd zu und erwähnte bei der Heimfahrt nach Attenberg noch einmal beiläufig den Vorfall: „Schön, daß du das Marzipanbrot zurückgegeben hast, Martin!“ Reni erzählte ich in Attenberg nichts, ich fand es besser, darüber zu schweigen.

Die wenigen vorweihnachtlichen Tage, die noch blieben, waren erfüllt mit vielen Fragen über Gott und das Christkind. Es war weniger Martin, der Fragen stellte, denn er befand sich in regelmäßiger Obhut seines katholischen Kaplans und hatte als Augen- und Ohrenmensch sehr viel Sinn für die katholische Welt. Allein der Gedanke, daß seine Mutter als schützender Engel über ihm war, machte ihn in höchstem Grade ansprechbar für alle Glaubensfragen. Beide Jungen hatten in ihren Heimen nichts über Gott und das Christkind erfahren. Besonders aus dem Lohmer Heim wußte ich, daß christliches Gedankengut in der DDR-Zeit keinen Zugang fand, daß zur Weihnachts- und Osterzeit germanische Bräuche zur winterlichen Sonnenwende und zum Frühjahrsbeginn gepflegt wurden und erst nach der Wende ganz allmählich christliches Liedgut gesungen werden durfte.

Mark saß in der letzten Woche vor Weihnachten bei mir auf dem Schoß und fragte ganz eindringlich mit erhobenem Arm und Zeigefinger: „Oma, wooo wohnt Gotten da oben? Und wie kommt Christus runter? – Wiiiie??“ Seine Lippen formten Motorengeräusche, er schien Propellerlärm zu hören. Der kleine Autonarr dachte an Fahrzeuge, an eine Art Himmelsfahrstuhl, mit Motorantrieb. Christus machte ihm am meisten zu schaffen, weil er in Kürze auf die Erde kommen sollte. Mark hatte kein Bild von ihm, keine Vorstellung. So freute er sich nicht nur auf Weihnachten, sondern fürchtete sich fast noch mehr. – Oft durfte Mark mit seiner Oma telefonieren – und immer wieder tönte es in mein Ohr: „Wie kommt das Christkind runter? Wiiiie??“ Ich versuchte ihm zu helfen, so gut ich konnte, aber seine innere Unruhe blieb.

Für mich war die Vorweihnachtszeit voll großer Freude, denn ich erlebte zum ersten Mal seit meiner Kindheit eine Advents- und Weihnachtszeit mit Kindern innerhalb einer Familie. Allerdings hatte ich mir während meiner Lehrertätigkeit sehr viel Mühe gegeben, die vorweihnachtliche Zeit mit meinen Schulkindern so zu gestalten, wie ich sie selbst in meiner eigenen Schulzeit erlebt hatte.

Nun durfte ich die Bescherung in Attenberg miterleben, noch dazu mit Kindern, die mir auf besondere Weise ans Herz gewachsen waren. Schon die Vorbereitungen dafür waren neu für Werner und mich, gingen wir doch zum ersten Mal gemeinsam in Spielwarengeschäfte und kauften ein.

Reni hatte in Attenberg alles voll im Griff. Sie liebte es, zu organisieren und ohne starre Zwänge vorzubereiten.
Als wir bei Schnee und Eis über die Autobahn glitschten, dann etwas später den letzten Hügel zur stillen Wohnstraße empor keuchten, mußten wir abbremsen, weil ein PKW an der Steigung festsaß. Wir halfen dem Sommerreifenfahrer aus dem Ruhrgebiet auf die Sprünge und hielten schließlich aufatmend vor dem erleuchteten Haus mit drei wartenden Kindern. Dann ging es schnell mit den Geschenken in das kleine Durchgangszimmer zur Terrasse. „Psst, psst, die beiden Jungen sind oben, sind so brav wie selten – es ist gleich alles gerichtet."
Reni läutete kurz danach das Glöckchen. Da kamen wenig später zwei Kinder herein. Sie stürmten nicht, nein, sie waren eher beide recht verlegen, fast scheu und wußten nicht, wie weit sie nun hereinkommen durften. Martin trat zuerst zielstrebig auf die wunderschön geschmückte Tanne zu, neben der die Krippe aufgebaut war. Hanne hatte ganz kurz vor dem Läuten der Glocke das Christkindchen hineingelegt, vor dem Martin nun niederkniete und sein Gesicht mit beiden Händen bedeckte, während Mark sich neugierig-kritisch daneben stellte und seinen großen Bruder erstaunt beobachtete.
Nie wird er seine Knie so beugen wie Martin, schoß es mir durch den Kopf. Vor einem Jahr noch hatte Martin ein Fest der Halbheiten im Lohmer Heim erlebt. Mark feierte heute sein erstes Weihnachtsfest in einer Familie. All diese Gedanken bewegten mich, während nun Martin, der wieder aufgestanden war, von seiner Mutter aufgefordert wurde, sein Weihnachtsgedicht zu sprechen.
Da stand er so stramm, als hätte er einen Stock verschluckt, während seine Hände aber den Weg in die Hosentaschen fanden, weil er nicht so recht wußte, was er mit ihnen anfangen sollte. Es war ein seltenes Gemisch von soldatischer Straffheit und lässiger Schlacksigkeit, so daß ich krampfhaft ein aufkommendes Lachen unterdrücken mußte. Doch dann ertönte mit klarer Jungenstimme sein Weihnachtsgedicht durch den Raum,

fehlerlos, des Lobes und Beifalls würdig. Alle Erwachsenen zollten ihm Zustimmung durch lautes Klatschen.
Mit roten Ohren überließ er Mark seinen Platz vor dem Weihnachtsbaum neben der Krippe, der nun seinerseits auch seine Händchen aus verständlicher Verlegenheit tief in seinen Taschen vergrub, doch nur zunächst. Obwohl er ruhig zu stehen schien, war doch alles an ihm in Bewegung, in Bereitschaft. Sein hohes Stimmchen ertönte, war für uns alle verständlich. Zwar rettete er sich bei schwierigen Wörtern mit starken Schleifspuren bei den Konsonanten, aber er deklamierte mit einer Betonung und inneren Bewegung, die völliges Erfassen des Inhaltes bestätigten. „Denkt euch, ich habe das Christkind gesehen." Und schon schlüpfte das rechte Händchen aus seinem Versteck, unterstrich in anmutiger Gebärde den Blick in die Ferne, in den Wald. Seine beweglichen Fingerchen zeigten den zugebundenen Sack, der größer war als er selbst – und schon war auch das linke Händchen zur Stelle – das Kind erhob sich auf die Zehenspitzen und band ihn über seinem Kopf zu. Dann wieder schaute es in gebückter Haltung in den halb geleerten Sack, Inhalte erahnend und frohlockend über das, was sein Gaumen noch heute zu schmecken bekommen würde.
Es war ein kleines Kabinettstückchen, das Mark uns bot und das ich tief in meinem Herzen vergrub. Alles, was nun noch folgte, das Austauschen der Geschenke, das Danken, die leiblichen Stärkungen, alles verblaßte vor dem, was dieses 'debile' Kind uns allen heute gezeigt hatte. Ja, schön war's, als Martin und Hanne noch einige Weihnachtslieder spielten, als Martin seine Mutter mit einem selbst gebastelten Schmuckkästchen beglückte – das erste war im Werkunterricht in der Schule verunglückt.
Später am Abend setzte Mark sich ab. Das heißt, er saß auf dem Teppich in unserer Mitte und spielte selbstvergessen mit seinem neuen Handwerkskasten. Zwischendurch hielt er inne, runzelte die Stirn und dachte so intensiv nach, daß es alle merkten und schmunzelnd zuschauten. Hanne saß ganz in seiner Nähe. Sie

war noch ein wenig angeschlagen von ihrem Unfall und dem darauf folgenden Krankenhausaufenthalt. Mit ihrer Halsmanschette wirkte sie ein wenig hilfsbedürftig, aber wir alle spürten, daß sie glücklich war, daheim zu sein.
Für Mark endete der harmonische Abend in erneuten Ängsten. Er wollte seine gesamten Geschenke einpacken und verstecken, damit das Christkind ihm seine Schätze nicht wegnehmen konnte. Wenn er es doch nur sehen könnte! Dabei hatte er inbrünstig vorgetragen: „Denkt euch, ich habe das Christkind gesehen!"
Phantasie, Lüge, Lust am Vortrag, Lust, im Mittelpunkt stehen zu dürfen? Was geht in einem Kinde vor, wenn es genau das Gegenteil seiner eigenen Gedanken ausspricht? Ist es formbar wie Wachs, beeinflußbar durch Erwachsene?
Zu später Stunde fuhren Werner und ich durch die verschneite Nacht heim, saßen still und friedlich nebeneinander. Jeder hing seinen Gedanken nach. Ich glaube, das Christkind saß hinter uns im Fond. Wir nahmen es mit, damit Mark in Ruhe schlafen konnte.
Doch das gelang nicht ganz. Mark war nachts wach geworden und in großer Sorge um seinen neuen Besitz zu seinen Eltern ins Schlafzimmer gekommen. Da zeigte Reni ihm, daß noch alles an seinem Platz war. Recht erleichtert kroch er danach zu seiner Mama ins Bett. Hier war es warm und weich. Es war der sicherste Platz auf der ganzen Welt.

Nun war alles vorbei, alle Aufregung und Hektik, nun dauerte es wieder ein Jahr bis zum nächsten Fest. – Schade! – War es wirklich schade? War das, was jetzt kam, nicht genau so schön, ja, fast noch schöner? Weihnachtsferien! Welch ein wunderbares Wort! Kaum aussprechbar für Mark, aber mit herrlichen Inhalten gefüllt, randvoll, fast bis zum Überlaufen.
Morgens aus dem Bett heraus – und dann – tapp, tapp, die Treppe hinunter, Hausschühchen in der Hand, zu Mama und Papa ins Schlafzimmer, Hausschühchen vor Mamas Bett, ganz

akkurat, und hinein zu ihr. Aaaaah! – Warm und dunkel – und kuscheln. Mama hat Zeit, steht nicht auf. Küßchen hin und her, immer wieder. Und dann ein bißchen Übermut: Nase abbeißen mit hübschen, kleinen Milchzähnchen. „Du Schlingel!"
Da geht die Tür auf. Martin kommt herein, überschaut die Lage: Ritzenplatz bereits besetzt. Er macht auf dem Hacken kehrt, ist weg. „Dlück dehabt, Mama!" Mark gluckst in die Kissen hinein.
Und dann? – Mit Papa in die Badewanne – Entchen schwimmen, jauchzen, ein klein wenig planschen. Und dann? Hunger – Brötchen, Milch, Eier, Wurst und Marmelade. – Butter kennt das Kind nicht, aber du kannst trotzdem sehen, wie es wächst.
Die Arbeit ruft: Der neue Handwerkskasten, hübsch bunt, macht die Hände prickeln vor Lust. Auspacken, zupacken, klopfen und hämmern. Daumen weg, der Hammer kommt! – Nachdenken, grübeln, tief seufzen – ja, so mach ich es, genau so!
Das Telefon läutet. „Is Oma dran? Oma, Oma, Christkindchen hat nichts weggeholt!" Da kommt Martin aus dem Stall, sieht ganz traurig aus. „Die Katze hat zwei tote Junge geboren." Alle hatten auf die Christkätzchen gewartet, nun sind sie tot. „Waren die im Bauch?" fragt Mark staunend und entsetzt zugleich. „Ja", sagt Reni, „die waren bei der Katzenmama im Bauch." Man kann sehen, wie Mark denkt. Ihn überfallen Geburt und Tod ganz eng gekoppelt, ohne Platz für ein Leben dazwischen. Katzenmama – meine Mama, und dann kommt die Frage: „Mama, war ich auch in deinem Bauch?" Das mußte ja kommen! Reni war nicht darauf gefaßt. „Nein", sagt sie, „nein" und lenkt Mark ab. – Erst in der vertraulichen Kuschelstunde am nächsten Morgen weiß sie die Antwort. – „Du warst bei deiner richtigen Mama im Bauch. Deine Mama ist viel zu früh gestorben, und niemand war da, der sich um dich kümmern konnte. Darum bist du auch in ein Kinderheim gekommen, damit du nicht draußen auf der Straße verhungern und erfrieren mußtest." – „Und dann hat Oma mich gefunden! – Oma hat mich gefunden!" „Ja, sie hat uns von dir erzählt, und wir haben dich nach

Hause geholt.“ Mark ist ganz still und schmiegt sich eng an. „Und wo is meine Mama nu?“ „Deine Mama ist im Himmel.“ Wieder ist Mark still und fragt nichts mehr. Reni fügt noch hinzu: „Meistens sterben die Menschen erst, wenn sie ganz alt sind, aber deine Mama war sehr krank und mußte deshalb viel zu früh sterben.“

Am nächsten Tag läutet bei uns das Telefon. Reni hat zu berichten, schüttet alle Ereignisse wie aus einem Füllhorn in unser Wohnzimmer. Sie sagt zum Schluß: „Mark will noch gerne mit dir sprechen.“ „Hallo, Oma!“ „Hallo, Mark!“ „Wann is Opa tot?“ Stille. – „Wie kommst du darauf? – Mark, das weiß ich nicht, das weiß niemand genau, wann der Tod kommt. Opa ist noch putzmunter, da hoffen wir alle, daß wir ihn noch lange bei uns haben.“ „Aber Opa is sooo alt, Oma.“ „Trotzdem kann er noch lange unser Opa sein.“ Im Hintergrund höre ich Reni: „Mach Schluß, Mark! Frag Oma nicht solche Sachen. Sag jetzt ‘Tschüs’.“ „Ich muß aber noch mit meine Oma reden.“ Und dann: „Wie kommt Opa in’n Himmel?“ „Wenn Opa gestorben ist, wird er in der Erde begraben, seine Seele kommt aber zu Gott in den Himmel.“ „Wie kommt die in’n Himmel? – Wiiiie, Oma, wiiiie?“ Das lange Iiii dringt wie ein spitzer Gegenstand erbarmungslos in mein Ohr. „Mark, noch nie hat ein Mensch gesehen, wie das geschieht.“ „Oma, ich ...“ Reni beendet recht energisch das Gespräch und läßt am anderen Ende des Drahtes eine Oma in Nachdenken versinken.

Geburt und Tod wurden jetzt die Themen, mit denen Mark sich immer wieder auseinandersetzte, bei denen es oft sehr schwer war, die richtige Antwort zu finden. Alle Antworten mußten so sein, daß der Junge mit ihnen umgehen konnte, ohne erneut einen schweren Schock zu erleiden.

Um die Jahreswende nach dem schönen Weihnachtsfest 1993 legten Oma und Opa sich gleichzeitig mit einer Virusgrippe ins Bett. Das heißt: Opa legte sich ganz hin und Oma nur halb, denn verhungern durften wir nicht. Wir schliefen, schliefen,

tranken vitaminhaltige Getränke, schwitzten, fieberten und schliefen erneut. Reni erfuhr von unserem Mißgeschick, weil ich zufällig den Telefonruf hörte, als ich mich zur Küche schleppte. Am nächsten Tag war ich erneut in Telefonnähe, als wieder ein Ruf aus Attenberg ertönte. Da hörte ich die erstaunliche Meldung: „Du mußt mal vor die Haustür gucken, ein Korb steht dort für euch mit lauter stärkenden Sachen." Reni meldete außerdem, daß die gesamte Familie vor der Tür gewesen war, aber wir hätten wohl abgrundtief geschlafen und keine Türglocke gehört.
Ich holte nacheinander die Inhalte des schweren Korbes herein und produzierte nur den einen Gedanken in meinem brummenden Schädel: 'Wie bei Rotkäppchen!' Aber unser Korb aus Attenberg hatte nicht nur Rotwein und Kuchen zum Inhalt, kräftigende Fleischbrühe, stärkende Bratenstücke und Multivitamine in allen Varianten lagen darin. Auch Rotkäppchens Blumenstrauß fehlte nicht.
Da sah ich sie alle vor meinem inneren Auge im kleinen Vorgarten stehen, auf das Öffnen der Tür hoffend. Vor Freude und Rührung flossen darauf nicht nur Schweißtropfen, sondern vor allem Tränen des Glücks über meine Wangen. Ganz tief im Innern spürte ich: Eben hast du den Weg zur Gesundung beschritten.

Noch am Ende der Weihnachtsferien war ich wieder bereit, herrliche Dinge mit meinen Enkeln zu tun. Während die Kinder in Attenberg im Schnee tollten – noch nie erlebten sie auf Rügen so viel Schnee – , bestellte ich Theaterkarten für die 'Schneekönigin' nach dem Märchen von Andersen. Ein Ballett für Kinder, das müßte Martin gefallen. – „Ich habe vier Karten." Reni meinte, die Großeltern sollten mit den Jungen hingehen. „Dann haben Ralf und ich mal Zeit für uns." Opa sagte erstaunlicherweise sofort „Ja!"
Da sitzen wir nun auf der Estrade in der ersten Reihe, die Kinder zwischen Oma und Opa. Ich sehe und höre alles mit den

Augen und Ohren der Jungen, schiele zu Martin und freue mich, wie konzentriert er aufnimmt, leise mitschwingt in den wiegenden Rhythmen, und wieder hat er diesen entrückten Blick, den er oft bekommt, wenn er Tönen lauscht.
Mark verachtet seinen Sitzplatz, kommt ganz nah zu mir. Ich spüre das weiche Haar, fasse die kleine Hand und horche auf die leisen Fragen. Wie gut, daß wir ganz vorne sitzen, da kann ich ihm ein wenig helfen, die Handlung zu verstehen. Schade, Reni hatte versprochen, das Märchen vorher mit den Kindern zu lesen, doch dazu war sie nicht gekommen.
Zweimal gibt Martin mir hinter Marks Rücken einen kleinen Stoß. Opa schlummert sanft und selig. Wir lächeln alle verständnisvoll, vor allem Mark fühlt sich haushoch erhaben über den weißhaarigen, alten Mann.
Das Spiel auf der Bühne fesselt erneut, es ersteht vor uns in glitzernd-blau-kristallenem Eis, das sich spiegelt in Marks großen, glänzenden Kinderaugen. Am allerbesten aber hat es Oma: Sie schläft nicht ein, beobachtet genau und spürt die Erregung und Freude der lauschenden Kinder.

Als wir beide Jungen am späten Nachmittag in Attenberg abliefern, dürfen wir noch lange nicht fort. Reni verwöhnt uns mit Speis und Trank, und außerdem will sie noch allerlei Gedanken loswerden, mit denen sie sich schon länger beschäftigte.
Die noch bei Marks Ankunft im Juli 1993 kraftvoll und selbstsicher wirkende junge Frau dachte jetzt im Januar ernsthaft über Erleichterungen in ihrer Berufsarbeit nach. Ihre erste Haushaltshilfe fand einen besseren Arbeitsplatz, die zweite, eine junge Kindergärtnerin, will nur so lange bleiben, bis sie in einem Kindergarten fest angestellt werden kann.
Im Februar setzt Reni ihren Plan in die Tat um und verringert ihr Berufspensum um ein Drittel.
Schon bald nach Marks Erscheinen hatte sie mit sekundären Problemen einer Scheinschwangerschaft zu tun, über die sie selbst und alle Mitwisser leise schmunzelten. Ihr Hausarzt sagte

lächelnd: „Ja, ja, wer in einem Jahr gleich zwei Kinder bekommt, muß mit solchen Erscheinungen rechnen."
Etwas sorgenvoller schauten wir zu, als Reni nacheinander in beiden Armen Sehnenentzündungen bekam. Hinzu gesellten sich immer wieder jahreszeitlich bedingte Erkältungskrankheiten, die sie daheim auskurierte. Ich staunte zwar, weil sie so schnell genas und oft verwundert blickte, wenn ich sie bedauernd nach ihren Halsschmerzen fragte. Fast verächtlich schob sie die Erinnerung an die kleinen Unpäßlichkeiten beiseite, als sei nichts gewesen.
Ich war sehr froh, daß Reni sich innerlich mehr und mehr auf ihren Haushalt und ihre Familie einstellte und mit der Stundenreduzierung in der Schule das sichtbare Zeichen dafür setzte. Für alle würde es von Nutzen sein, besonders für Renis Gesundheit.

Dick unterstrichen und manifestiert wurde die Elternrolle von Ralf und Reni durch ihre Ernennung zum Vormund von Martin. Er lebte etwa ein Jahr in Attenberg, als die schriftliche Aufforderung ins Haus flatterte, mit dem Jungen beim Amtsgericht zu erscheinen. Alle drei waren kurz vorher bei uns, Martin und Reni ein wenig aufgeregt, und Ralf lehnte in seiner ruhigen Art das angebotene Bier ab: „Nein, danke, ich will dort nicht mit einer Alkoholfahne erscheinen."
Anschließend feierten wir in Attenberg. Martin jubelte, daß niemand mehr auf Rügen und in Stralsund Macht über ihn habe, er umarmte uns alle vor Freude, und ich dachte an seine ersten Wochen in Attenberg, in denen er ebenfalls ab und an ganz spontan von einem zum anderen hüpfte und stammelte: „Danke, daß ihr mich aus dem Heim rausgeholt habt! Danke, danke!"
Martin war zwar noch nicht adoptiert, aber seine Pflegeeltern hatten mit der Ernennung zu seinem Vormund bis zu seiner Mündigkeit über alles zu entscheiden, was seine Entwicklung betraf: seine schulische und berufliche Ausbildung, seinen Umgang mit Freunden, leiblichen und Wahlverwandten und, und ...

Nach diesem Tage durften die Vertreter der Jugendämter nur zweimal im Jahr und mit vorheriger Anmeldung Hausbesuche machen.

Renis Zeitgewinn ab Februar brachte uns die Muße, einmal in aller Ruhe Fotos aus Marks Heimleben zu betrachten. Sie war insgesamt nur wenige Stunden in beiden Kinderheimen gewesen, aus denen sie und Ralf Martin und Mark geholt hatten. Durch die Fotos und meine Berichte bekam sie noch viel bessere Einblicke in ihre Entwicklung. Außerdem wollte sie einige der zum Teil sehr traurigen Aufnahmen zur bevorstehenden Untersuchung vor der Einschulung im Sommer zur Hand haben, um sie dem Arzt vorzulegen. Niemand von uns rechnete mit der Einschulung Marks, aber die Fotos sollten den Beurteilern helfen, seinen Entwicklungsrückstand zu begreifen.
Eines Abends, die Kinder schlafen bereits, sitzen wir beisammen und treffen die Auswahl. Erschütternde Aufnahmen eines kranken, lustlosen Kindes liegen auf dem Tisch. Plötzlich steht Mark im Schlafanzug vor uns und sieht alles mit einem Blick. Er wird ganz steif, ballt die Fäustchen, bekommt einen krebsroten Kopf und stößt mit zitternden Lippen heraus: „Meine Lori! I will meine Lori wiederhaben!" Erschrocken nehme ich Mark in den Arm; nur ich weiß, wer Lori ist und was sie für ihn bedeutet: Am Nikolaustag 1992 hatten alle Heimkinder aus Lietzow auf Rügen von Lüdenscheider Familien Päckchen bekommen. Die Heimleiterin, Frau Menge, schilderte mir in bewegenden Worten mit Tränen in den Augen, wieviel Jubel und Glück, wieviel Freuen und Staunen auf dem Teppich des Tagesraumes entstand, auf dem die Kinder, im Kreis sitzend, ihr eigenes Päckchen, mit Namen, Briefmarken und Poststempel versehen, auspacken durften. Wohl die Mehrzahl der Kinder bekam zum ersten Mal im Leben ein Päckchen ganz für sich allein. Mark gehörte dazu, hatte er doch keine liebende Seele außerhalb des Heimes. Der damals vierjährige Junge wickelte unter anderem ein Stofftier aus, eine hübsche, mollige, schwarzbunte Kuh, die

er fortan zu sich in sein Bett nahm, um sie anzufassen und ihre stumme Nähe zu spüren. Er nannte sie 'Lori' und gab ihr damit eine Seele. Sie war der erste Gruß an ihn aus der weiten, fremden Welt. All seine Sehnsüchte teilte er ihr in lautloser Zwiesprache mit – und Lori hörte geduldig zu. Vielleicht gab sie ihm auch leise gute Antworten?

Ich lernte Lori im März 1993 kennen, als ich bei Mark am Bett saß und beide liebevoll streichelte und fotografierte.

Nun liegt in Attenberg auch dieses Foto auf dem Tisch. – Jäh spürt das Kind den bitteren Verlust, zittert am ganzen Leib und weint herzzerreißend: „Wo ist Lori?" – „Nein", sagt Reni, „eine Stoffkuh war nicht im gelben Müllsack, in dem Marks Hab und Gut verstaut war. Ich hätte diese Kuh nie übersehen." – Was nun?

„Wir rufen in Lietzow an", flüstere ich dem zitternden Unglückskind ins Ohr, schaue auf die Uhr und führe wegen der vorgerückten Stunde ein Scheintelefonat. – „Alle im Heim wollen Lori suchen. Du bekommst sie gewiß zurück. Und nun mußt du ganz ruhig schlafen."

Am nächsten Tag ruft Reni im Kinderheim an und erfährt: Lori war durch die innige Liebe Marks zu ihr salbenverschmiert und sehr unansehnlich geworden. Man hatte hin und her überlegt und sich für den Müll entschieden!

Reni war in großer Not; ich versprach ihr durch den Draht Hilfe. In Lüdenscheid erstand ich nach langem Suchen in allen Spielwarengeschäften und -abteilungen der Kaufhäuser eine Stoffkuh, die etwas schlanker war, einen anders gestalteten Kopf hatte, kurz, außer 'schwarzbunt' sah sie Lori nicht ähnlich. Schon auf dem Heimweg entwickelte ich meinen 'Märchenbrief' an Mark.

Zunächst rief ich aber in Attenberg an und sprach mit dem Kind: „Du, deine Lori ist da! Sie war vor Kummer in den Wald gelaufen, als du weg warst. Sie ist richtig mager geworden, sagt Frau Menge. Lori wird jetzt für die Reise fertig gemacht. Du mußt noch etwas Geduld haben. Du weißt ja am besten, wie weit der Weg ist von Lietzow nach Attenberg.“ Mark war am anderen Ende des Drahtes fast stumm vor Staunen, und Reni meldete zu später Stunde: „Das Kind ist ruhig.“

In Lüdenscheid dagegen erlebten Oma und Opa einen sehr unruhigen Nachmittag. Opa suchte einen passenden Karton, Oma fütterte ihn hübsch und kuhgerecht aus. Während sie nun ihren ‘Märchenbrief’, noch dazu mit gefälschter Unterschrift, verfaßte, besorgte Opa Kohl und Salat. Danach ließ er sich den Märchenbrief vorlesen:

„Lieber Mark! Denk nur, Deine Lori wurde nach Deiner Abreise ganz krank. Sie hatte Fieber und wollte nicht mehr fressen. Eines Tages war sie ganz verschwunden. Aber unser Hausmeister hat sie im Wald gefunden und gleichzeitig noch eine große Überraschung dazu!!“

An dieser Stelle erhob Oma ihre Stimme und hüstelte zusätzlich laut, schielte zum Opa hin, dessen Kopf vornüber gesackt war zur gewohnten Schlafpose. Hinter ihrem Rücken holte sie ein süßes, kleines Kälbchen hervor, hielt es Opa vor die Nase und trompetete in sein Ohr: „Lori hat im Wald ein Kälbchen bekommen!“ Da war Opa wieder hellwach und hörte sich voller Spannung den Rest des Briefes an:

„Hör zu, im Wald wurde der kleine Max geboren. Nun hat Lori ein Kind. Wir mußten beide tüchtig aufpäppeln, weil sie fast verhungert waren. Dann kam der Anruf von Deiner Oma. Da war Lori ganz aufgeregt und mußte noch unbedingt vor der Abreise zum Frisör. Du wirst es sehen. Sie hat eine neue, schicke Frisur. Natürlich wollte sie auch ein neues Kleid für die Reise haben. Wir hoffen, daß Du Dich sehr freust, wenn Lori nun auch ihren kleinen Max mitbringt. Beide bekommen Futter für die Reise mit, damit sie nicht verhungern. Wir grüßen Dich alle herzlich aus Lietzow. Die Kinder und Erzieher vom Heim.“

Danach betteten wir Lori und Max in den Karton, legten, umhüllt von einer Alufolie, Kohl- und Salatblätter hinein und schließlich den Brief obenauf. Opa besorgte das Verschnüren des Päckchens, machte es mit alten Briefmarken und Stempelimitationen so postecht, als sei es wirklich in Bergen auf Rügen abgestempelt worden. Oma rief gegen Abend in Attenberg an und meldete aufgeregt: „Aus Lietzow ist ein dickes Päckchen angekommen! Es hat kleine Luftlöcher, ich glaube, Lori wohnt darin!“ Die Existenz des Kälbchens Max verschwieg ich wohlweislich.

Am nächsten Nachmittag rückte die Familie an. Mark war ganz blaß vor Aufregung, mir dagegen wurde aus gleichem Grunde heiß. Würde er Lori annehmen? Diese Frage stand riesengroß im Raum. Wie damals in Lietzow saß Mark wiederum auf dem Teppich und öffnete mit Renis Hilfe das Päckchen. Opa las langsam und deutlich den Brief vor, während Mark stumm seine Lori hervorholte, sie lange betrachtete und schließlich innig an sich drückte. Während sich auf unserem Teppich zu dem Glück des Kindes das erleichterte Aufatmen der Erwachsenen gesellte, das wie eine luftige Wolke die Hitze der Oma kühlte, quittierte Mark das Kälbchen Max und die Kuhspeise in der Alufolie mit einem frohen Lächeln, das durch ein mehrfaches Rucken seines Kopfes unterstrichen wurde. Mark staunte, begann zu füttern und zu liebkosen.

Derweil saß Martin am Tisch und betrachtete überlegen und wohlmeinend von einer höheren Warte aus seinen kleinen Bruder.

Zum Schluß wollte Reni Packpapier und Bindfaden, Kohl- und Salatblätter, dazu die Alufolie zusammenraffen und zum Mülleimer bringen. Da sprang das Kind, das selbstvergessen auf dem Teppich saß und seine Kuhtiere im Arm hielt, ruckartig auf und sagte ernst und bestimmt: „Das nehm ich alles mit!“ Sich an der Tür noch einmal umdrehend, entdeckte es ein halbes Salatblättchen auf dem Teppich, sprang hinzu, nahm es auf, fütterte Lori und Max im Hinausgehen und sagte: „Nu kommt ihr mit nach Hause.“ – Am Abend aber hatten Oma und Opa die glücklichsten Augen auf dieser Welt.

Kurz nach diesem Ereignis regte der Rosenmontag alle Familienmitglieder an oder auf. Reni entwickelte stets sehr viel Sinn für Tradition. „Wir machen dat immer so", sagte die rheinische Frau oft. So gab es auch zum Karnevalsgeschehen feste Bräuche und Riten, die eingehalten werden sollten, in die zwei norddeutsche 'Ostseekrabben' nun eingeführt wurden. „Macht euch früh vom Acker, dann essen wir alle Mittag, und wer will, kann danach den Rosenmontagsumzug im Fernsehen angucken, ganz nach Lust und Laune." So tönte es Tage vorher durchs Telefon. „Es gibt Pfannkuchen mit gebratener Wurst oder mit Apfelmus. Jeder ißt und trinkt dat, was er mag. Ralf und Hanne kennen dat schon."

Reni läuft zur Hochform auf, wenn es gilt, frohe Feste vorzubereiten. Sie setzt Schalen mit Knabberwerk auf den Tisch, Batterien von Flaschen gesellen sich hinzu, damit für jedermann etwas da ist: Säfte, Mineralwasser, Bier, Wein und Hochprozentiges.

Vorher beim gemeinsamen Mittagsmahl erfahren wir über die Schul- und Kindergartenfeiern der Kinder: Martin ging ungeschminkt in die Schule, er hatte nur eine rote Schirmkappe und ein quergestreiftes Hemd angezogen. „Ich mag das nicht, ich finde das ziemlich albern", sagt er kurz und bündig. Mark dagegen hielt am frühen Morgen geduldig still, als Hanne ihre künstlerischen Fähigkeiten an ihm erprobte und ihn nach allen Regeln der Kunst mit roter und schwarzer Farbe verzierte. Das Kind ahnte nicht, was mit ihm geschah, denn als Hanne ihm nach vollendeter Arbeit einen Spiegel vorhielt, wurden seine Augen riesengroß, sein Mund öffnete sich weit, schloß sich wieder und blieb verschlossen, soviel Reni und Hanne auch auf ihn einredeten. – Die Zeit drängte. Hanne setzte Mark in ihr kleines Auto und brachte ihn in den Kindergarten. Auch dort blieb er noch lange stumm, fand erst langsam zu seinem Selbst zurück, begreifend, daß ihn alle erkannten und feierte schließlich fröhlich mit.

Wir erleben mittags ein ganz normales Kind, aber es tut mir ein wenig leid, daß man diesen norddeutschen Jungen mit rhei-

nisch-karnevalistischem Treiben so überfahren hatte. Wieder war er stumm geworden, wenn auch nur für wenige Stunden.
Am Nachmittag ist seine Bemalung bereits etwas verblaßt, aber noch jeckenhaft genug, daß Martin nun auch Lust bekommt, im fröhlichen Treiben mitzumachen. Hanne hat die Schminkstifte schon in der Hand. „Aber nur, wenn ich danach Oma anmalen darf!"
Ralf und Werner sitzen bereits in tiefen Ledersesseln, verfolgen kurz den Rosenmontagsumzug in Köln, um dann bei sanften Schnarchgeräuschen in die Abgründe ihres Innenlebens zu horchen.
Hanne verwandelt Martins Gesicht mit Farbe und Geschick in eine Clownsmaske. Mark weicht nicht von ihrer Seite und verfolgt gebannt die Umwandlung. Danach muß ich stillhalten. Nun ist es Martin, der die Farbstifte führt. „Du bist ein Widder", sagt Reni, die kurz zuschaut. Da malt Martin mit behutsamer Hand ein wolliges Schaf, Blumen und Herzen in mein Gesicht.
Ausgeliefert bin ich ihm, denke ich, und die Lohmer Ereignisse vor einem guten Jahr erstehen vor meinem inneren Auge: Eine Faust, in grenzenlosem Zorn und mit der Kraft eines Verzweifelten geführt, landet im Gesicht der verhaßten Lehrerin.
Und heute? Der zwölfjährigen Junge vollendet konzentriert und liebevoll sein Werk, übermalt taktvoll Falten und sonstige 'Gesichtsverzierungen' seiner Oma, hält mir höflich einen Spiegel vor und ist glücklich und zufrieden über sein Werk. Ich werde innerlich ganz froh bei diesem Erlebnis. Auch für Mark freue ich mich, begreift und erkennt er doch durch sein Zuschauen den Spaß an der Sache, und – trotz der Bemalung bleiben Martin und Oma die altbekannten, vertrauten Menschen.
Wir wenden uns der Fernsehrunde zu. Für Mark sind die beiden schlafenden Männer viel interessanter als das jecke Treiben in Köln, das über den Bildschirm flimmert. Zusammen mit Lori und Max erklettert er Opa, der aufwacht, Mark erkennt, nach ihm schnappt wie ein böser Wolf und vor dem lachenden, er-

staunten und schließlich erschrockenen Jungen ganz langsam vom Sessel rutscht und auf dem Teppich liegenbleibt.
Mark kniet ratlos vor ihm, beugt sich über ihn, um zu horchen, legt sich auf den Teppich, um Opas Augen zu erforschen, seinen Atem zu erspüren, kommt wieder hoch, horcht ein zweites Mal, während seine kleinen Händchen Opas linken Arm umfangen halten. Seine großen Augen richten sich fragend auf mich: „Is er tot, Oma?“ – Da knie ich nieder und küsse den Opa wach, Spuren meiner Karnevalsbemalung zur Freude aller in seinem Gesicht hinterlassend.
Reni ist bei dem Treiben überall und nirgends. Ab und zu schwingt sie ihre Hände zum beruhigenden „Gemach, gemach!“ Ißt sie eigentlich etwas? Bei den Mahlzeiten sitzt sie oft leicht erschöpft dabei. „Ich hab schon so viel in der Küche probiert“, sagt sie auf meinen forschenden Blick hin. Erst später erscheint sie mit ihrer flüssigen Nahrung, dem Glase Bier, entspannt sich und gönnt sich Zeit.
Kurz bevor wir das gastliche Haus verlassen, kommt Mark noch schnell zur Oma aufs Sofa, schmiegt sich an, aber etwas steifer und respektvoller als sonst. Und dann bricht es aus ihm heraus: „Wann kommt das denn wieder ab?“ Er zeigt auf sein Gesicht. „Bevor du ins Bett gebracht wirst. Dann wird die Farbe ganz bestimmt wieder abgewaschen.“ Mark reckt sich und befreit sich von der alles entscheidenden Frage: „Oma, darf ich dann wieder küssen?“ Da nehme ich das Kerlchen in den Arm und flüstere in sein Ohr: „Das darfst du auch jetzt schon.“

Gleich am Tage nach Rosenmontag muß Reni mit Mark zu den Aufnahmetests in die Grundschule kommen. Sie nimmt die traurigen Fotos mit und kommt mit dem von mir erhofften, auch von allen anderen erwarteten Ergebnis heim: Mark wird noch ein Jahr zurückgestellt. Er hat zwar gewaltige Schübe in seiner körperlichen und geistigen Entwicklung hinter sich, aber ihm fehlt mindestens noch ein Jahr unbeschwerten Spiels in der Familie.

Reni weiß, daß in Kürze eine Waldorfschule im Ort eingerichtet werden soll. „Da kommt er gleich in die erste Klasse.“ Ich bin skeptisch. Eine Ganztagsschule für Mark? Die Familie ist für ihn das Allerwichtigste.
Während wir diskutieren, brütet Mark in großer Schnelligkeit einen neuen Schub seiner Neurodermitis aus. Dabei dachten wir, er hätte seine Krankheit überwunden. Es ist Spätwinter, in dem die Haut allergieanfälliger ist als im Sommer, wenn mehr Licht und Luft für bessere Abwehrkräfte sorgen. Außerdem: Hatte Mark nicht in kürzester Zeit hintereinander drei aufregende Begebenheiten verkraften müssen? Lori, die Kuh – Rosenmontag – Einschulungstests? Diese Ereignisse hatten ihm heftig zugesetzt.
Ralf und Reni zögerten nicht lange. Sobald es ihre Zeit zuließ, fuhren sie mit dem Kind nach Essen zu einer homöopathischen Ärztin, die mit großem Zeitaufwand auf Mark einging, ihm sanfte Medizin verschrieb und strenge Diät anordnete. Es folgten noch mehrere Besuche in Essen, die Mark sichtlich Spaß machten. Er überwand diesen Krankheitsschub sehr schnell.
Ich bewunderte Reni in besonderer Weise. Es schien mir, als sei ihr kein Weg zu weit, keine Zeit zu kostbar, um dem Kind zu helfen.

Marks Geburtstag stand vor der Tür. Es war am ‘Tag des neuen Kindes’, am 23. Februar, an dem Martin in seine neue Familie gekommen war. Er hatte sich damals gewünscht: „Diesen Tag wollen wir jedesmal feiern.“ Mir gefiel das Zusammentreffen zweier Gedenktage gar nicht, denn Mark als Nesthäkchen, dazu mit seinem Entwicklungsrückstand, beanspruchte alle Familienmitglieder in besonderer Weise. Nun besetzte er Martins Gedenktag auch noch mit seinem Geburtstag. Es wurde genau so, wie ich es befürchtete. Martins Ankunftstag fiel fast unter den Tisch, wurde als besonderes Ereignis kaum wahrgenommen.
Mark war die Hauptperson. „Ein, ßwei – vier – sechs“, zählte er an seinen Fingerchen ab. Ich half ihm ein wenig auf die Sprün-

ge, versuchte auch, ihm die Mengenbegriffe zu verdeutlichen und nicht nur die Fingerchen als Anschauung für Ordnungszahlen zu nutzen. Sechs Jahre wurde unser Rügenschatz alt, ein Fahrrad sollte er bekommen – und Werner und ich suchten im Fahrradgeschäft den passenden Schutzhelm dazu.

Zwei Tage vor dem ereignisreichen Fest kam ein Päckchen aus Lietzow bei uns an. Es war für Mark bestimmt, und ich ahnte Schreckliches! Alle meine Gedanken zielten auf ein schwarzbuntes Stofftier, das für unseren Jungen so viel bedeutete: 'Lori!' schrie es in mir. 'Lori?' „Ja, es ist mit Sicherheit eine Lori in dem Päckchen!" – Werner und ich überlegten. Was war zu tun? – Ich rief Reni an, um ihr Einverständnis einzuholen, daß ich einmal vorsichtig nachgucken dürfe. Behutsam löste ich die Verschnürung und fand drei Kühe in dem Karton, dazu einen lieben Brief von Frau Menge, die sich auch allerhand hatte einfallen lassen, um dem Kind das Zurückhalten von Lori zu erklären. Was blieb zu tun? Noch einmal erfand ich eine Geschichte von Loris Geschwistern, die am Waldrand aufgetaucht waren und um ihre Schwester weinten. Noch einmal fälschte ich eine Unterschrift, noch einmal wurden Kohl- und Salatblätter in bewährter Frischhalteverpackung hinzugelegt und – noch einmal verschnürte Opa das Päckchen so fachgerecht, daß auch niemand den 'Einbruch' erahnen konnte.

Mark nahm alle Geschenke mit verhaltenem Staunen an. Mir fiel ein, daß er ein Jahr zuvor im Gitterbettchen in Greifswald gesessen hatte. – Und nun? – Er fuhr mit seinem neuen Fahrrad mit Stützrädern im Wohnzimmer um die Sitzgruppe, sah ganz fesch mit dem Schutzhelm aus und machte sich fast sorgenvolle Gedanken, wo und wie er seine große 'Kuhherde' nun unterbringen solle.

Als Reni den Kaffeetisch gedeckt hatte, ging er zu seinem Platz, der durch Blumen und Kerzen besonders geschmückt war, schaute voller Verzückung auf seine Geburtstagstorte mit der 6, faltete die Händchen, legte sie auf den Tisch und sah in diesem Augenblick nicht wie ein Kind aus, sondern wie ein innerlich heiterer, ganz glücklicher Mensch, der von vielen leidvollen Erfahrungen berichten könnte. In solchen Momenten, in denen Marks Gesicht so alt und wissend war, versuchte ich immer, mir seine ersten fünf Lebensjahre vorzustellen. Was mußte dieses Kind erlebt haben? Es schien mir so, als ließe es mich tief in seine Seele blicken.

Wenige Tage nach Marks Geburtstag meldet sich Reni ganz aufgeregt: „Mark hat einen Asthmaanfall. Er bekommt keine Luft." Sie ist nicht unerfahren mit dieser Krankheit, leidet doch Hanne in Abständen darunter und benötigt dann ein Atmungsgerät. Reni kennt gute Tees aus dem Reformhaus und: „Hier in Attenberg gibt es kein Reformhaus." Ich mache mich sofort auf den Weg, hole den gewünschten Tee und fahre, so schnell ich kann, zur Familie. Unterwegs geht mir allerlei durch den Kopf: Mark hatte im Heim nie Asthma. Heimkinder wollen oft auf sich aufmerksam machen mit selbst zugefügten Verletzungen, mit eingebildeten Krankheiten, damit sie von einem Erwachsenen umsorgt werden. War Marks Anfall echt? Ahmte er nicht etwa Hanne nach, um auch mal solch ein Gerät ausprobieren zu dürfen?

In Attenberg erlebe ich ein erkältetes Kind, das heftig vor sich hinjappt. Es bekommt Tee und sitzt kurz danach schon wieder fast lustvoll mit dem Inhaliergerät am Tisch. Auch in den nächsten Tagen hält es seine Therapiezeiten strikt ein und steckt das Lob „Das machst du aber toll!" mit Siegermiene weg.

Mir gibt er mit diesem Erlebnis wieder ein neues Rätsel auf, während Reni ohne Wenn und Aber an einen echten Asthmaanfall glaubt; aber sie hatte nur wenige Stunden in den beiden Kinderheimen verbracht, auch kein vorbereitendes Seminar vor der Aufnahme beider Kinder besucht und sich kaum um die besondere Psyche von Heimkindern gekümmert.

Die starke Erkältung überwand Mark sehr schnell. „Immer, wenn er krank war, macht er danach einen richtigen Schub", sagte Reni. „Womit wird er uns wohl jetzt überraschen?" Und wirklich, er versetzte uns in Erstaunen, denn er wünschte sich sehnlichst eine Puppe. Er hatte Hannes Puppenwagen entdeckt und fuhr damit im Haus spazieren. Da ein Besuch in Bonn fällig war – Reni und Ralf hatten dort beide studiert und längere Zeit gelebt –, weil Martin eine größere Geige brauchte, gab es tatsächlich für Mark die Erfüllung seines Wunsches. Es durfte aber nicht irgendeine Puppe sein, nein, sie mußte sehr erwachsen sein, mußte eine Brille tragen wie Mama und ganz lange Haare haben wie Hanne.

Die Puppe bekam den Namen 'Lieschen', wurde in den Puppenwagen gesetzt und spazierengefahren. Abends zog Mark ihr das Kleid aus, legte ihre Brille auf das Nachtschränkchen und brachte sie ins Bett. Morgens vollzog sich die Prozedur umgekehrt. Stets kam er korrekt mit Lieschen nach unten zum Frühstück.

„Und nun das Baby! Mama, Lieschen soll ein Baby kriegen!" „Das geht nicht so schnell. Lieschen ist doch noch gar nicht lange hier", vertröstete Reni ihn. „Sie muß noch wachsen, Mark!" „Aber sie is doch schon ganz schön gemetert! Mama, sie muß ein Baby haben!" Lieschens Schwangerschaft wurde erheblich verkürzt, damit die kleine Nervensäge ruhig wurde. Das Baby lag eines Tages im Puppenwagen. Nun wiederholte Mark die Geburt etliche Male, stopfte das Baby unter Lieschens Rock und ließ es dann herausfallen. Kleine Stofftiere folgten, natürlich war auch Max dabei. Mark erlebte die Geburt in vielen Varianten und dachte dabei sicher an die toten Weihnachtskätzchen, an Lori, die den kleinen Max gebar, und schließlich wohl auch an seine tote Mutter und sich. In seinem Spiel entwickelte er sich zu einem perfekten Geburtshelfer.

Ostern wurde wieder zu einem Familienfest, bei dem Reni schon vor dem Frühstück in Gummistiefeln im Neuschnee des Gartens Ostereier für die Kinder versteckte. Wir kamen erst am späten Vormittag, fuhren durch eine zauberhafte Schneelandschaft

nach Attenberg und bestückten den Garten ein zweites Mal mit Überraschungen. Alle hatten später glückliche Gesichter, besonders Hanne freute sich über ein hübsches Päckchen, das sie im Schilf des Teiches fand.
Nach dem Essen machten Oma und Opa mit den Kindern einen Spaziergang. Reni legte die Beine hoch und hörte ganz still für sich Musik. Mark hatte Lieschen und das Baby auf dem Gepäckträger seines Fahrrades in einem Korb verstaut und fuhr brav auf dem Bürgersteig. Das lange Blondhaar von Lieschen hing tief herunter. Martin führte Fahrradkunststücke vor, die recht wild ausfielen. Als ich ihn in rascher Fahrt ablichten wollte, verlor ich das Gleichgewicht und lag in voller Länge auf der Straße. Sofort bremste Martin scharf, sprang vom Rad und half mir fürsorglich hoch. „Oma, Oma, ist was passiert?" Ich konnte ihn beruhigen, und bald lachten wir beide über Opa, der fünf Schritte hinter mir war und nichts gemerkt hatte.
Reni wirkte nach unserer Rückkehr ganz entspannt. „Dat ist mal eine schöne Entlastung für die geplagten Eltern", meinte sie. Ich freute mich, daß wir ihr ein wenig behilflich sein konnten und sie eine echte Pause hatte, in der sie die Kinder in guter Obhut wußte. Ralf nahm sich seine Ruhepausen, so wie er sie brauchte. Er hatte ein ganz anderes Naturell als Reni und konnte sich inmitten einer Gesellschaft völlig in sich zurückziehen.

Eine Woche nach Ostern stand schon wieder ein Ereignis ins Haus: Martins Kommunion. Noch schaffte Reni alles in ihrem bewährten Schwung, oft unterstützt von Ralf, der ruhig und bedächtig viele ihrer Wünsche erfüllte. Nebenher liefen in knisternder Spannung die Vorbereitungen für Hannes Abitur, die sich gewissenhaft und fleißig vorbereitete und von Martin geradezu angehimmelt wurde.
Die Kommunion wurde ein frohes Fest; zwar sahen wir unseren großen Enkel in der Kirche vor lauter Menschen nicht, aber daheim inmitten der festlichen Gesellschaft mußte ich ihn immer wieder ansehen, wie er neben seiner Freundin Jana saß und

alle negativen Einflüsse des Lohmer Kinderheimes abgelegt zu haben schien.
Reni hatte sich von unserem Rügener Maler mehrere Aquarelle zur Ansicht schicken lassen. Eins von ihnen sollte Martin zur Kommunion erhalten als eine Erinnerung an diese positive Seite der Insel Rügen und seine Kindheit, denn Janus schickte auf unsere Bitten nur Motive von der Insel. Reni rief mitten in der Woche vor der Kommunion an: „Die Aquarelle sind da! – Jetzt könnt ich mir eine Flasche Rotwein aufmachen, schöne Musik anstellen und immerzu gucken." Ich konnte nur lachen und antworten: „Soll ich schnell kommen und mitmachen?" Martin staunte über sein kostbares Geschenk; auch Reni wählte sich ein Steilküstenmotiv aus, denn Mitte April hatte sie Geburtstag.
Bei Martins Fest lernten Werner und ich das Ehepaar aus Bad Gandersheim näher kennen, das auch schon zur Taufe mitgefeiert hatte: Fritz und Else. Else war Martins Patentante geworden. Auch Renis Mutter erschien. Sie hatte sich anfangs sehr gegen den Plan gestellt, fremde Kinder anzunehmen, jetzt schien sie sich ihnen immer mehr zuzuwenden. Nach Renis Äußerungen war das Verhältnis Mutter – Tochter sehr schaukelhaft und oft spannungsgeladen. Wo waren Ralfs und Renis Geschwister bei diesem Fest? Wo waren Freunde aus dem Ort? Außer Jana feierte niemand aus Attenberg mit.

Etwa zehn Tage nach Ostern baute ich mit Helfern im 'Kleinen Prinzen' eine Fotoausstellung über die Insel Hiddensee auf. Zur Eröffnung gab es ein Pressegespräch, zu dem interessierte Bürger geladen waren. Auch die Attenberger Familie erschien. Sie hatte den Besuch in Lüdenscheid genutzt, um Einkäufe zu machen. Nun saßen alle etwas abseits, aßen und tranken. Mark, der zu gerne zu mir gekommen wäre, wurde von Reni energisch zurückgehalten. Sie erschien schließlich selbst und meldete: „Wir müssen nach Hause, die Kinder sind müde." Beim Hinausgehen riß Mark sich los, kam schnell an unseren Pressetisch und fragte sehnsüchtig: „Kommst du morgen, Oma?" „Nein, ich komme am

Sonntag.“ „Das is noch soooo lange, Oma!“ Flehentlich schaute Mark mich an. „Das geht ganz schnell. Wir müssen beide arbeiten. Ich muß für Opa sorgen, du mußt für Lieschen und all deine Kühe da sein.“ – Reni kam zurück, riß Mark weg und rief um einige Nuancen zu heftig: „Komm, du störst!“ Sie war fast grob. – Warum?

Ich konnte nicht lange nach einer Antwort suchen, denn mein siebzigster Geburtstag mit mehreren festlichen Aktivitäten stand vor der Tür. Es sollte zweimal gefeiert werden, mit den Rügener Enkeln und deren Pflegeeltern privat, mit Rügenfreunden und -helfern mitten in der Hiddenseeausstellung halb öffentlich.
Die Enkel mit erweiterter Freundschaft machten Musik; Martin lernte meine Schwester kennen, die die Musikanten anführte. Er verliebte sich unsterblich in sie und sagte immer wieder: „Bei dir möchte ich Geigenunterricht haben!“
Für mich war es der erste Geburtstag, den ich so großartig mit Enkeln feiern konnte. Zwar gab es einen Mißklang, der unsere kleine Monika betraf, die noch vor Weihnachten zu Werdohler Pflegeeltern gekommen war. Die Problematik um dieses Kind wurde nach Weihnachten aufgedeckt. Sie war durch die leiblichen Eltern des Kindes entstanden. Die ratlosen Pflegeeltern stellten das Thema plötzlich in den Raum. Ich bat um Aufschub, nicht heute, nicht an diesem Tag und dann noch in Anwesenheit der Kinder.
Reni, die quer über die Hufeisentischordnung mit den Pflegeeltern von Monika zu diskutieren begonnen hatte, erhob sich, um mit ihrem Glas zu den erregten Eltern hinzugehen. Ich sah in ihr Gesicht, das völlig entrückt schien, nicht gegenwärtig, fast irre aussah. Dann hörte ich ihre Lippen leise formen: „Man muß doch immer wieder versuchen, ein Bäumchen zu pflanzen.“ Dabei berührte ihre linke Hand ihre schmalen, zitternden Lippen. Ja, Reni, ja, dachte ich, aber nicht jetzt in dieser Stunde. Man muß doch den Takt wahren, die Situation richtig einschätzen. Reni verlor in ihrer enthusiastischen Hilfsbereitschaft die Kon-

trolle über sich. Sie steuerte auf das betroffene Ehepaar zu, fand ihnen gegenüber einen leeren Stuhl und redete pausenlos – nun zwar leiser – auf es ein. Zum Abschied sagte sie mir: „Ich fahre noch nächste Woche nach Werdohl, um zu helfen." „Hast du nicht schon genug zu tun mit deinen drei Kindern?"
Eine Woche später kam Monikas Problem bei einem Telefonat noch einmal auf den Tisch. „Warst du schon in Werdohl?" fragte ich interessiert. „Nääá, dat tu ich mir nicht an", war die erstaunliche Antwort, die mich überraschte, aber auch gleichzeitig beruhigte.
Die kleine Monika kam in die Betreuung von Psychologen und Ärzten, hatte einen langen Weg vor sich, um zusammen mit den Pflegeeltern den sexuellen Mißbrauch der eigenen Eltern an ihr zu verarbeiten.
Renis Verhalten in dieser Sache war der Anfang von sich häufenden Beobachtungen, die ich machte, die Reni als einen Menschen zeigten, der immer öfter aus seiner Gelassenheit und Sicherheit herausfiel, wie ein Energiebündel in die Höhe schoß, um dann abzustürzen. Wo war das herrliche Wort 'Gemach, gemach!' geblieben? Ihre beschwichtigenden Handbewegungen hatten allen gut getan. Wo waren sie? Irgendwo lagen sie auf der Strecke.

Da Reni einen Tag nach mir Geburtstag hat, an dem Tag aber in der Hiddenseeausstellung für Rügener Kinderheime gefeiert wurde, gab es in der folgenden Woche noch eine kleine Nachfeier in Attenberg. Meine Schwester war mit ihrer Geige dabei und wurde von Martin und Hanne mit Beschlag belegt. Ich freute mich, daß Martin so begeistert war, denn ich hatte schon längst den Attenberger Geigenunterricht im Visier. Ich fand, daß Martin viel zu lange auf einer primitiven Stufe des Leere-Saiten-Streichens festgehalten wurde und seine linke Hand vollkommen ins Hintertreffen geriet. Meine Schwester bestätigte mir diesen Vorwurf. Langweilig mußte sein Unterricht sein, nicht kindgemäß und lustvoll.

Außerdem: Warum kam es nie zu einem Zusammenspiel in der Familie? Lediglich Hanne mit ihrer knappen Zeit kümmerte sich ab und zu um Martin. Dabei höre ich Reni in meiner Rügenausstellung im Spätherbst 1992 noch zu mir sagen: „Alle bei uns spielen ein Instrument." Nach einem musikalischen Kind sollte ich Ausschau halten.
Ralf hatte ich noch nie mit seinem Akkordeon gehört. Reni probierte einmal in meiner Gegenwart ein wenig Zweistimmigkeit mit Martin. Wenn er Tadel verdient hatte, lobte sie ihn und umgekehrt. Ihre eigene Strich- und Fingertechnik auf der Geige war ziemlich unten angesiedelt. Ich gewann auch immer mehr den Eindruck, daß sie auf bestimmten Gebieten unfähig war, sich selbst richtig einzuschätzen.
Um so mehr genoß Martin an diesem Abend die Anwesenheit meiner Schwester, die in kürzester Zeit eine Menge aus ihm herausholte. Er strich einen reinen, klaren Ton auf seiner Geige und brachte ein gutes Gehör mit. Es war viel besser als das von Reni.

Der 1. Mai wurde aus zweierlei Gründen ein denkwürdiger Tag. Reni hatte zur Maibowle eingeladen. Wieder klang es durchs Telefon: „Macht euch früh vom Acker. Wir setzen eine Waldmeisterbowle an, die steht ab Vormittag auf dem Tisch, und jeder kann sich bedienen. Hier in Attenberg gibt es ein Grundstück mit viel Waldmeister, da gehe ich am Tag vorher mit Mark klauen." „Klauen?" entgegnete ich. „Ja", lachte Reni, „dat holen wir uns da einfach weg." Mir gefiel das nicht ganz, aber Reni benutzte des öfteren starke Worte.
Als wir am 1. Mai Attenberg erreichten, war die Stimmung im Hause gedrückt. Was war los? – Es war Martin, der dafür gesorgt hatte, daß der Haussegen schief hing. Irgend etwas war in der Schule passiert. Martin hatte darauf böse Worte zu einer Lehrerin gesagt, die seiner Meinung nach ungerecht zu ihm gewesen war. „Mich hat er auch beschimpft", kam es erregt aus Reni heraus, „zur Putzfrau hat er mich erniedrigt, ein Dreck bin ich

für ihn! – Er haßt Frauen, ich sag es dir doch immer!" – „Wieso hat er dich zur Putzfrau erniedrigt?" Ich bekam keine Antwort. Statt dessen bat Reni mich, einmal zu ihm nach oben zu gehen. „Er soll den ganzen Tag in seinem Zimmer bleiben." – Wie im Lohmer Kinderheim, dachte ich. Reni richtete in der Küche das Essen, eine ihrer Lieblingsbeschäftigungen, bei der ich auch nicht stören wollte.

Martin schaute mich in seinem Zimmer trübsinnig an. Er hatte auf mein leises Klopfen „Herein!" gerufen. An seinem Schreibtisch sitzend, kaute er an einem Kuli. Ich tat vollkommen unbefangen, suchte nach Dingen im Zimmer, über die ich mich lobend äußern konnte, damit sich seine Beklemmungen lösten. Wir kamen ins Gespräch, und Martin entlud seinen Kummer. Eine Entschuldigung in der Schule war schon ausgesprochen, hier im Hause stand sie noch aus. – „Immer mache ich alles falsch, Oma, es kann sein, was es will, ich bin immer schuld! In der Schule bin ich der letzte Dreck für alle. – Ich hab immer noch keinen Freund. – Und sie? – Es geht ihr gar nicht um mich, sie ist nur auf ihren guten Ruf bedacht! Oma, am liebsten hätte ich mal wieder eine Ohrfeige, statt dieser endlosen Gardinenpredigten!" – Ich war sprachlos. Was hatte sich hier angestaut! – Sanft nahm ich das große Kind in den Arm und sagte: „Weißt du was? Wir gehen beide nach unten, du entschuldigst dich, und dann bitten wir deine Mama um ein Gespräch. Keine Predigt – ein Gespräch!" „Ich darf nicht nach unten!" Zitternd kam dieser Satz heraus. „Das verantworte ich, Martin." – Am liebsten gehe ich auf ein Problem los, als hinter dem Rücken Gespräche zu führen. Bisher konnte ich doch mit Reni reden. Auch durfte es nicht zu einem Komplott zwischen Martin und mir gegen Reni kommen.

Wir gingen nach unten; Reni rührte im großen Kochtopf, Ralf und Werner leisteten ihr – Maibowlen-bewaffnet – Gesellschaft. So locker wie möglich leitete ich Martins Doppelanliegen ein, in der Hoffnung, daß die sonst so fröhliche und großzügige Frau die richtige Einstellung finden würde. Martin stammelte einen

Entschuldigungssatz, ich half ihm weiter: „Gespräch – Predigt – Ohrfeige.“ – Diese Worte erfaßte Reni, rührte im Topf, stampfte mit ihrem kleinen Fuß energisch auf den Fliesenboden, sprach, trat mit ihrer skandierenden Sprache aus sich heraus, schien niemanden zu sehen, zu kennen, redete pausenlos in Richtung Martin, den ich mit meinem linken Arm umfaßte und ihn eng an mich preßte. „Reni, hör doch, bitte!“ Reni hörte nicht, sie wiederholte Worte, Sätze, sie hämmerte auf der ‘Ohrfeige’ herum: „Du hoffst wohl, ich würde dich schlagen, damit du zurückschlagen kannst! Warten kannst du, lange warten, ich schlage dich nicht!“

Werner begriff gar nichts, Ralf lehnte still am Küchenschrank und trank aus seinem Glas. Ob er sich wohl freute, daß Martin jetzt der Blitzableiter war und nicht er? Mark sprang von draußen herein und schaute uns alle erstaunt an. Wir standen wie erstarrt in der Küche, hörten Renis Ausbruch, gegen den meine Gegenrede, meine Beschwichtigungen nicht ankamen. – Ich merkte kaum, daß Reni sich beruhigte, in die Normalität zurückkehrte. Begriffen hatte ich eben, daß ihre Worte von Angst diktiert wurden. Sie liebte Martin nicht, sie dachte nicht an die Würde eines Menschenkindes, nein, sie wollte ihn aus Angst nicht schlagen. Hatte Martin als erster von uns Renis Schleier gelüftet, als er sagte: „Sie ist nur auf ihren guten Ruf bedacht!“? Noch überlegte niemand von uns den feinen Unterschied: Wollte sie ihren guten Ruf erhalten? Wollte sie ihren guten Ruf wiederherstellen?

Ein wenig betreten und still saßen wir bald bei der Mittagsmahlzeit. Hanne kam mit ihrem Freund hinzu, sorgte zusammen mit der Maibowle für einen Ausgleich.

Eine kleine Diavorführung am frühen Nachmittag mit Familienaufnahmen lenkte ab und lockerte den Nachmittag auf. Reni wollte im Treppenhaus nach oben von Martin und Mark Fotos aufhängen, zum Kellergeschoß hinunter Fotos von Hanne. Sie hatte sich längst wieder gefangen und suchte zusammen mit Ralf die schönsten Aufnahmen aus, von denen ich Vergrößerungen machen wollte.

Danach geschah etwas noch nie Dagewesenes: Fühlte Ralf sich verpflichtet, für den unfreundlichen Vormittag ein Gegengewicht zu schaffen, oder was war in ihn gefahren? – Reni brachte ein Legoauto in seiner Verpackung zum Tisch und erklärte Mark, daß er am 3. Mai zu einem Kindergeburtstag eingeladen sei und das Unfallauto seinem Freund aus Rügen, der in Lüdenscheid Pflegeeltern gefunden hatte, mitnehmen solle. Mark wollte natürlich die Verpackung entfernen, aber Ralf wehrte ab. Wie selbstverständlich kroch Mark auf Ralfs Schoß, betrachtete die bildliche Darstellung des Fahrzeuges und stellte Fragen über Fragen an seinen Vater. Etwas schleppend begann Ralf zu antworten, geduldig und sorgsam befriedigte er den Wissensdurst des Jungen. Jede Antwort gebar eine neue Frage. „Und wenn ...", begann Mark immer neu, und Ralf stand Rede und Antwort. Hübsch anzuschauen und anzuhören war dieses Zwiegespräch, bei dem beide Partner zu großer Form aufliefen. Mark war ganz Ohr, und gleichzeitig dachte er nach vorn. Ralf wählte sorgsam Wort für Wort, um dem Jungen die Funktion eines Unfallwagens kindgerecht zu erläutern. Der Dialog gipfelte in der Frage Marks: „Un wenn das Unfallauto nu selbst einen Unfall hat?"
Am Abend hätte ich beinahe den Diakasten in Attenberg vergessen, den ich dringend für meine Laborarbeit brauchte. Ralf öffnete noch mal die Haustür. „Ich hab die Dias vergessen. Wie gut, daß ich es eben gemerkt habe! Sonst hätte ich morgen noch einmal kommen müssen." Ralf schaute mich ganz ruhig an und sagte nur einen Satz: „Das wäre aber schön gewesen."
Wir fuhren mit merkwürdigen Gefühlen heim. Würden Ralf und Reni diesen abenteuerlichen Weg mit ihren Pflegekindern erfolgreich weitergehen können? Würde ihre Kraft dazu reichen? Vor allem Renis Kraft?

Wir sahen uns eine Weile nicht. Zwar telefonierte Reni fast jeden Tag, meldete plötzlich die schönsten Erfolge bei Martin: gute Noten in der Schule, Fleiß bei den Schulaufgaben. Die böse Gardinenpredigt schien sie vergessen zu haben. Dann wieder kam die Behauptung durch den Draht: „Martin ist ein Frauenfeind!“ Erneut wehrte ich ab. Aber sie blieb dabei. „Er haßt Frauen. Ich habe Angst vor ihm!“ „Ich nicht“, konnte ich nur erwidern. „Wenn ich Kritik an ihm üben muß, soll Ralf von nun an immer im Hause sein, sonst traue ich mich nicht.“
Was ist in Reni gefahren? In was verrennt sie sich? Ich dachte wieder an Martins Ankunft, damals im Februar 1993. „Er bekommt das schönste Zimmer im oberen Stockwerk. Das verletzte Seelchen braucht viel Licht, Sonne und Luft.“ So war der Beginn für Martin – und nun?
Im Augenblick fuhr Reni fast jeden Morgen mit Martin zur Schule, weil sie häufig in den ersten Stunden unterrichten mußte. Abends am Telefon stöhnte sie: „Immerzu rede ich auf ihn ein, die ganze Fahrt, damit er alles richtig macht, aufpaßt, nichts vergißt – es hat einfach keinen Sinn! Du kannst dir den Mund fusselig reden, dat Schussel hat bestimmt wieder wat vergessen. Die ganze Fahrt! Ich rede und rede ... .“ Armer Martin, dachte ich. Laut schlug ich vor: „Du, beide mögt ihr Mozarts Musik, verschönt euch die Fahrt doch mal mit Mozarts Melodien, dann steigt ihr locker und entspannt aus. Du gibst deinem großen Jungen einen Kuß und wünschst ihm viel Glück und Erfolg. Probier es doch mal!“
Es war nicht leicht, Reni zu überzeugen; sie hatte ihre eigene, ganz andere Ansicht, wie sie mit Martin umzugehen habe. Sie wurde einseitig, starr in ihren Erziehungsmethoden, sie verrannte sich, ja, ich muß es sagen: Sie bekam einen Scheuklappenblick bei allem, was Martin betraf. Ihre Methoden näherten sich immer mehr denen der DDR-Erziehung.
Bei Mark verhielt sie sich flexibler, war weicher, herzte und küßte ihn, riß ihn an sich, hielt ihn fest und widmete ihm den weitaus größeren Zeitanteil. Mark genoß diese Bevorzugung, ja,

er konnte sich aus dieser Sicherheit heraus vor Martin aufpflanzen und ihm im Brustton der Überzeugung Vorhaltungen machen wegen seiner Vergeßlichkeit. Dann machte Martin auf dem Hacken kehrt, verschwand und verdammte sich selbst zum leidenden Eckensteher irgendwo im Hause, je dunkler, desto besser. Mehrere Male fand ich ihn so, erlöste ihn aus seiner Hilflosigkeit und Ohnmacht, versuchte, ihm zu helfen, so gut ich konnte.

Mark hatte ein gutes Gedächtnis, war sehr genau und sonnte sich verständlicherweise in seinem Ruhm, besser zu sein als der große Bruder.

Daheim in ruhigen Stunden fiel mir ein, daß Reni mir schon vor längerer Zeit von ihren unregelmäßigen Besuchen bei einer Psychologin in Attenberg erzählt hatte, bei der eine Art Familientherapie durchgeführt wurde. Ich hörte ihr damals erstaunt zu. „Ja“, sagte sie, „ich bespreche die Probleme der Kinder und die innerhalb des Familienlebens mit der Therapeutin. Dadurch können sich die Jungen als ganz normale Kinder fühlen und brauchen nicht selbst behandelt zu werden.“ Das leuchtete mir zunächst ein, aber sehr fragwürdig wurde dieses Vorgehen für mich nach Renis Behauptungen, Martin betreffend: „Er haßt Frauen! Ich habe Angst vor ihm!“ Sie war doch nun mit Sicherheit kein objektives Sprachrohr im Interesse der Kinder, war es auch vorher nicht gewesen.

Wie weit durfte ich mich hier einmischen, den Wert der Familientherapie anzweifeln? Ich sagte nichts, denn ich wollte Renis Vertrauen nicht verlieren, wollte die frohen Stunden mit den Kindern nicht missen. Sehr deutlich spürte ich, daß Reni die Aussprache mit mir brauchte. Sie konnte bei mir abladen, im Gespräch ihre Gedanken ordnen. Weiterhin blieb ich der wesentlich passivere Teil bei diesen langen Telefonaten, bei denen ich oft zum Abschluß merkte, daß Reni eine große Erleichterung verspürte. Kurz, ich verdrängte meine Zweifel an dem Wert und Erfolg der Familientherapie.

Immer wieder war Mark der Mittelpunkt. Seine Geburtsspiele ebbten langsam ab, aber der Himmelfahrtstag führte ihn erneut an das Thema 'Tod' heran. Im Garten fing er morgens einen Käfer, tötete ihn und begrub ihn in der Erde. Er war so klug, die Stelle mit einem Stöckchen zu markieren, um dann eiligst wegzulaufen. Er mied das Käfergrab lange Zeit, ging erst am späten Nachmittag wieder hin und untersuchte, wahrscheinlich mit großem Herzklopfen, die Erde. Sein Käfer war noch da. Mark schüttelte sein Köpfchen und sagte verdutzt: „Nu hat Gotten ihn immer noch nicht abgeholt."
Christi Himmelfahrt – Christus fuhr gen Himmel, da konnte der Käfer doch leicht mitfahren. Mark war mit seinem Experiment keinen Schritt weitergekommen in der Erforschung der Dinge, die zwischen Himmel und Erde geschehen.

Für die Treppenauf- und -abgänge im Attenberger Haus hatte ich in meinem Labor fleißig gearbeitet und kam eines Tages mit Fotos und passenden Bildträgern vorgefahren. Die Familie beendete gerade die Mittagsmahlzeit; außer Martin und Hanne, die noch in der Schule waren. Mark gesellte sich gleich zu mir und brannte darauf, mir zu helfen. Da mußte die Folie entfernt, der Faltkarton geöffnet, da mußten die Klammern des Bildträgers gelöst, das Glas nachpoliert, das Foto eingelegt und die Klammern wieder befestigt werden. Ich zeigte Mark beim ersten Bild den Arbeitsgang von Anfang bis Ende. Dazu gab es die passenden Erklärungen. Er war ganz Ohr und Auge. Dann kam die Arbeitsteilung: Mark entfernte die Folie und öffnete den Faltkarton, ich löste die Klammern, und er putzte mit einem Leinenlappen das Glas, das auf einem dicken, alten Kissen lag. Ich legte das Foto ein und befestigte das Glas mit den Klammern. Das wurde ein fröhliches Zuarbeiten. „Wir machen Fließbandarbeit." „Mama, wir machen Fießbandaabeit!" echote das Kind. Es sprühte vor Eifer. Hatte es einmal Leerlauf, weil die Oma so langsam war, saß es wie zum Sprung bereit und ruckte mit seinem Köpfchen.

Wenn der Mensch seine Kräfte nicht entfalten kann, wird er krank, aggressiv oder verrückt, dachte ich, sah Mark in seiner Rügener Lustlosigkeit vor mir, sah andere Heimkinder auf der Insel, dachte zuletzt an die geistig Behinderten in Schloß Ralswiek auf Rügen, die ich, vor sich hin vegetierend, im Schloßhof gesehen hatte. Sie durften nicht in den Park, und es gab gleich nach der Wende noch keine Behindertenwerkstatt für sie. 'Feierabendheim' hieß das Haus sehr freundlich für die Außenwelt, denn eine solche Problematik wurde in der DDR nicht öffentlich präsentiert.
Mark holte mich von meinem Gedankenausflug heim: „Oma, hast du noch mehr Aabeit?" Lachend mußte ich verneinen. Als ich mich verabschiedete, bedankte ich mich mit einer Verbeugung bei meinem kleinen Helfer für die hervorragende Unterstützung. „Wenn du nicht geholfen hättest, säße ich noch heute abend hier."

Am 29. Mai wurde Martins Geburtstag mit einem Dank an die Nachbarn gekoppelt, die sich alle zu seiner Kommunion mit Geschenken bemerkbar gemacht hatten, zu Ralfs und Renis großem Erstaunen. Das bedeutete, daß sein Geburtstag ein wenig unter den Tisch fiel. Die Arbeitsersparnis für Reni war gewiß richtig, nicht aber die Abwertung von Martins dreizehntem Geburtstag. Niemand durfte ihn in Gegenwart der Nachbarn, die vormittags kamen, erwähnen. Sie sollten nicht noch einmal animiert werden zu schenken.
Wieder erschienen am Nachmittag die Gandersheimer Fritz und Else. Man saß, trank und erzählte. Martin durfte keine Klassenkameraden einladen, richtige Freunde besaß er sowieso nicht. Reni hatte an allen etwas auszusetzen. Als Johann, der Klassenbeste, Martin zum Geburtstag einlud, mußte er sein Geschenk hinbringen und sofort wieder nach Hause kommen. Er hatte eine, mir belanglos erscheinende Sache vergessen und sollte bestraft werden. „Du verbaust Martin jede Chance, Freunde zu gewinnen." „Ich will dem Bengel die Schusseligkeit austreiben,

und der Johann paßt mir nicht, der hat nur Computer im Kopf.“ Damit war für Reni die Sache erledigt.
Es tat mir sehr leid, daß Martin, der nun ein Jahr und drei Monate in Attenberg lebte, niemanden einladen durfte. Ich empfand, daß er durch Renis Wünsche und ihren Geschmack noch mehr in seine Außenseiterrolle gedrängt wurde. Er war der einzige Junge in seiner Klasse, der Geige spielte, er kannte keine Computer und durfte nur selten vor dem Fernsehgerät sitzen. Zur Kommunion bekam er nicht die Schuhe, die er sich wünschte, die auch seine Schulkameraden trugen, sondern Ralf und Reni kauften ihm sehr teure, schwarze Lederschuhe mit Stahlkappen. Niemand außer ihm trug solche Schuhe! Sie waren sehr schwer und richtig gefährliche Schlag- und Stoßwaffen. Ganz erschrocken war ich bei diesem Gedanken.
An Martins Geburtstag kümmerte ich mich sehr um ihn, fotografierte ihn oben in seinem Zimmer, weil er ein gutes, neues Foto für eine von ihm sehnlichst erwünschte Freundin brauchte. Mit Jana, dem Mädchen der ersten Stunde, war es nicht so richtig weitergegangen. Jana war eigentlich zu alt für ihn.
In seinem Zimmer hatte ich beim letzten Besuch festgestellt, daß sein Aquarell noch nicht gerahmt war, geschweige denn an der Wand hing. Ich holte einen großen Bildträger aus dem Auto, und Martin half mir, das steinige Lohmer Ufer unter Glas zu bringen. Er war sehr glücklich, und gemeinsam meldeten wir Reni unsere Tat. „Einen besseren Rahmen kann man immer noch finden“, meinte ich, „dann hat Martin doch wenigstens ein großes Bild in seinem Zimmer hängen.“ „Da sind überall elektrische Kabel, dat is gar nicht so einfach“, wendete Reni ein, und damit stand das gerahmte Bild für ewig im Winkel neben dem Schrank.
Schon lange war mir aufgefallen, daß Martins Staffelei, die er im vorigen Jahr zum Geburtstag bekommen hatte, ungenutzt und in sich zusammengesackt in der Ecke hinter seinem Schreibtisch vor sich hin staubte. Niemand war damals so richtig mit dem Aufstellen zurechtgekommen, auch Werner nicht. Nun stand sie

da, ein trauriges Gestänge, ein wertloses Geschenk. Armer Martin, dachte ich. Wird er eines Tages mit dem Holz der Staffelei sein Bild zertrümmern? – In diesem Jahr lag auf seinem Geburtstagstisch ein Gutschein für einen neuen Fahrradsattel. Die Zeit zum Kauf hatte vorher nicht gereicht.

Martin spielte mir auf seiner Geige vor, ich gab ihm einige Tips, weil ich ein klein wenig Ahnung durch meine geigende Schwester hatte. Dann brach es plötzlich aus Martin heraus: „Oh, Oma, es ist sooo langweilig!“ Wir gingen nach unten und ertränkten zusammen mit Mark die Zeit in Sprudel und 'Mensch-ärgere-dich-nicht'. Als Mark ins Bett mußte, begann ich schnell ein neues Spiel mit Martin, noch eins und noch einmal. Martin sollte doch merken, daß man an seinem Geburtstag etwas länger aufbleiben darf.

Reni lachte und trank mit ihren Gästen. Endlich sah sie Martin noch im Zimmer sitzen. „Der Junge muß längst im Bett sein!“ Martin verabschiedete sich und schenkte mir ein dankbares, verschmitztes Lächeln.

Im Kreise der Erwachsenen ging es lebhaft zu, wenn man Werner ausklammert, der mit hängendem Kopf sanft eingeschlafen war. Fritz begann, Witze zu erzählen, die im Fortgang des Abends auf Talfahrt gingen. Reni war in Hochform, lachte und trank.

Noch gestern hatte sie mir telefonisch ihre schrecklichen Halsschmerzen gemeldet. „Wie soll ich dat alles überstehen!“ seufzte sie durch den Äther. Im Kreise der Nachbarn machte sie zu meinem Erstaunen eine gute Figur, wirkte gestrafft, verbindlich, sah fast hübsch aus. „Du mußt eine gute Medizin haben“, sagte ich anerkennend. „Wieso?“ – Von ihren Halsschmerzen schien sie nichts mehr zu wissen.

Jetzt zu später Stunde lachte sie und trank, lachte mit vorgehaltener Hand über die zotigen Witze des Gandersheimer Freundes. – Werner und ich fuhren recht bald heim.

Schon lange vor den Sommerferien seufzte Reni den Urlaubstagen entgegen. Im letzten halben Jahr hatte sie familienfestliche Schlachten geschlagen, mitgezittert um Hannes Abitur, kurz, sie war ganz einfach erschöpft. Hanne besorgte sich eine Nachtwachenstelle in unserem Kreiskrankenhaus. Ihr Studium sollte im Herbst in Aachen beginnen. Reni, die bereits im Februar ihre Berufsarbeit um ein Drittel gekürzt hatte, um mehr Zeit für ihre Kinder zu gewinnen, erwog jetzt eine nochmalige Reduzierung. „Dann brauche ich keine Hilfe mehr und mache meinen Haushalt allein." Sie war fest dazu entschlossen und fühlte sich zu Hause am wohlsten. – „Doch erst fahren wir auf die Hütte."
Werner und ich fuhren schon Mitte Juni nach Rügen und in die neuen Länder, die Familie reiste gleich zu Beginn der Ferien auf ihre Berghütte oberhalb von Meran. Wir sahen uns fast sechs Wochen nicht.

Mitte Juli läutet das Telefon: „Wir sind wieder da, kommt zum Sonntag her, wir wollen einen schönen Familientag genießen." Alle sehen erholt und gesund aus. Reni hat frische Farbe und etwas zugenommen. Ralf ist fast schwarzbraun. Martin hat sich gestreckt, ist rank und schlank und wirkt ganz weich und entspannt. Richtig glücklich sieht er aus, denke ich. – Und Mark? Er trägt kurze Lederhosen, die braune, richtig verschrammte Knackwaden freigeben. Zwei Milchzähne hat er in den Bergen zurückgelassen, sein Haar schillert in allen Blondtönen, und seine Augen blinken wie die Leuchttürme von Kap Arkona. Kurz, ein Lausbub kommt angestürmt, erobert seine Oma, sitzt oben auf ihr im Liegestuhl und drückt und küßt, drückt und küßt immerfort. Reni lacht: „Paß auf deine Oma auf, tu ihr nicht weh!" Mark hält kurz inne, sitzt rittlings, dreht sich leicht und ruft mit seinem hellen Stimmchen: „Ich hab aber eine ganz heftige Liebe zu meine Oma!" Alle lachen. Reni warnt erneut: „Trotzdem, du tust ihr weh!" Mark schaut mich von oben an, dann seine Mutter und sagt triumphierend: „Aber sie lacht doch!"

Dann springt er herunter, läuft ins Haus und kommt mit einer Legoplatte wieder, auf der sich ein Gebäude mit Türöffnungen, Fensterlöchern und einem Giebeldach befindet. Er stellt sie auf den Tisch und erklärt uns mit ernster Miene, mit Falten auf der Stirn, die Funktion der Berghütte, in der er drei Wochen lebte und die er gleich nach der Rückkehr nachbaute. Zum Schluß zeigt er auf den freien Platz neben der Hütte und sagt mit Nachdruck: „Un hier bau ich noch zwei Zimmer für Oma und Opa."
Schon vor den Ferien begann Mark mit seiner Bautätigkeit und schuf zu unserem Erstaunen ein phantasievolles, orientalisch anmutendes Gebäude, bei dem allerdings noch Dach, Fenster und Türen fehlten. Seine Berghütte dagegen ist fast perfekt.
Derweil sitzt Martin mit weichen Gesichtszügen im Sessel, betrachtet ganz versonnen einen Marienkäfer auf seiner Hand und freut sich von Herzen, seine Hanne wiederzusehen, die heute ohne ihren Freund in unserer Runde weilt.
Es wurde ein herrlicher Sommertag, der jedem gefiel. Mark und Martin planschten mit Gießkanne, Schlauch und Wanne im Garten. Reni gab einen ausführlichen Reisebericht, Ralf saß leise lächelnd dabei. Niemand mußte Durst leiden, denn Flaschen jeglichen Inhalts standen auf dem Tisch, außerdem hatte Reni viel Zeit, bei uns zu sitzen, weil ein kaltes Büfett für jeden nach Lust und Laune erreichbar war. Dem Opa nahm niemand übel, wenn er ab und zu ein Nickerchen machte.
Sehr beglückt war ich über die wohltuende Harmonie in der Familie. Noch drei Wochen Ferien lagen vor den Kindern. Werner und ich machten für diese Zeit einige Angebote: Mit Martin wollten wir endlich die versprochene Wohnmobilfahrt mit integriertem Fotokurs und -wettbewerb durchführen. Wir dachten auch an kleine heimatkundliche Wanderungen mit beiden Kindern, denn wir hatten schon längst beobachtet, daß auf diesem Gebiet nichts geschah. Ich schlug ein Elternfest im Lüdenscheider Garten vor, damit Ralf und Reni auch mal verwöhnt und bedient wurden.

Wir erfuhren an diesem Familientag auch noch, daß Mark in der Waldorfschule nicht angenommen worden war. Reni hatte ihn nach unserer Abreise nach Rügen dort vorgestellt, aber ohne Erfolg. Nun sollte er zu Beginn des neuen Schuljahres in den Vorschulkindergarten seiner späteren Grundschule gehen. Trotz dieser Enttäuschung berichtete Reni sehr gelassen darüber, ohne Hektik kam alles über ihre Lippen, ohne ständige Wort- und Satzwiederholungen. Man spürte, daß sie einen Neuanfang machen wollte. Es sollte Ernst werden mit der Arbeitsreduzierung und der alleinigen Herrschaft über Besen und Staubsauger. „Hier ist mein Platz, hier zu Hause fühle ich mich wohl."
Nach diesem sommerlichen Familientag war ich froh, daß ich meine Zweifel an der fragwürdigen Familientherapie für mich behalten hatte. Alle wirkten so ausgeruht und glücklich, schwangen auf einer ausgeglichenen Sympathiewelle, die sich uns mitteilte. Dazu die guten Vorsätze von Reni; ihre Einsicht, daß ihre drei Kinder ihr am nächsten und wichtigsten seien, beruhigten mich vollends. Die Arbeitsreduzierung in der Schule würde ihre Kräfte schonen, dessen war ich sicher.

Von all unseren Vorschlägen für den Rest der Ferien wurde leider nur das Elternfest in Lüdenscheid in die Tat umgesetzt. Es fand abends statt, hatte aber für die beiden Jungen noch ein interessantes und vergnügliches Vorspiel.
Ein herrlicher Ferientag brach an. Ich fuhr nach Attenberg und freute mich von Herzen auf die Kinder. Ralf ging längst seiner Berufsarbeit nach, und Reni sollte und wollte einen ruhigen Ferientag haben mit Musik, Lesen und Faulenzen im Liegestuhl. Sie wußte bereits, daß dieser Tag im Lüdenscheider Garten ausklingen würde. Die Jungen standen in den Startlöchern. „Mit Oma ausfahren, au fein!" – „Opa ist mir verloren gegangen", sagte ich lachend, bevor wir abfuhren. „Er ist in Hamburg bei seinem Sohn und hat sich seit vier Tagen nicht gemeldet." Alle staunten. „Vielleicht sind die beiden Reiselustigen mal schnell

nach Petersburg oder in die Provence geflogen.“ Reni schüttelte den Kopf: „Dat dürfte Ralf mir nicht antun!“
Bald sitzen wir zu dritt im Wagen und fahren in den sommergrünen Vormittag hinein. Ich habe einen kurzen Routinetermin bei meinem Hausarzt, der mir eines Tages nach fortlaufenden Berichten von mir über die Kinder sagte: „Bringen Sie die beiden Jungen doch mal mit.“ Das soll heute geschehen. Martin ist vorher ein wenig frustriert, will nicht vorgeführt werden, Mark guckt mich etwas ängstlich an. Ich beruhige meine Enkel: „Oma bekommt den Blutdruck gemessen und ein Rezept für neue Medizin, das ist alles. Ihr sagt ganz einfach ‘Guten Tag’.“ – Die Wartezeit ist kurz; wir müssen ins Sprechzimmer. „Hier sind meine Enkelkinder“, sage ich und schiebe beide leicht nach vorne. Mir ist im Augenblick gar nicht bewußt, daß ich sehr schmucke Enkel habe, die frisch und gesund sind, nicht so, wie auf verschiedenen Fotos von den Kindern, auf denen Mark elend und krank, Martin durch pharmazeutische Medizin aufgedunsen aussieht. Diese Aufnahmen hatte ich Dr. Höhfeld vorgelegt und um sein Urteil gebeten. – Martin hat nach dem Eintritt ins Sprechzimmer seinen Frust vergessen, entdeckt den Kalender von Dr. Höhfelds Enkelin, darf ihn abnehmen von der Wand und betrachten. Dann sieht er verfremdete Halswirbel über der Liege an der Wand hängen. „Oma, die Fotos hast du gemacht!“ ruft er triumphierend, entdeckt in seiner raschen Art die große Darstellung des Muskelmannes, zeigt seine Bizeps in jungenhafter Protzmanier und sagt im Brustton der Überzeugung: „Ich bin auch so stark!“ Während Dr. Höhfeld schmunzelt, Mark still in meiner Nähe bleibt, sage ich zu Martin: „Reine Muskelmänner sind gräßlich, Kopf und Herz sind eigentlich viel wichtiger.“ – Jetzt hat Martin, der immer noch die Szene beherrscht, den Totenschädel im Glaskasten über der Tür entdeckt. „Oma, ist der von Opa?“ „Nein, Opa hat noch alles dran, Haut und Haare, Augen, Ohren, Nase und Mund.“ Dann sitzt Martin auf dem Patientensessel. Dr. Höhfeld ergreift die Initiative und scheucht den leicht überdrehten Jungen freundlich vom

Stuhl. Ich bekomme den Blutdruck gemessen; Mark schmiegt sich an mich und schaut zu. „Das tut gar nicht weh. Auch wenn ich mal eine Spritze bekomme, habe ich keine Angst. Ein kleiner Pieks – und alles ist vorbei.“ Ganz leise spreche ich mit Mark, damit seine Angst vor Ärzten und Krankenhäusern schwindet. – Zum Liebhaben sieht er aus, das Köpfchen leicht schiefgestellt, ein Fingerchen am Mund. Er erfährt heute: Oma hat recht, ihr geschieht nichts und ihm auch nicht. – Martin bekommt auf seinen Wunsch auch den Blutdruck gemessen, und dann gebe ich Mark ein großes Seerosenfoto und flüstere etwas in sein Ohr. – Da reckt er sich, reicht das Bild über den Schreibtisch dem Arzt entgegen und sagt mit hellem Stimmchen: „Das is aus Omas Teich.“ Mein bärtiger, weißhaariger Arzt freut sich, holt zwei kleine Spielzeugautos hervor und schenkt sie den Jungen. Martin dankt, während Mark sein Auto zuerst genau betrachtet. Ich raune ihm durch sein weiches Haar ins rechte Ohr: „Das hast du geschenkt bekommen. – Und nun?“ „Danke schön!“ Klar und deutlich kommt das Wort aus seinem Mund. – Wir stehen auf und wollen uns verabschieden. Verheißungsvoll blicke ich meine Enkel an und wende mich dann meinem Hausarzt zu: „Heute ist ein Tag der Überraschungen. Gleich in der Stadt gibt es welche, dann überraschen wir am Abend die Eltern mit einem Elternfest in unserem Garten. Zwischendurch am Nachmittag holen wir den Opa am Bahnhof ab.“ Martin schießt auf mich los: „Dann hast du Mama heute morgen angelogen. Das darf man nicht, Oma!“ Er ist richtig aufgebracht. „Ja, du hast recht, aber das war wegen der Überraschungen eine Notlüge. Kommt jetzt, ich erkläre dir das genauer im Wagen. Im Wartezimmer sitzen noch mehr Patienten.“

Wir verabschieden uns. – Bei meinen späteren Arztbesuchen bestätigt sich das, was ich jetzt empfinde: Wir lassen einen tief beeindruckten Arzt zurück. Rügen – Heimkind – Pflegeeltern. Keines dieser Worte fiel bei unserem Besuch. Die beiden Jungen konnten sich als ganz normale Kinder fühlen. Das wollten sie sein, und sie waren auf einem guten Weg dorthin.

Im Wagen und später beim leckeren Eis erkläre ich Martin die Notlüge, die manchmal nötig ist, wenn man liebe Menschen überraschen will, auch dann, wenn man eine Kränkung vermeiden will oder z.B. als Arzt einem Todkranken nicht die volle Wahrheit sagen kann. Martin horcht auf meine Worte, hat große Schwierigkeiten mit dem 'Wenn und Aber', ist noch ganz unbefangen kindlich, gradlinig – ja oder nein, schwarz oder weiß – und nichts dazwischen. Mark dagegen versinkt in Erdbeeren, Vanilleeis und Sahne, kümmert sich höchstens um die Philosophie des Umpackens: von der gefüllten Schale in den leeren Magen. Die Empfindungen, die ein kleiner Junge dabei hat, sind unbeschreiblich schön und dulden keine Ablenkungen. 'Erdbeeren!' – Ein Zauberwort für Mark; auch für mich war es eins in meiner Kindheit. 'Das hat er von mir!' muß ich denken und gleichzeitig lachen. Mark ist mein Enkel, mein 'richtiger' Enkel! Wir beide wollen es so!
Die Erdbeeren sind verspeist, die Notlüge ist geklärt. „Jetzt dürft ihr euch was wünschen!" Museum mit Schnurre, Feuerwehr, Knöpfen und und ... Oder die Bücherei? Bilderbücher, Spiele – für Martin anspruchsvollere Literatur. Gerade will ich noch einen Kaufhausbummel mit einem kleinen Geschenk für jeden vorschlagen, da kommt es, selten einig, aus beiden fast gleichzeitig heraus: Sie möchten Hanne im Krankenhaus besuchen. Jetzt werde ich von meinen Enkeln überrascht. Daran hätte ich nie gedacht. Doch es gibt Probleme: Wo arbeitet Hanne in dem Riesengebäude? – „Praktikanten sind nicht registriert." Achselzuckend bedauert die Dame an der Information. – Wo ist Hanne? – Etwas ratlos stehen wir da. „Wo die Knochen zusammengeflickt werden, wenn die da kommen mit 'Tatü, tatü' – die einen Unfall haben." Mark bringt uns auf die Spur. Er hat daheim Hannes Berichten gelauscht und hilft mit seinem Wissen weiter. Wir fahren mit dem Lift zur Chirurgie, gehen über lange Flure an leeren Krankenbetten vorbei und suchen eine Krankenschwester, die uns Auskunft geben kann. – Da, die Tür zu einem Krankenzimmer öffnet sich; heraus kommt eine Schwe-

ster – eine? – nein! – meine, unsere Schwester will schräg über den Flur laufen, trägt eine 'Mitternachtsvase', bewegt sich auf weißen Pantinen, hat den weißen Kittel hinten geknöpft, ist ganz weiß, fast steril – sieht sehr fremd aus – wie eine ernste Nonne. „Hanne!" – Zwei Jungen rufen es gleichzeitig. Das weiße Wesen stoppt seinen raschen Gang, die Vase mit der zweiten Hand sorgsam hütend, dreht sich leicht, sieht voller Staunen ihre beiden Brüder, die an meiner Hand ergriffen stehen geblieben sind und ihre große Hanne mit offenem Mund anstaunen. – Dann kichern und lachen wir ein wenig – die Vase stört – schnell fort damit. Zwei Jungen gehen auf Hanne los. Drei, vier Sätze werden gewechselt. „Ich hab viel zu tun", sagt Hanne, freut sich aber sehr über unsere kurze Stippvisite.
Ein kleiner Imbiß im Krankenhauscafé, dann wird es auch Zeit, Opa vom Bahnhof abzuholen. Der ist ehrlich überrascht und läßt sich im Triumphzug nach Hause fahren. „Wo warst du, Opa? Beichte!" Nein, er war nicht in Petersburg oder in der Provence, er ließ sich mal eben von Hamburg aus nach Schwerin und Ludwigslust fahren, faßte im zweiten Ort die Pappmaschée-Säulen des mecklenburgischen Fürsten an, dem das Geld für echte Marmorsäulen ausgegangen war.
Opa muß nach dem Kaffee im Röntgenweg in seinem Zimmer ruhen, damit er zum Elternfest wieder munter ist. Meine Enkel und ich bereiten nun geschäftig-emsig das große Elternfest auf der Terrasse vor. Mark putzt die Bank sauber, Martin hängt Lampions in die naturgrüne Laube, der Steinboden wird an diesem warmen Sommertag mit dem Schlauch abgespritzt. Ich löse mich von dem Gedanken, immer überall sein zu müssen. Und siehe: Vertrauen haben, anderen etwas zutrauen, sie dann loben, zahlt sich aus. Martin und Mark wissen, daß sie den Schlauch nicht auf das Haus und in die Waschküche hinein halten dürfen. Sie befolgen meine Anweisung und lösen ihre Arbeit vorzüglich. Ich wirke in der Küche. Gemeinsam tragen wir Schüsseln, Teller, Bestecke, Flaschen und Gläser in den Garten. Mark hat eine große Sorge: „Wenn Mama und Papa

nicht bleiben wollen? Wenn wir ins Bett sollen?" Ich beruhige ihn: „Sie bleiben ganz gewiß zum Feiern da."
Als Reni und Ralf kommen, um die Kinder abzuholen, singen wir ihnen entgegen:
„Wir gehn noch nicht nach Haus,
wir gehn noch nicht nach Haus,
wir gehn noch lange nicht nach Haus!"
Es wird ein recht vergnügter Sommerabend in unserem Garten. Außer Lampions im Grünlaubengeäst hatte Martin mehrere Fackeln in die Beete gesteckt. Ein aufziehendes Gewitter erreicht uns nicht, läßt nur drei bis vier Tropfen Feuchtigkeit herabfallen, um sich dann vornehm zurückzuziehen. Alle scheinen sich wohlzufühlen, und vor allem Opa hat großen Spaß an seinen Enkeln.
Reni erzählt uns von Katja und ihrer Mutter, die sie in Kürze erwarten würden. Beide stammen aus Kiew, sind Geschädigte des Reaktorunglückes von Tschernobyl und sollen sich zusammen mit vielen anderen Kindern rund vier Wochen bei Gastfamilien im Raum Attenberg erholen. – (Katja war bereits Ende 1992 bei Ralf und Reni zur Erholung. Der Umgang mit ihr hatte damals so belebend auf Reni gewirkt, daß sie sich danach im November 1992 in meiner Rügenausstellung entschloß, die Frage nach einem geeigneten Heimkind an mich zu richten.) – Eine edle Tat, denke ich, aber wird Reni sich damit nicht wieder zu viel aufbürden? – Ich durfte mich nicht einmischen. Ich hatte einfach kein Recht dazu. Nur wenn ich gefragt wurde, durfte ich behutsam Kritik üben.

Zum ersten August mußte ich meine Rügenausstellung in Bad Westernkotten aufbauen. Da mein freundlicher Helfer plötzlich familiäre Verpflichtungen hatte, sprang die Attenberger Familie ein, d.h., Martin wollte Werner und mir helfen, während Reni, Ralf und Mark sich in Westernkotten umsehen wollten.
Wir trafen uns im kleinen Solebad in der Vitaminbar, die leichte, gesunde Kost und alkoholfreie Getränke anbietet. Zehn Mi-

nuten saßen wir beieinander, da erhob sich die Familie und suchte ein anderes Lokal, weil ihnen kräftige Mischkost lieber war. „Martin braucht vor der Arbeit Fleisch.“ Zur Öffnungszeit der Kurhalle waren alle zur Stelle, schauten kurze Zeit zu, wie wir mit Martin ausluden und mit der Hängearbeit begannen. Der dreizehnjährige Junge entwickelte Eifer und Geschick, wollte über die Bilder von 'seiner Insel' Auskunft haben und erkannte sofort den 'Schwanenstein' von Lohme wieder, der vor Jahrzehnten in einem eisigen Winter drei Heimkindern zum tödlichen Verhängnis wurde. Sie hatten sich auf den Stein ins Meer hinausgewagt und dort beim Kletterspiel den aufkommenden Sturm nicht ernstgenommen, der eisige Wellen herantrug, die über die Kinder hinwegbrandeten. Sich an den Stein klammernd, erstarrten sie zu bizarren Eisgebilden und erlitten einen qualvollen Tod. Von dieser schauerlichen Geschichte konnte Martin sich kaum lösen.

Wir arbeiten etwa eine Stunde Hand in Hand, beschäftigen Opa mit den besinnlichsten Tätigkeiten, verstecken Zollstock und Wasserwaage, weil er immer alles millimetergenau haben will. Unser Bündnis gegen Opa macht Spaß, weil wir es gut mit ihm meinen. Martin ist flink und geschickt, aber nach einer guten Stunde läßt seine Konzentration nach. – Pause. – Während wir essen und trinken, erfahre ich, daß Martin am Mittag gar nicht vernünftig gegessen hat. Warum nicht? – „Iß, Junge“, sage ich, „du wirst noch gebraucht.“ – Warum hat er keine ordentliche Mittagsmahlzeit bekommen? – Dann lehne ich mich erschöpft im bequemen Kurgastsessel zurück und schaue zu den Bilderleisten unter der Decke hoch, an denen noch mehrere Gleitrollen samt Hängebändern fehlen. Ich stöhne, so gut ich kann: „Oh weh, da muß ich noch rauf! Ob ich das wohl schaffe?“ „Oma, das mach ich!“ Martin ist wieder voll da, klettert auf die Leiter, vollbringt mit geschickten Fingern und guten Augen die Knibbelarbeit, freut sich über mein Lob. Wir arbeiten noch fast zwei Stunden, sind am Ende naßgeschwitzt in der Wärme des letzten

Julitages. „Wann ist die Eröffnung?“ „Morgen um elf Uhr“, sage ich. „Oma, ich möchte dabei sein!“
Leider geht das nicht. Martin wird nach dem Abendessen wieder mitgenommen, auch Opa fährt mit der Familie zurück. Doch vorher treffen wir uns alle im Garten des Kurhauses mit Schattenplatz, großer Rasenfläche und einer herrlichen Schaukel. Am Eingang steht ein dickes Weinfaß. „Ihr findet auch immer die besten Plätze, angenehm kühl, – und für die innere Anfeuchtung ist gesorgt.“ Ralf und Reni lächeln und schauen in ihr halb geleertes Weinglas. Reni lenkt ab und weist auf Mark hin, der mit zwei älteren Kindern bei der Schaukel ist und in kräftigen Schwüngen mit gekonnter Beinarbeit durch die Luft schwingt. „Zuerst wußte er nichts mit der Schaukel anzufangen, aber die beiden Mädchen haben ihn gut angelernt.“
Wir essen eine Kleinigkeit; Martin bekommt eine Riesenportion. – Ich denke plötzlich an Lübeck, an die Schaukel im Garten, an meine Riesenschwünge – so hoch, daß ich kurze Momente über Büschen und Bäumen die sieben Türme meiner Heimatstadt sehen konnte. Es waren herrliche, befreiende Augenblicke.
Dann fällt mein Blick auf Ralf. In sich gekehrt sitzt er am Tisch. Was denkt er? Freundlich-traurig könnte man das bezeichnen, was die dicke Brille von seinem Mienenspiel freigibt. – Wann spielt er mit seinen Kindern? Nie fuhr er mit Martin Rad. Und jetzt? – Mark hat das Schaukeln in Westernkotten durch fremde Kinder gelernt. Derweil verbringen Ralf und Reni den warmen Nachmittag in der Nähe des großen Weinfasses und schauen tief ins Glas. – Wohl bekomm's!

Im August kam Katja aus Kiew nach Attenberg. Sie war, wie Reni es gesagt hatte, in Begleitung ihrer Mutter, die als Ärztin in einem ukrainischen Krankenhaus arbeitete und noch nebenbei eine Putzstelle hatte, um ihren Lebensunterhalt für sich und die Tochter bestreiten zu können.
In Attenberg herrschte große Aufregung. Martin, der im oberen Stockwerk das schönste Zimmer hatte, machte es frei für den

ukrainischen Besuch, zog in Marks kleines Schlafzimmer um, dessen Schlaflager wiederum jeden Abend im sogenannten Musikzimmer aufgebaut werden mußte.
In mir kam darüber leiser Unmut hoch, der größer wurde, als mit Beginn des neuen Schuljahres von Reni Beanstandungen gemeldet wurden: „Martin nimmt die Schule nicht ernst. Er will nicht Geige üben, seine Schularbeiten nicht machen." „Bedenke, ihr habt Besuch, der ihn ablenkt. Ihm fehlt der Schreibtisch. Geige spielt er sicher am liebsten in seiner ihm vertrauten Umgebung und nicht in dem winzigen Schlafzimmer. Katja ist in seinem Alter. Er will spielen, Spaß haben." – Das mußte heraus.
Werner und ich halten uns zurück, lernen Mutter Nina und Katja erst am Monatsende kennen, als wir an einer Exkursion teilnehmen, die vom Attenberger Heimatverein vorbereitet wurde und nach Xanten führt.
Im Bus sitzt Martin neben Katja, lacht fröhlich mit ihr, gibt außerdem korrekte Antworten, wenn freundliche Mitfahrerinnen ihn ansprechen. Mark hat den Fensterplatz neben seiner Mutter, interessiert sich aber nicht für den Ausblick, sondern sucht durch Winken und Augenzwinkern Kontakt zur Reihe, in der Oma und Opa sitzen. Reni hält ihn eisern fest. Warum eigentlich?
In Xanten wird Martin von ihr nach dem Aussteigen getadelt, weil er Mitreisende durch seine Gespräche gestört hätte. Ich verteidige ihn: „Er wurde angesprochen und hat geantwortet."
Zuerst besichtigen wir den Dom. Das Übliche: der Menschenhaufen um den Domführer – die meisten Teilnehmer bekommen nichts oder nur wenig mit. Wir setzen uns mit Martin ab, und Werner gibt uns Stilkunde: Spitzbogen, Stützrippen, Netzgewölbe, Schlußstein – Rundbogen in der Krypta. „Toll", sagt Martin. Reni entdeckt uns, ist auf dem Wege nach draußen. „Ich muß mit Mark raus. Er wird surkig und ganz ungeduldig. Ich hab vergessen, ein Spielzeug für ihn mitzunehmen." – Wenn Martin etwas vergessen hat, wird er hart bestraft, denke ich.

Wir schließen uns an, finden gleich am Markt ein Plätzchen, wo alle anfallenden Bedürfnisse befriedigt werden können. Mark gelingt es sogar, für kurze Zeit in meine Nähe zu kommen, denn Reni ist mit ihrem Bier beschäftigt. Warum trinkt sie schon am Vormittag Bier? Nach der Erfrischung ist ihr Mienenspiel sanfter.
Im Museum stellt Martin Fragen über Fragen. Er ist wie ein gepflügtes Feld, das Saat braucht. Fast zwölf Jahre Scheuklappen-DDR, am Ende davon die Einsamkeit des Kinderheimes in Lohme. „Ich bleibe bei Oma und Opa", sagt er, als Reni erneut Marks wegen den Besuch früher abbricht. „Ich beib auch bei Oma", kräht Mark und zerrt sich von Reni los. Reni greift, reißt an Marks kleinem Ärmchen, schreit ihn an: „Halt die Klappe!" – Was ist los? Sie hat sich wieder vollkommen übernommen, rastet aus, denke ich. Welch ein Wahnsinn: Berufsarbeit, Familie mit zwei ehemaligen Heimkindern und dann noch der ukrainische Besuch. Ich erreiche, daß Martin bei uns bleiben darf. „Oma, du bist super!" freut sich der Junge.
Im Museum vertiefen wir noch einige Kenntnisse über das Wirken der Römer am Rhein, dann müssen wir zum gemeinsamen Mittagessen. Martin mag sich gar nicht vom Museum trennen. Die freundlichen Damen an der Kasse schenken dem aufgeweckten Jungen ein Büchlein und mehrere Postkarten.
Beim Gang zum Restaurant lege ich meinen Arm um Martins Schulter, er umschlingt meine Taille. „Du, Oma, ich möchte am liebsten bei dir wohnen." Ich setze ihm auseinander, warum das nicht geht, vom Jugendamt nicht erlaubt wird. Vor allem aber weise ich auf meine Vorteile hin, die ich habe, wenn ich als Besuch nach Attenberg komme. Ein tägliches Miteinander im Alltag wäre ganz anders.
Erneut nimmt Martin das Gespräch auf: „Du, Oma, wie findest du das: ich hab doch zum Geburtstag einen Gutschein für einen neuen Fahrradsattel bekommen, aber darauf kann ich nicht sitzen." „Wieso, ist der Gutschein noch nicht eingelöst worden?" „Nein." „Hast du eine Erklärung dafür?" – Martin druckst ein

wenig herum, dann kommt es heraus: „Zweimal hat sie gesagt, ich hätte ihn noch nicht verdient. Einmal hatte ich vergessen, einen Schein beim Zahnarzt abzugeben, und dann hatte ich in der Schule nach meiner Freistunde die Orchesterprobe verpaßt. Ich hab gesessen und für mich gemalt." Er schielt erwartungsvoll zu mir hin. „Hm, die Sache mit dem Sattel ist schade, Martin. Ich werde in den nächsten Tagen am Telefon mal vorsichtig erinnern." „Aber bitte, bitte, Oma, sag ihr nicht, daß ich mit dir gesprochen habe, bitte, bitte, sag nichts! Ich hab Angst vor ihr." „Nein, sei ohne Sorge, Martin." – Ich dachte an den schrecklichen Auftritt am ersten Mai, der sich über uns alle entladen hatte. „Aber bedenke bitte, daß deine Mutter viel zu tun hat, jetzt besonders, wo der Besuch da ist. Es ist alles zu viel für sie."
Wir gehen eine Weile einträchtig. Ralf fällt mir ein, Ralf, der oft den Arm um seinen großen Sohn schlingt. „Was sagt denn dein Papa dazu?" „Nichts, Oma. Sie macht ja alles. Er sagt eigentlich gar nichts."
Das Mittagessen will mir nicht recht schmecken. Werner und ich sitzen an einem anderen Tisch als die Attenberger Familie, weil alle Tische schon ziemlich besetzt sind. Mark schielt nur zu uns hin, versucht vergeblich auszureißen und wird energisch zurückgepfiffen. Erst nach dem Essen darf ich mit ihm zur Toilette gehen, während Reni noch ein Glas Bier trinkt. Als er nach unserer Rückkehr bei mir bleiben will, reißt sie ihn heftig an sich. Er muß still neben ihr sitzen und fängt nach kurzer Zeit bitterlich zu weinen an. Reni springt auf, reißt den Jungen hoch und – schlägt. Zum ersten Mal erlebe ich, daß sie das Kind schlägt, unbesonnen und heftig, obwohl eigentlich sie die Prügel verdient hätte.
Was soll ein sechsjähriger Junge auf solch einer Exkursion, ohne Spielzeug, ohne einen Wechsel in der Betreuung? „Reni, ich kann ihn dir doch abnehmen, das wird euch beiden guttun." Einen härteren Ton erlaube ich mir nicht angesichts der vielen Attenberger, die noch an den Tischen sitzen und erzählen.

Bevor der Gang zum Archäologischen Park angetreten wird, darf Mark tatsächlich noch ein wenig zu mir kommen, klettert auf meinen Schoß, führt die Fingerchen zum Mund und sonnt sich eine Weile in seiner Kleinkindrolle, fühlt sich beschützt, hört gebannt meiner flüsternden Stimme zu, die pausenlos Worte ertönen läßt, die mir einfach so einfallen, um das Kind zu trösten, zu erheitern, neu zu beleben.
All die Wärme möchte ich ihm schenken, die er jahrelang entbehren mußte. Liebe und Verläßlichkeit braucht das Kind, damit tausend ungeweinte Tränen sich in Glück und Harmonie verwandeln können. Ich summe und brumme in sein Ohr wie damals im Lietzower Heim, wiege das große Kind auf meinen Knien – ganz vorsichtig und sacht.
Auf dem Gang zum Park darf Mark zwischen Reni und mir gehen. Er wird wieder ganz heiter. Bei den Römern kann er laufen, sich bewegen. Er schaut durch den Drahtzaun auf die rechteckigen Ausschachtungen der Neuausgrabungen. „Oma, da kommen die Toten rein. Da kommt Opa rein!" Ich dagegen zeige auf Opa: „Sieh doch, Opa läuft dem Tod davon, er ist immer noch schneller als der. Und wir helfen ihm beim Laufen." Mark springt zum Opa, nimmt ihn an der Hand und ruft: „Komm, Opa, lauf, lauf!" Und der Alte und der Junge stürmen in die Arena.
Im Gelände ist gottlob ein Gebäude, in dem Bier und Eis gleichzeitig angeboten werden. Ralf und Reni verschmähen alle Süßigkeiten zugunsten des Gerstensaftes. So ist kurz vor der Abfahrt jeder zufrieden. Das gilt auch für Mutter Nina und Katja, die wegen der Sprachbarriere durch leises Lächeln Kontakte suchen.
Auf der Rückfahrt sitzt Mark neben seinem Vater, ist todmüde, lehnt sich an und schläft ein. Wir verabschieden uns recht schnell nach unserer Rückkehr und fahren mit schwerem Herzen nach Lüdenscheid. „Hast du das Verhalten von Reni begriffen?" fragt Werner nach langem Schweigen im Wagen. „Nein",

ist meine Antwort, und dabei lasse ich es bewenden. – Ich muß erstmal nachdenken.
Die Ergebnisse meines Nachdenkens blieben an der Oberfläche. Wieder schob ich die Ursachen des unausgeglichenen Verhaltens von Reni auf ihre selbstgewählte Streßsituation. Der ukrainische Besuch hatte sich nicht so verhalten, wie Reni es erhoffte. Ob daran die Sprachbarrieren schuld waren? Mutter Nina und Katja hielten sich überwiegend in Martins schönem Zimmer auf, standen sehr spät auf, ja, sie verschliefen einen großen Teil ihrer Erholungszeit, erschienen zum Essen. Hilfe im Haushalt bekam Reni nicht durch ihren Besuch.
Ich wünschte mir sehnlichst, daß Martin und Mark bald wieder ihre eigenen Zimmer bewohnen konnten, denn die gewohnte Ruhe und Ordnung war nötig für beide Jungen.
Der ukrainische Besuch fuhr bald nach diesem Ausflug zurück in die Heimat.

Wieder einmal war in Attenberg das alljährliche 'Dämmerstunden-Konzert' fällig. Warum durfte Martin nicht mitspielen? Reni berichtete: „Er ist ein Schussel! Dat will ich ihm austreiben!" „Kannst du nicht!" „Ich hab aber noch nie mit einem Schussel zu tun gehabt." „In jeder Schulklasse gibt es welche." „Trotzdem, aber zu Hause kenne ich dät nicht." Leise lächelnd berichtete ich Reni: „Ich bin über dreißig Jahre mit einem liebenswerten Schussel verheiratet, mein Vater war eins, meine Schwester ist auch eins. Unsere Mutter hat das mit ein wenig Kopfschütteln liebevoll gesteuert." Warum durfte Martin nicht mitspielen? Er durfte an mehreren Orchesterproben nicht teilnehmen wegen seiner Vergeßlichkeit. „Du hemmst ihn in seinem Fortkommen, du störst damit auch die Orchesterarbeit." „Ne, ich muß ihn an seiner empfindlichsten Stelle treffen. Er will gerne auftreten, sich produzieren."
Ich begriff Reni nicht. Es gab mit Sicherheit sinnvollere Formen der Bestrafung. Kurz vor der 'Dämmerstunde' teilte sie mir telefonisch mit, Mark würde im Schlußstück mit seinem Cello auf-

treten. „Er kann doch nur leere Saiten streichen.“ Ich verfolgte die Bemühungen, aus Mark einen Cellisten zu machen, mit Skepsis. Er saß bereits vor seinem zweiten Cello – die Instrumente waren geliehen –, hatte nun über ein Jahr, zwar mit vielen Unterbrechungen, bei Maik Cellounterricht, kam aber über das Streichen der leeren Saiten nicht hinaus.
Was hatte Reni vor? Wollte sie Martin ärgern, ihn provozieren? Wollte sie die beiden ungleichen Brüder gegenseitig ausspielen? – Mir fiel ein, daß Reni mir bei einem der vielen abendlichen Telefonate auseinandergesetzt hatte, wie sie ihren Erziehungsauftrag betrachtete: Sie verglich ihre Aufgabe mit der eines Holzschnitzers, der aus einem groben Holzklotz die gewünschte Form herausarbeitet. Das Material ist passiv, der Schnitzer aktiv.
Ich konnte ihr auf ihren Gedankengängen nicht folgen, setzte den Gärtner dagegen, der für seine wachsenden – lebenden – Pflanzen den besten Platz im besten Umfeld wählt, sie sorgsam pflegt und Wildwuchs behutsam eindämmt oder gar entfernt. Beide Teile sind lebendig, beide sind aktiv.
„Du kannst den Kindern nichts aufzwingen, es sind eigenständige Wesen, deren positive Eigenschaften du zu fördern verpflichtet bist. Deine Kinder bringen eure Erbanlagen ein, die deiner Pflegekinder sind nicht aus deinen und Ralfs Wurzeln, sie sind vielleicht ganz anders, als du vermutest. Es ist ein abenteuerlicher Weg mit vielen Unbekannten.“ Ich merkte damals, daß ich Reni nicht voll überzeugen konnte.
Ich fahre allein zum Konzert. Bevor es beginnt, treffe ich Martin im Foyer. Er hat einen fast wilden Gesichtsausdruck, geht auf meine freundliche Begrüßung nicht ein, stößt mit heftiger Stimme hervor: „Mama sagt, du bist enttäuscht von mir!“ „Warum sollte ich das sein?“ „Sie hat dir alles erzählt. Weil ich soviel vergesse!“ Was soll ich darauf antworten? Soll ich Reni bloßstellen, sie der Unwahrheit bezichtigen? Ich komme um eine Antwort herum, denn Martin wartet gar nicht ab, ist fahrig, außer sich, strebt ziellos weiter.

Mit ärgerlichen Gedanken sitze ich später bei der Familie am Tisch, finde es störend, daß Reni während des Vorspiels Rosen und Schokolade zu kleinen Gebinden vereinigt, Präsente für rund dreißig Spieler. So was hat man vorher fertig, denke ich. Martin sitzt mit Leidensmiene unter den Zuhörern.
Und dann kommt tatsächlich die angekündigte 'Zirkusnummer': Nach dem Schlußstück, nach dem Applaus der Familienangehörigen ist eine Zugabe fällig. Mark sitzt plötzlich oben auf dem Podium in seinem schwarzen Anzug mit bunter Applikation, thront souverän auf dem kleinen Kinderstühlchen hinter seinem Cello, umschließt mit der linken Faust den Cellohals, unfähig, mit ihr Fingerarbeit zu leisten, geschweige denn ein gleichmäßiges Vibrato hervorzubringen, packt den Bogen immer noch falsch, hält ihn eher wie einen Hammer – ist sich gottlob seiner Unvollkommenheit nicht bewußt, kann sich bei seiner Größe und seinem Liebreiz ganz einfach Fehler erlauben, ja, erhöht seinen Charme sogar damit und streicht völlig unbekümmert mit wiegendem Kopf und Rumpf über die leeren Saiten, während die Masse des Orchesters die Tonqualität seines Spiels liebevoll zudeckt.
Ab und zu schaut er zum Dirigenten hoch, der wiederum tief zu ihm herabblickt. Die wunderbaren Zufälle der Blickfindung sind nicht einstudiert, sondern aus der Unbefangenheit heraus geboren, wirken spontan und herrlich echt. Mark vollbringt ein Bravourstück der Imitation, überträgt seine Souveränität auf das Orchester, dessen Mitglieder mit strahlenden Gesichtern lustvoll musizieren, überträgt seinen kindlichen Charme auf die Zuhörer, die lächeln, staunen, mitschwingen, die Hälse recken, um den kleinen Star besser sehen zu können.
Die Presse drängt nach vorn, doch Blitzlichtgewitter stört Mark nicht. Ich sitze mit zitterndem Herzen dabei, sehe auf Martin, möchte mit ihm hinausgehen, schaue wieder gebannt auf Mark, der nun kniend mit strahlendem Gesicht den brandenden Beifall quittiert, während der lange Dirigent halb gebückt das kleine Cello zu halten hat. Leicht überlegen schaut Mark ins Publi-

kum, in erneutes Blitzen hinein, wird vom Podium gehoben, ist plötzlich ganz klein, unser Nesthäkchen.
Er kommt zu uns, verteilt sofort mit anderen Kindern 'Rosenschokolade' als 'Dankeschön' an alle Orchesterspieler. Ich muß tief durchatmen. Nicht noch einmal solch einen 'Zirkusauftritt'. Wer denkt jetzt an Martin, an seine Qualen?
Bevor ich mich verabschieden will, kommen zwei Bläser zu Reni. „Wie war das Brandenburgische Konzert? Haben wir sauber gespielt?" „Dat war ganz toll! Super! Ihr wart hervorragend!" Ich muß mich wegdrehen. Wieder bekomme ich bestätigt: Reni ist vollkommen unmusikalisch. Gerade bei Bach hatte ich empfunden, daß die Auswahl des Werkes mindestens zwei Nummern zu hoch war. – Martin sehe ich leider nicht mehr. Ich verabschiede mich schnell und fahre heim.

In der Woche nach dem Konzert ist Marks Einschulungstag. Wie soll man die Inhalte des Vorschulkindergartens deuten? Beschleunigen und lenken sie die Schulreife in die gewünschten Bahnen? Ungetrübtes Spiel im Kindergarten ist es nicht mehr, denn es gilt, bestimmte Aufgaben zu lösen und Hausaufgaben zu machen. Das Kind wird bereits in die Pflicht genommen.
Für Mark bedeutet dieser erste Vorschulkindergartentag gleichzeitig einen Ortswechsel. Er kommt in seine spätere Grundschule, weil sie auch dieses Vorschuljahr anbietet.
Reni war enttäuscht, daß die Aufnahme zur Waldorfschule nicht geklappt hatte. Sie war Feuer und Flamme für diese Schulform und warb im Vorfeld für Schulanfänger, wo sie nur konnte. Warum Mark bei den sogenannten Aufnahmetests auf wenig Verständnis stieß, warum die Gründe für seinen Entwicklungsrückstand von dem neugebildeten Lehrerkollegium nicht begriffen wurden, war mir lange Zeit unklar.
Renis Gedanken richten sich jetzt besonders stark auf die zu erwartenden schulischen Erfolge ihrer beiden Jungen. „Du", sagt sie mir wiederholt, „die haben beide dat Zeug, dat Abitur zu schaffen." Ich versuche, ihre hochfliegenden Hoffnungen zu

bremsen. „Warte ab, warte ab, es ist doch eigentlich ganz gleichgültig, wo Martin und Mark einmal eine nützliche Arbeit verrichten werden. Das allerwichtigste ist, daß sie zufriedene, hoffentlich sogar glückliche Menschen werden." Aber in Renis Kopf hat sich das Wort 'Abitur' eingenistet.
Schade, zu Marks erstem Vorschultag konnte ich nicht kommen, mußte mich begnügen mit den Berichten der Familie, mit Renis windschiefen Fotos – kann sie die Waagerechte und Senkrechte nicht erkennen? – , die Mark mit buntem, großem Tornister, mit Schultüte und einem Goldrutenstrauß für seine neue Lehrerin zeigen. Ein leises, verlegenes Lächeln auf dem Gesicht, ein Fingerchen, das sich aus der Faust gelöst hat, das durch Strauß und Tüte gehindert wird, zum Munde zu gelangen, zu dieser lieblichen Kleinkindgebärde. Schultüte und Strauß, dazu der riesige Tornister auf dem Rücken des kleinen Mark – ist diese mächtige Bürde nicht zu schwer für ihn? Mir schießt es durch den Kopf: Er hat nur ein gutes Jahr das unbeschwerte Spiel in der Familie erlebt, mehr nicht. – Mir läuft eine Gänsehaut über den Rücken.
Und Mark? Wie sieht er seinen Start in die Welt der Pflichten, der Zwänge? Nach seinem ersten Schultag wurde er beim Mittagessen nach seinen wichtigsten Erlebnissen und Eindrücken befragt. Zunächst wußte er nichts zu antworten, aber dann kam es heraus, unterstrichen von seinen typischen Kopfdrehungen: „Da war 'ne Pause. – Da haben wir alle gegessen und getrunken." – „War das alles, Mark? Ihr habt bestimmt noch mehr getan." Mark denkt nach, überlegt angestrengt und sagt schließlich entwaffnend ehrlich: „Ja, aber ich hab noch nicht alles gekonnt." – Pause. „Ich muß morgen noch mal wieder hin." – Pause. Mark nickt abschließend mit seinem Köpfchen und sagt ernsthaft: „Übermorgen auch noch mal."
Viel Glück, kleiner Mark, ich wünsche dir viel Glück!

Dezember 1996

Ich habe Angst !

Nun sitze ich wieder zum Jahresende mit einem übervollen Herzen vor einem leeren Blatt Papier, weiß nicht, wie ich die Fülle der Ereignisse in wohlgeordneten Sätzen in logischer Folge niederschreiben soll, den sprudelnden Quell all meiner Gedanken lesbar und damit nachvollziehbar machen kann für meine Mitwelt, die wissen soll, was im Verborgenen mit wehrlosen Kindern geschah.
Ich wollte schon in der Adventszeit 1996 mit diesem schmerzlichen Bericht über meine Enkelkinder beginnen, doch Martin war es, der seiner ein wenig erschöpften Oma die letzte Kraft zu solchem Tun raubte, denn er trat als Mitbewohner einer Wohngemeinschaft unserer Stadt am dritten Advent erneut in unser Leben. Erneut? Ja!
Martin durfte ab Mai 1995 keinen Kontakt mehr zu uns haben – das Gleiche galt für Mark.
Reni und Ralf verboten uns ihr Haus. Sie stellten uns ohne Erklärung und Aussprache in einem Einschreiben am 12. Mai 1995 vor vollendete Tatsachen.
Martin meldete sich am dritten Advent 1996 gegen Abend, und ich hielt den Atem an, als ich seiner leisen Stimme im Telefonhörer lauschte. Ich horchte fast mehr auf den Klang seiner Worte, der mir wichtig erschien, fast wichtiger als die Inhalte, die ich einfließen ließ in all mein Wissen um den großen Jungen, den ich trotz der Trennung beobachtet, mit vielen helfenden Augen nicht aus meinem Blickfeld und Herzen entlassen hatte.
Am Ende des Gespräches wußte ich: Martin wollte zu Weihnachten seine leibliche Großmutter aus Vorpommern besuchen, die schon längere Zeit bei ihrem Sohn in Münster lebte. „Dürfen wir dich dann zum vierten Advent einladen?“ fragte ich vorsichtig.

Kurz, wir sahen den hochgeschossenen Jungen in der folgenden Woche dreimal, sahen, daß sein forsches, fröhliches Zugehen auf andere fort war, daß sein Blick abwägender, mißtrauischer über andere hinglitt. In einer schwierigen Entwicklungsphase hatte man ihn zu sehr gegängelt? – Oder allein gelassen? – Was war geschehen? Wer hatte Schuld auf sich geladen, daß dieses Kind zwei Selbstmordversuche verübte, um danach für elf Wochen in der geschlossenen Psychiatrie zu verschwinden? Dort wurde er vor der Außenwelt geschützt. Nichts wollte er wissen von Rügen und Attenberg, nichts von seiner Oma, denn sie hatte ... Was hatte sie? ?
Ich will die Geschehnisse nicht von rückwärts aufrollen, nein, ich muß dort beginnen, wo ich Marks Eintritt in die Welt der Pflichten und Zwänge beschrieb, seinen Beginn in der Vorschulklasse der Attenberger Grundschule. Zu dieser Zeit wurden die Höhen und Tiefen in der Pflegefamilie immer krasser und vor allem Martins Stellung innerhalb seiner Familie immer kritischer. Renis Erziehungsvorstellungen veränderten sich, wurden einseitig und starr.
Was wollte sie? – Sie wollte 'dat arme Seelchen, dat Licht und Sonne braucht' – so waren ihre Worte kurz nach Martins Ankunft in Attenberg – sozusagen in übertragenem Sinne mit einem Schnitzmesser bearbeiten, den 'rohen Block' formen nach ihren Wünschen und Vorstellungen. Sie wollte Martin so zur Schau stellen, daß ihre eigene verborgene Welt nicht ans Tageslicht kam. Er und auch Mark sollten ihren 'guten Ruf' wie leuchtende Fanale nach draußen tragen, damit sie sich im Verborgenen zusammen mit Ralf ihre geheimen Wünsche erfüllen konnte.

Es ist Spätsommer 1994. Ich brauche noch lange Zeit, um diese Wünsche zu erkennen.
Als Mark regelmäßig den Vorschulkindergarten besucht und auch Martin nach einer ordentlichen Versetzung in ein neues Schuljahr kommt, beginnt für Reni ein neuer Abschnitt. Sie

reduziert ihre Stunden in der Schule auf die notwendige Zahl, die eine Anwartschaft auf Pension, auch eine Rückkehr in das volle Berufsleben gerade noch absichert. Sie entläßt ihre Haushaltshilfe und sagt: „Ich gehöre in meine Familie, hier ist mein Platz."

Ab und zu kommt ihr auch der Gedanke, ganz aus dem Beruf auszusteigen. „Ich möcht' am liebsten eine feine, kleine Laborarbeit machen, irgend etwas erforschen", sagt sie zu meinem Erstaunen. „Auch würd' ich gerne schreiben, richtig wat Schönes schreiben", flüstert sie mir in den Telefonhörer.

Reni kommt aus einer Gärtnerfamilie. Sie hatte Landwirtschaft studiert, in einer Zusatzausbildung Pädagogik und Psychologie gestreift und unterrichtet nun an der Gesamtschule Biologie und Chemie. Ob sie Studienrätin ist? Ich fragte sie nicht. Bisher hatte ich den Eindruck gewonnen, daß sie unter ihrem Dach kaum einen Federstrich für ihre Schularbeit tat. „Ich hab immer Versuche drauf", sagt sie über ihren Chemieunterricht. Sie braucht die Schülerarbeiten nur nach Inhalt zu korrigieren. Fachausdrücke werden berichtigt, wenn sie falsch sind; die Rechtschreibung bleibt auf der Strecke.

In Renis Arbeitszimmer stehen zwei Schreibtische, beide sind übervoll beladen. Eine Vorbereitungs- oder Korrekturarbeit ist dort nicht möglich. Ein Schreibtisch ist übersät mit Akten ihrer Vorstandstätigkeit in einem der Provinzorchester, der andere ächzt unter der Last ihrer Schulbücher.

Martins Weg in der Schule scheint immer gradliniger zu werden. Seine Leistungen in fast allen Fächern sind ordentlich, im Sport erobert er sich beim Fußballspiel sogar einen Spitzenplatz. Die Schulmannschaften trainieren für das bevorstehende Sportfest.

Da fliegen in einer großen Pause wieder die Fetzen. Der Türke und Martin sorgen für zerrissene T-Shirts, Martins kleiner Finger muß zusammen mit der halben Hand eingegipst werden. – Was nun? – Seine Klasse zittert mit ihm. „Wir brauchen Martin im Kampf!" Da sieht man, wozu ein gebrochener Finger gut sein

kann. Ein Selbstwertgefühl steigt in dem Jungen auf, – ja – er kann rechtzeitig den Verband ablegen und führt seine Mannschaft auf den zweiten Platz.
Danach möchte er mehr: Vereinsfußball, Kräfte rauslassen, sich bewähren, Teamgeist erfahren und mittendrin ein wichtiges Glied einer Kette sein. – Ich erlebe an einem Sonntag, wie Reni in endlosen Tiraden mit Staccato-Wiederholungen seine Bitten ablehnt, ihre Ablehnung begründet, ihm einhämmert, warum eine Mitgliedschaft in einem Sportverein für ihn unmöglich ist. „Du denkst wohl, wir fahren dich Sonntag für Sonntag zu einem Vereinsspiel! Du paßt nirgendwo rein, du sitzt zwischen den Stühlen, weil du zweimal eine Klasse wiederholen mußtest. Du spielst Geige!! Dat ist schon kein Hobby mehr, dat ist Muß! Dat kostet Geld!!"
Ich sitze ganz erschrocken dabei, denke an Martins Schultag und sage vorsichtig: „Er braucht aber doch etwas Bewegung und frische Luft nach all der Theorie." „Er kann mit dem Hund laufen und auch mal radfahren." Damit beschließt Reni das Gespräch und schickt den enttäuschten Martin zum Geigeüben nach oben.

Bevor die kurzen Herbstferien den Schulalltag unterbrechen, gibt es noch gewichtige Überlegungen in Attenberg, denn Ralfs 50. Geburtstag steht ins Haus und soll gebührend gefeiert werden. Reni ist voller Pläne, die sie mir fast täglich in immer neuen Varianten am Telefon unterbreitet, noch lieber bei kurzfristig überlegten Blitzbesuchen, zu denen sie mich spontan auffordert. Ich kann dann kaum widerstehen, denn die Freude der Jungen über solche Überraschungsbesuche belebt mich sehr.
So geschieht es auch Anfang Oktober. Nur Reni weiß, daß ich komme. Natürlich wähle ich das 'dooße Auto', weil die Kinder es so lieben. Als ich vorfahre, aussteige und auf das Haus zuschreite, steht Reni zwischen beiden Jungen in der Haustür. Ein liebliches Bild, denn alle drei strahlen mich an. Martin hat eine weiße Schürze mit Volants um und wirkt wie ein zu schmal

geratener Koch aus dem vorigen Jahrhundert. Mark nimmt mich bei der Hand und zieht mich ins Haus. Er lotst mich sofort in die Küche, in der bereits mehrere Teller mit duftenden Apfelplinsen belegt sind, dem Werk des Jungkochs Martin. Der wendet sich schnell dem Herd zu, um die im Fett brutzelnden Flinsen zu retten, Mark dagegen drängt mich an den Tisch und ruft mit entsprechender Handbewegung und schräg gestelltem Köpfchen: „Bitte, bediiien dich, Oma, bediiien dich!“ Wer kann da widerstehen! – Wir probieren und loben Martins Werk. Reni steht daneben und berichtet: „Weißt du, wer dich zuerst bemerkt hat? Es war Mark. Er spielte im Wohnzimmer, spitzte plötzlich die Ohren, sprang auf und rief ganz aufgeregt: ‘Da tommt Oma andebummt!’“ Ich nehme den Schelm in den Arm und freue mich über seine guten Ohren. Auch das Zurückgleiten in seine Kleinkindsprache nimmt ihm niemand übel. Wenn er aufgeregt ist, passiert es immer wieder, daß er über die Konsonanten dahinglitscht wie ein passionierter Schlittschuhläufer.

Ralfs Geburtstag ist da! Zwar verläuft er völlig anders, als Reni ihn lange vorher plante, aber es wird ein denkwürdiger, schöner Tag, ein intimes, kleines Familienfest, bei dem zwei Jungen für unvergeßliche Augenblicke sorgen, die sich unauslöschlich in Omas Herz eingraben.

Die geplante große Party wird durch verschiedene Termine in der Schule und im Ort zunichte gemacht. Ich höre mir Renis Erklärungen und Entschuldigungen geduldig an, entlasse sie sofort aus dem anderen Ohr, weil mir an der großen Party nichts liegt.

Ralfs Geburtstag ist mitten in der Woche. Er wählt für den Tag eine günstige Besuchstour seiner Ärzte und Apotheken, um früh daheim zu sein. Reni hat wieder in bewährter Weise ihr großes Büfett aufgebaut, bei dem jeder nach Schmetterlingsart einfliegen und naschen kann. Batterien von Flaschen stehen bereit. Mir gefällt es, daß niemand niemanden nötigt, Alkohol zu trinken. „Nehmt euch, wat ihr mögt“, so heißt die Devise für die

lange Familienfeier. Reni schüttet das Füllhorn ihrer Gastlichkeit über uns aus, wobei mich die Fülle des Angebotes fast erschreckt.
Ganz entspannt ist sie, sitzt neben ihrem Ehemann auf dem Ledersofa und verschmilzt fast mit ihm zu einer harmonischen Einheit. – Als hätten sie gerade eine Liebesnacht erlebt, schießt es mir durch den Kopf. Martin spürt auch die Wellen der Harmonie und schiebt, neben seinem Vater sitzend, seine Hand an ihm vorbei zu Reni hin. Fast flehentlich ist seine Gebärde.
Beide Jungen entwickeln ein starkes Empfinden für die Bedeutung des Tages und zeigen auf ihre Weise ihrem ach so ruhigen Vater ihre Zuneigung. Mark gelingt ein Foto von der harmonischen Dreiergruppe, wenn auch Mama, Papa und Martin links unten im Bild erscheinen. Oma gibt Ralf eine Fotomappe, in der in chronologischer Reihenfolge das Gespräch über das Unfallauto zwischen Ralf und Mark aufgezeichnet ist. Seine Freude ist groß. – Doch der angekündigte Höhepunkt des Tages hat nichts mit Ralfs Geburtstag zu tun, wohl aber mit der Fotografie, denn ich habe noch eine Belohnung für Martin in der Tasche, weil er mir im August in Bad Westernkotten beim Aufbau der Ausstellung geholfen hatte.

Zuvor muß ich aber dazu eine kleine Vorgeschichte erzählen, die bekannt sein muß, um die dann folgenden Ereignisse zu verstehen:
Fast eineinhalb Jahre lag es zurück, daß ich das beschädigte Kinderfoto seiner Mutter in meinem Labor aufbesserte und dem überglücklichen Martin als recht gut gelungene Vergrößerung schenkte. – Irgendwann im Sommer 1993 zeigte Reni mir kleine Schwarz-Weiß-Fotos aus Martins früher Kindheit, die über seinen Stralsunder Vormund nach Attenberg gelangt waren. Auf einem dieser Bildchen beugt sich seine Mutter über einen Kinderwagen und reicht einem hellen Lockenkopf ein Osterei. Dabei lächelt sie freundlich. Man kann trotz der kleinen und auch stark beschädigten Fotografie sagen: Sie ist sympathisch. Die

Szene zwischen Mutter und Kind ist heiter. Der Lockenkopf scheint glücklich zu sein. Es ist Martin. „Kann man das Foto vergrößern, Oma?" Martin bat immer wieder darum. Ich traute mich zunächst nicht ran, weil die Schäden sehr gravierend waren. Darum erkundigte ich mich bei einem Fachmann und erfuhr, daß man leicht zwei Hunderter und mehr für solch eine Aufarbeitung ausgeben kann. „Ich probiere es erst einmal selbst", sagte ich zu Reni, nahm das Foto mit in mein Labor und hatte nach mehreren Anläufen ein durchaus ansprechendes und recht preisgünstiges Ergebnis. –

Dieses Foto bringe ich nun für Martin an Ralfs Geburtstag mit. Er fällt mir um den Hals und ruft: „Oma, das ist das schönste Geschenk, das ich jemals bekommen habe!" „Das ist kein Geschenk, Martin, du hast es dir verdient", ist meine Antwort.

Wir gehen in sein Zimmer und hängen es über sein Bett neben das Kinderbild seiner Mutter mit der langen, weißen Kette. Eine Weile ist es still, so still, daß jeder das Atmen des anderen hört. Martin denkt sicher an seine frühe Kindheit, in der er die Zuneigung seiner Mutter erfahren durfte, und ich freue mich von Herzen, daß dieses frohe, österliche Bild, das durch intensives Begreifen, ans Herz drücken, Abküssen seine Spuren davongetragen hatte, durch meine Laborbearbeitung neu und größer wiedererstanden ist – für Martin, für sein Erinnern an seine Wurzeln.

Da wecken mich tastende, probierende Akkorde aus meinen Gedanken. Martin versucht sich auf dem alten Lohmer Akkordeon. „Ich denke mir was aus für meine Mutter", flüstert er mir zu, horcht in seine Klänge hinein, findet schließlich, was er sucht und füllt den Raum mit weichem, warmem Moll.

Da, die Tür öffnet sich einen Spalt breit. Marks süßes Kinderköpfchen schiebt sich langsam hindurch, zieht lautlos und vorsichtig Schultern, Oberkörper und Beine nach, und schließlich tasten Zehenspitzen behutsam durch den Raum – uns entgegen. – Gleich wird Martin ihn sehen, denke ich, gleich ist alles verdorben, die ganze Stimmung wird nun zerstört werden. – 'Raus!'

wird Martin rufen, ‘du hast hier nichts zu suchen! Geh in dein Zimmer!’ – Aber nichts dergleichen geschieht. Martin bemerkt seinen kleinen Bruder, aber erst nach dem Ende eines Melodiebogens hält er inne. Kein böser Rauswurf, keine Entrüstung, nein, alle drei stehen wir nun da und betrachten in voller Harmonie das Bild mit dem hell-lockigen Wuschelkopf in dem Kinderwagen. Mark ist ganz nahe an das Bett herangetreten, nimmt sein Fingerchen vom Mund, schaut zum weich und versöhnlich gestimmten großen Bruder empor, zeigt auf die dunkelhaarige, freundliche Frau auf dem Bild und fragt ganz leise: „Is das deine Mama?“ – „Ja.“ – „Is deine Mama tot, Martin?“ – „Ja.“ – Schweigen. – Mark schaut Martin an. „Meine Mama is auch tot. – Aber is nich so ßlimm – ich hab ja nun ‘ne neue Mama.“ Stille.
Ich kann kaum noch atmen nach diesem Dialog. Martin greift wieder in die Tasten seines alten Akkordeons, Mark kommt zu mir, und eng umschlungen sitzen wir auf der Bettkante und lauschen den schwermütigen Improvisationen, die Martin dem Instrument entlockt. Eingehüllt von der Trauer dieser Stunde spüren wir auch ihren Glanz, der nie verlöschen wird. – Wenn ich Martin fragen würde: ‘Spielst du auch ein wenig für Marks Mutter mit, von der niemand sagen kann, wie sie zu Tode kam, wo ihr Grab zu finden ist?’ – Heute würde er eifrig nicken und sagen: ‘Natürlich, Oma, ja, ich spiele auch für die Mutter meines kleinen Bruders.’
Die Zeit zerstört jede Stunde, auch diese, gebiert ständig neue, andere, ganz andere.

Wie ist man aus Martins Zimmer herausgekommen und befindet sich plötzlich auf dem Fußboden von Marks kleinem Schlafzimmer? Sitzt in dem Kochstudio eines kleinen, quirligen Kerlchens, wird erbarmungslos eingespannt in seine Ideenwelt, erlebt, wie Mark koboltartig hin- und herspringt, Möbelstücke verzaubert – das kleine Schränkchen wird zum Kochherd, das Bett zur Warmhaltetruhe, das Kindertelefon zur Küchenuhr.

Und Oma? Aus ihr macht er eine Nudelmaschine. „Oma, Oma, wir kochen Bandnudeln! Un du machst die Nudeln, Oma", kräht das Kind, weiß Rat, holt altes Papier, eine Schere und gibt mir Arbeit für die nächste halbe Stunde. – Nudeln schneiden, immerzu! – „Genug?" fragt Oma. „Nein", sagt das Kind, „wir wollen doch satt werden." – Oma schneidet. – Die Schere gleitet durch Kaufgesuche, Leitartikel, Sportberichte, zerschneidet Steffi Grafs Tennisschläger, trennt beim Heimatverein dem Torschützen das Siegerbein ab, streift die Überschrift der Wochensatire und kommt zur Ruhe in einer Todesanzeige. Lauter lange, schmale, gleichmäßige Streifen liegen vor ihr auf dem Parkett.
Das Kind rafft alle zusammen, häuft sie auf eine Pappe, glättet und schiebt alles in den Herd. Es wird Bandnudeln aus dem Backofen geben. Oma will aufhören. Da baut sich Mark mit ernstem, energischem Blick vor ihr auf: „Ich hab viel Hunger, Oma!" – Tief seufzend macht die Nudelmaschine weiter. – „Un nu die Soße!" Oma muß lange Streifen würfeln, immer mehr. Die Nudeln kommen ins Bett, die Soße kurioserweise ebenfalls auf das Backblech. Die Küchenuhr schrillt, das Kind springt hin und her, pustet Dampf weg, verbrennt sich die Finger. „Riechst du die Soße, Oma?" „Ja", stöhne ich, „ich falle gleich um vor Hunger." Wieder schrillt die Küchenuhr für den Warmhaltevorgang im Bett, für die Soße im Backofen. Mark deckt den Tisch. Bastelunterlagen sind die Teller, Buntstifte die Bestecke. Der Junge dampft vor Eifer.
Später sitzen wir vor seinem kleinen Schreibtisch, mein Stuhl wird vorher mit Kissen gepolstert. – Wir essen Bandnudeln mit Soße und streichen uns über die Bäuche vor Behagen.
Noch viel später schleiche ich mit einem Kehrblech nach oben und fege Bandnudelreste und Soße auf. Noch tagelang tut mir mein Handgelenk vom Bandnudelschneiden weh, und ich grüble ernsthaft nach über die Erfindung einer richtigen Nudelmaschine.

Kurz nach Ralfs Geburtstag ruft Reni nach dem Mittagessen in großer Aufregung an: „Der Türke hat Martin gebissen. Du möchtest doch bitte kommen. Wir kriegen kaum etwas aus ihm heraus. Martin ist dabei, den ganzen Hergang aufzuschreiben. Das will er dir zeigen."
Ich kann es einrichten, setze mich, so schnell es geht, ins Auto und fahre nach Attenberg. „Er ist oben in seinem Zimmer." Neben Reni steht Mark mit riesengroßen Augen und begreift, daß heute Martin bevorzugt werden muß. Er ist diszipliniert von Kopf bis Fuß. „Ich bring euch gleich 'ne Erfrischung rauf", sagt Reni.
Ganz vorsichtig klopfe ich bei Martin an und höre seinen Ruf wie aus weiter Ferne. Er kommt mir entgegen, fällt mir um den Hals und weint bitterlich. Es fehlt nicht mehr viel, dann hat er meine Körpergröße erreicht. Aber heute ist er hilflos wie ein kleines Kind und bis ins Innerste verletzt. Ganz sanft führe ich ihn zum Sofa. Reni bringt Kuchen und Getränke und verschwindet wieder. Ich fülle sein Glas. „Komm, trink ein wenig. – Au fein, deine Mama hat deinen Lieblingskuchen besorgt: Mohnstrietzel! – Erst ein wenig erfrischen und beruhigen – dann erzählst du mir alles. Wir haben viel Zeit."
Martin fängt an zu essen wie einer, der das Kauen erst lernen muß. Doch der Geschmack des Mohns tut ihm gut, vielleicht auch die geduldige Oma, die nicht fragt, sondern abwartet. „Oma", sagt Martin und wischt sich kleine Mohnkrümel aus dem Gesicht, „ich hab was aufgeschrieben – lies das mal; ich kann einfach besser schreiben als reden."
Vom Schreibtisch holt er zwei eng beschriebene Bogen und reicht sie mir. Ich vertiefe mich in seine kindliche Schilderung, tu einige Male so, als habe ich etwas nicht ganz verstanden, um ihn zum Reden zu bringen. Ich sage: „Hm, hm", und „so, so", schüttele den Kopf, und als ich von dem Biß gelesen habe, fordere ich Martin auf, mir doch bitte die Stelle zu zeigen. Er knöpft sein Hemd auf und zieht das Unterhemd im Ausschnitt ein wenig nach unten. Ja, auf seiner schmalen Brust sind deut-

lich die Spuren eines menschlichen Gebisses zu sehen. Fast spürt man die lustvolle Wut des Angreifers noch in den tief eingegrabenen Zahnreihen. Ich streichle leicht mit der Hand darüber, als wollte ich die Schmach verwischen. „Tut es weh?“ „Nein, Oma, weh tut es nicht mehr, aber ...“ – „Aber es war widerlich und gemein? Es hat dich verletzt und tut ganz tief drinnen im Herzen weh?“ „Ja, Oma, ich bin für alle der letzte Dreck – ich mag nicht mehr, ich kann nicht mehr!“ Vorsichtig ziehe ich Martin an mich, lese bis zum Ende – und dann – zum Schluß diesen Satz: '*Am liebsten möchte ich nicht mehr leben.*' – „Martin“, flüstere ich in sein Ohr, „du bist doch ein fröhlicher Mensch, du hast viele Talente und – das Wichtigste: wir haben dich lieb und wollen dich behalten. Bitte, hör ganz genau zu: wir haben dich lieb.“ Martins Kopf rutscht auf meinen Schoß. Zwei, drei tiefe Seufzer erschüttern den Jungenkörper. Während ich meine Hand in sein Haargelock vergrabe, wird er ganz ruhig.

Der Hergang des Geschehens ist kurz erzählt: Im Laufe der Sportstunde in der Turnhalle war es passiert. Erst hatten alle Schüler der Klasse gemeinsam geturnt, dann war der Lehrer mit den Mädchen an ein Gerät gegangen und leistete dort Hilfestellung. Die Jungen mußten derweil Tore kicken. Abwechselnd war einer Torwart.

Ob die Stimmung durch Kraftausdrücke aufgeheizt wurde? – Als Martin schießen sollte, hörte er plötzlich hinter sich ein heiseres „Packt ihn, haltet ihn fest! Gib es ihm, Ali!“ Er fühlte sich von mehreren Fäusten gepackt, seine Arme wurden nach hinten zusammengedrückt, er spürte Stöße im Kreuz, Tritte gegen Waden und Fersen, sah, völlig wehrlos, Ali, den Türken auf sich zukommen, der sich mit fauchenden Lauten in seinem Hemd festbiß, tief hinein, bis auf die Haut – und mehr. Ein scheußlicher Schmerz – ohnmächtig war er bei vollem Bewußtsein, konnte sich nicht wehren, hörte die zischenden Haßlaute, das hämische Gegeifere rundum – bis schließlich der Lehrer mit kräftiger Stimme Einhalt gebot.

Da wurden nicht die alteingesessenen Klassenkameraden zur Rede gestellt, sondern der Türke und er, die beiden Kampfhähne, die aus Randgruppen kamen, die niemand wollte. – Ich vermeide absichtlich, Martin zu viel über die Niedertracht eines solchen Verhaltens zu sagen, über das feige Vorgehen der Masse. Ich will seinen Haß nicht unnötig schüren. Zum Schluß versuche ich noch vorsichtig, sein persönliches Verhalten zu analysieren. „Hast du vielleicht vorher irgend etwas Blödes gesagt?" „Ja, Oma, ja", gibt er gedehnt zu, „wir haben uns allerlei an den Kopf geworfen." Daß er ein großes Repertoire widerlichster Wörter besaß, wußte ich, obwohl er in meiner Gegenwart noch nie solche Redewendungen verlauten ließ. Ich denke aber, daß nicht nur Heime der ehemaligen DDR Brutstätten dieser niveaulosen Sprachschöpfungen sind, die Attenberger kennen sie auch.

Am Ende unseres Gespräches habe ich das Gefühl, daß Martin ein wenig getröstet ist. Nur noch ein Schultag ist zu bezwingen, dann gibt es eine Woche Herbstferien, in der sich hoffentlich alles wieder glättet. „Morgen gehst du ganz ruhig in deine Klasse, provozierst niemanden und trägst deinen Kopf ganz locker auf den Schultern." –

Unten im Haus wartet Mark voller Sehnsucht, sitzt nicht nur neben Oma, sondern auch auf ihr, füttert sie und ist glücklich. Ab und zu schaut er prüfend zum großen Bruder hin und sagt zweimal lang gedehnt: „Aamer Martin! Aamer Martin!"

Die Herbstferien vergehen in diesem Jahr mit vielerlei Arbeiten: Martin hilft seinem Vater fleißig im Garten. Außerdem steht der Umzug von Hanne nach Aachen bevor. Sie will dort ihr Medizinstudium beginnen. Das 'dooße Auto' faßt alle Kleinmöbel und außerdem Koffer, Taschen und die Geige. Mitte Oktober fahren Ralf, Hanne und Martin nach Aachen, um die kleine Studentenwohnung einzurichten.

Mark ist am Abfahrtstag frühzeitig aufgestanden, verfolgt staunend und stumm den Einladevorgang und schließlich die Ab-

fahrt. Erst Tage später begreifen wir, daß er dieses Geschehen in seiner ganzen Tragweite nicht verstanden hat.
Reni will daheim die Ruhe nutzen und allerlei aufarbeiten. Ganz sicher will sie auch den Abschiedsschmerz betäuben und verdrängen. Sie macht sich zügig ans Werk. Mark steht neben ihr, schaut zu und sagt plötzlich: „Mama, du sollst nicht so viel arbeiten." Mit seinem charmantesten Lächeln und mit schiefgestelltem Köpfchen fügt er hinzu: „Wir gehen daußen essen!" Reni ergänzt spontan: „Aber nicht allein. Wir rufen Oma und Opa an!"
Gesagt, getan! Oma und Opa sind flexibel, der Treffpunkt ist ein ländliches Restaurant. Mark überreicht mir Blumen, über die ich mich besonders freue, weil ich unser Nesthäkchen auf den Tag genau seit zwei Jahren kenne. Es werden Stunden, die, von leichter Heiterkeit erfüllt, wie im Fluge vergehen.
Am Abend erlebt Mark in Attenberg, daß nur Ralf und Martin heimkehren. Er ist völlig verstört und fragt immer wieder nach seiner Hanne.
Erst am übernächsten Wochenende kommt sie nach Hause. Da stellt Mark sich vor sie hin und fragt ganz aufgeregt: „Wo sin deine Sachen?" „Wieso?" „Kühlsrank, Sessel – alles?" „Aber Mark, das bleibt doch in Aachen. Ich hab dort eine Wohnung." Da geht Mark in sein kleines Spielzimmer und baut Hannes Wohnung nach: das Schlafzimmer, die Küche, das Wohnzimmer ...
Immer wieder geht er in den Keller und schaut sich in Hannes halb ausgeräumtem Raum um. Und langsam beginnt er zu begreifen: Hanne ist weg. Sie ist ausgezogen. Sie hat ihn verlassen. Er erlebt zum ersten Mal in seinem jungen Leben, daß ihn jemand im Stich läßt, den er mag. Er hat doch gerade erst angefangen, Zuneigung zu verschenken und ebenso zu empfangen. Mark liebt seine Hanne – Hanne liebt den kleinen Mark. – Und trotzdem geht sie weg?
Das Kind weint abends in seinem Bettchen, will nicht allein in seinem Zimmer schlafen. Reni holt Mark ins Ehebett, kann

selbst nicht schlafen und baut ihm sein Lager am Fußende auf, damit alle Ruhe haben. Nun bewacht er Mama und Papa.
Seine phantasievollen Spiele werden erweitert durch 'die Reise nach Aachen'.

Kurze Zeit später brütet Mark eine neue Krankheit aus. Er hat Durchfall und gleichzeitig riesigen Hunger. Es gibt Untersuchungen beim Hausarzt: Blutentnahme und Allergietests. Die Blutentnahme wird sogar wiederholt. „Darf ich schreien?" „Ja, du darfst schreien, wenn die Nadel piekt." Mark brüllt wie am Spieß, daß sich die jungen Arzthelferinnen die Ohren zuhalten.
Zu Hause ist er lange ganz ruhig, liegt still und friedlich auf dem Sofa. Plötzlich steht er auf, steht da mitten im Wohnzimmer mit zitternden Lippen und weint und weint. „Was hast du, Mark?" Mama ist ganz erschrocken. „Warum habt ihr mich so lange allein gelassen? Warum habt ihr mich nicht eher aus dem Heim – in Lietzow – geholt?" Ganz steif ist Mark und krebsrot im Gesicht. „Ich hab im Bett immer geweint, weil ich keine Mama hab. – Ich, ich hab gedacht, Oma nimmt mich gleich mit. – Warum hat sie das nicht getan? Warum hat Oma mich nicht mitgenommen?" – Die Stimme des Kindes erstickt fast unter Tränen.
Reni meldet mir diesen verzweifelten Ausbruch, und mir schnürt sich die Kehle zu. Da hatte ich dem Kind die 'Großmutter' angeboten, sein Glück erlebt und es dann bei meiner Abreise tief enttäuscht. „Ich komme wieder", flüsterte ich im März 1993 dem Jungen ins Ohr. „Du hast jetzt eine Oma", tröstete ihn Frau Menge; aber es war eine Oma, die wegfuhr und noch nicht genau wußte, wann sie wiederkommen würde. Ich ahnte damals nicht, durch welche Höhen und Tiefen dieses Kind ging – ich schickte ihm Postkarten und suchte nach Eltern – aber ich begriff nicht, wie sehr es litt, obwohl ich begann, den kleinen, erbarmungswürdigen Jungen immer mehr in mein Herz zu schließen.

Ende Oktober 1994 fuhr ich mit zwei jungen Helfern nach Rügen. Dort veranstalteten wir für drei Heime einen Laternenumzug, der Teil eines harmonischen Kinderfestes wurde. Regie zu gleichen Teilen von Ost und West. So war es genau richtig und wertvoll für alle.
Danach blieb mir noch Zeit, auf der Insel einen Vormittag in Saßnitz nach dem Grab von Marks Mutter zu forschen, denn niemand in Lietzow konnte oder wollte mir genaue Auskunft geben. In Saßnitz hatte die geschiedene Frau gelebt und war kurz nach der Wende auf mysteriöse Weise verstorben. Überall spürte ich Angst, wenn ich zu fragen begann.
Der Gärtner des alten Friedhofs suchte ohne Erfolg in seiner Kartei. Es war auch viel wahrscheinlicher, auf dem neuen Friedhof ihr Grab zu entdecken. Ich befand mich zwischen 10 und 10.30 Uhr etwa zwanzig Minuten auf dem Friedhofsamt, wurde von einer freundlichen Frau abgefertigt, die umständlich, aber leider auch erfolglos in ihrer altmodischen Kartei suchte.
Zur gleichen Zeit geschah über 700 km südwestlich von Saßnitz im bergigen Sauerland – genau zwischen 10 und 10.30 Uhr – etwas Erstaunliches: Ein kleiner Junge kam ins Wohnzimmer, stellte sich vor dem Tisch auf, eins seiner geliebten Stofftiere im Arm haltend, zitterte am ganzen Leibe und begann, herzzerreißend zu weinen. „Warum weinst du, Mark?“ Mit bebenden Lippen, fast tonlos, kam die Antwort: „Ich wein um meine tote Mama.“

Noch im November kam Martin mit einer Bitte zu mir. Er mußte für das Fach, in dem Geschichte und Erdkunde vereinigt sind, eine häusliche Fleißarbeit über Griechenland erbringen. Er hatte einige Anleitung durch ein Fachbuch, das Information brachte und Denkanstöße gab. Martin brauchte noch mehr Unterlagen und vor allem Bildmaterial. „Hast du was, Oma? – Kannst du mal kommen?“ Oma konnte. Sie hatte Ordnung in ihren Reiseprospekten, nahm die Griechenlandmappe unter den

Arm und fuhr los. Endlich wurde der Lehrer in ihr mal wieder gefragt.
Wir saßen nebeneinander an Martins Schreibtisch, betrachteten zuerst die Prospekte und kamen ins Gespräch. Vor allem konnte ich so ergründen, was der Junge wußte. Dann zeigte er mir sein Fachbuch, erklärte mir die Aufgabenstellung und sagte stolz: „Ich hab den ersten Teil schon angefangen."
In seinem Arbeitsheft Din-A-4 hatte er mehrere Seiten bereits beschrieben, auf denen fünf bis sechs Reihen über kreuz durchgestrichen waren. Das gleiche Schicksal erduldeten viele einzelne Wörter in den Reihen. „Darf ich mal lesen?" „Na klar, Oma", antwortete Martin. Ich vertiefte mich in seinen Text, entdeckte einige inhaltliche Ungereimtheiten und etliche Rechtschreibfehler. „Ist das deine Kladde?" „Wieso? Nein, das ist mein Arbeitsheft. Das schreib ich ganz voll und kleb noch Bilder rein." „Du warst fleißig, Martin, aber ein paar Kleinigkeiten stimmen nicht." Die inhaltlichen Fehler konnten wir klären; als ich ihm aber die Rechtschreibfehler mit dem Bleistift vorsichtig markierte, brach er plötzlich in Tränen aus. Ich erschrak und sagte: „Ich will dir doch helfen, Martin." „Das ist aber gar nicht wichtig, Oma. Die Hauptsache ist, daß ich viel geschrieben habe." Jetzt war ich restlos verdutzt und versuchte, ihm den Stellenwert von Qualität und Quantität zu erläutern.
Später erfuhr ich von Reni, daß Deutsch nur im Deutschunterricht korrigiert würde, nicht in anderen Fächern. Der Fachlehrer korrigiert nur die fachlichen Inhalte und Worte und benotet sie. „Aber Deutsch ist doch ein übergreifendes Fach, dessen korrekte Anwendung gelernt werden muß." „Dat ist heute nicht mehr wichtig", meinte Reni lakonisch.
Trotzdem erreichte ich, daß Martin den ersten Teil korrigiert noch einmal schrieb, empfahl ihm eine dünnere Feder, suchte passende Bilder mit ihm aus und half ihm beim Aufkleben. Die weiteren Fragestellungen schnitten wir kurz an. Dabei entdeckte ich, daß er keine Ahnung hatte, eine Reliefkarte richtig zu lesen, geschweige denn, die Entwicklung eines Landes aus seiner

Topographie abzuleiten. Nach meiner Meinung war die Aufgabenstellung zu schwer, die Schüler konnten sie ohne Hilfe gar nicht lösen oder schrieben schließlich aus Büchern ab.
Martins Endresultat hielt ich einige Wochen später in Händen. Er war riesig stolz, hatte er doch ein 'sehr gut' heimgebracht. Ich versuchte noch einmal, mit Reni über diese Beurteilung zu sprechen, stieß jedoch auf Unverständnis. „So ist dat jetzt", meinte sie abschließend. Ja, Martin war fleißig gewesen, hatte aber sonst sehr flüchtig gearbeitet, eben so, wie es die Richtlinien erlaubten. 'Arme deutsche Sprache' konnte ich da nur denken. Und die äußere Form? Sie hat doch auch einen Wert und sagt viel aus über den Verfasser. Da setzten selbst die Volksschulen früherer Jahrzehnte andere Maßstäbe.

Renis Unterrichtsstunden in der Schule sind so ungünstig über die Woche verteilt, daß sie Mark mehrere Male nicht von der Schule abholen kann. Zweimal gibt es über eine Kollegin eine angemessene Lösung, das dritte Mal springt Oma ein.
So fahre ich nach meiner herbstlichen Rügenreise jede Woche am Dienstag gegen 11.30 Uhr ab, um Mark vor der Schultür zu erwarten. Zwei Stunden – Oma und Mark! Kein eifersüchtiger Martin, keine Eltern, niemand, der unsere Phantasie abbremst.
Beim ersten Male laufe ich auf dem Schulhof hin und her, schnuppere Pausenluft, bin natürlich überpünktlich, denn ein Kind läßt man nicht warten. Außerdem: Reni sagte mir gestern am Telefon: „Allen Leuten, die er gesehen hat, erzählte Mark aufgeregt: 'Morgen holt mich meine Oma ab!'" Auch ich bin in froher Erwartung, höre schließlich altbekannte Töne: Die Schulglocke schrillt. Drinnen rumort es – da, die Schultüren öffnen sich. Natürlich ist es Mark, der die Schar der Freiheitshungrigen anführt. Er sieht mich, korrigiert seinen Kurs, rennt los mit wippendem Tornister und schaukelndem Turnbeutel. Wie immer, ein Kniefall von mir, denn ich will Auge in Auge mit ihm sein. Jubel auf beiden Seiten. „Ich hab mich schon den ganzen Morgen auf dich gefreut!" Vor meiner Nase piepst es:

„Ich hab mich auch gefreut, Oma! – Ich hab mich schon gestern gefreut, Oma!"
Mark befreit sich vom Tornister, hält ihn mir bittend hin, auch sein Turnbeutel wechselt den Träger. Er ist danach wie erlöst. Mit den beiden Gewichten streift er den Schulzwang ab, ist wieder Mark, der eigene Spiele entwickeln will, der spielend arbeitet, der arbeitend spielt.
Wir fahren nach Hause. Unter meiner Regie übt er das Aufschließen und Öffnen der Terrassentür, denn eines Tages soll er den Schulweg zu Fuß machen und von der Gartenseite ins Haus gehen. Eine verschlossene Tür öffnen ist ein gutes, neues Erlebnis für Mark. Verantwortung wächst, man selber wächst auch. Und eines Tages wird Mama ihm den Schlüssel um den Hals hängen.
"Du mußt von innen gut abschließen, damit kein Fremder herein kann." Oma holt Mark auf den Boden der Tatsachen zurück. Wir üben mehrere Male, während Strubbel mit wedelndem Schwanze zuschaut.
Mark bietet sofort Getränke an, ich habe auch Leckereien in der Tasche. – Traute Reni uns nicht zu, eigene phantasievolle Tätigkeiten zu entfalten? Sie hatte eine Beschäftigung vorbereitet, durch die Mark zur Ordnung erzogen werden sollte. Unter Omas Aufsicht soll er die unterschiedlichsten Legobausteine in bereitgestellte Behälter einordnen. Ich gestehe, daß diese Arbeit keine Lustgefühle erzeugte, im Gegenteil. Wir schaffen unsere Aufgabe nur mit Hilfe von Apfelsaft, Schokolade und Mettwurstscheiben, die Mark aus dem Kühlschrank besorgt. Leider fehlen auch mehrere Behälter, so daß wir am Ende nur ein Teilergebnis vorweisen können.
Als Reni aus der Schule kommt, wirkt sie abgespannt, fast unwirsch. So hatte ich sie noch nie erlebt. „Ich bin ein richtiger Dompteur in der Schule. Wenn man nur noch Fachstunden gibt und keine Klasse mehr führt, macht das keinen Spaß mehr."

Auf ihrem Herd ist das Essen vorbildlich vorbereitet. Sie kocht reichlich, vitaminreich und fettarm. Fleisch gehört dazu. Beim Mittagessen sitzen meine beiden Enkel – wie immer – links und rechts von mir. Martin berichtet aus der Schule, Ralf ist freundlich, aber einsilbig. Warum verschwindet Reni so oft in der Küche? Immer wieder räumt sie etwas ab und bringt neue Speisen herein. Es ist nur gut, daß sich ihre unwirschen Mienen wieder geglättet haben.
Wegen der ausgleichenden Gerechtigkeit beschäftige ich mich nach dem Essen noch eine Weile mit Martin. Seine große Griechenlandarbeit ist noch lange nicht fertig und gibt uns reichlich Arbeitsstoff.

In der folgenden Woche gestaltete sich mein Abholtag völlig anders, da Opas Geburtstag zu feiern war, den Reni mit Begeisterung plante. Schulsprechtag, Bußtag, dazwischen ein schulfreier Dienstag, just Opas Geburtstag. Die Situation war wie geschaffen für ein großes Fest. „Hör“, sagt Reni schon eine Woche vorher, „wenn es euch Spaß macht, feiern wir Opas Geburtstag bei uns. Für die Kinder ist dat ganz wichtig.“ Ich komme aus dem Staunen nicht mehr heraus. – Am Tag vorher klingelt abends noch einmal das Telefon: „Du, die Kinder haben den ganzen Nachmittag gebacken, Hanne auch. Mark hat natürlich nur genascht. Es gibt eine große Überraschung für Opa, er wird staunen. – Weißt du, wer morgen auch noch kommt? Die Gandersheimer, sie wollen mitfeiern. – Macht euch nach dem Frühstück schnell vom Acker, damit ihr allen Telefonaten entkommt.“
Wir sind sehr gerührt über Renis selbstlosen Einsatz. Ich versuche, mich in ihre Gedankengänge einzufühlen: Sie will ihren Kindern ein wichtiges Familienfest liefern. Da kommt ein so alter Opa doch wie gerufen. Oft muß man ihm helfen, dann wieder kann man Spaß mit ihm haben, ab und zu schläft er ein wenig und tut nie etwas Böses. Es ist ein Opa zum Liebhaben, das finden alle drei Kinder.

Darum haben sie ihm eine Pfefferkucheneisenbahn gebacken mit Lokomotive, Kohlen- und Reisewagen. Eine über und über mit Zuckerguß bekleckerte Bahnhofsuhr zeigt fünf Minuten vor zwölf an, und ein Schild markiert die Einfahrt in den Hauptbahnhof Hamburg. Opa fährt doch für sein Leben gerne Eisenbahn. – Alle stehen staunend vor dem Kunstwerk.
Oma packt eine Riesentorte aus, geschichtet, besahnt, mit Zukkergußtext: 'Wir alle lieben Opa – 89'. – Die Gandersheimer kommen mit Geschenken, Sekt perlt im Glase. Kein Telefonstreß, keine Riesensträuße versorgen, sondern nur feiern und fröhlich sein.
Reni hat das Essen in Lieberhausen bestellt, festlich und reichlich. In der 'Bunten Kerke' weiß Opa viel zu erzählen aus alten Zeiten. Ja, er hat fast dieses ganze Jahrhundert erlebt mit allen Höhen und Tiefen. In der 'Bunten Kerke' sind auf einer Gedenktafel Namen von ehemaligen Schülern eingraviert, die ihr Leben im zweiten Weltkrieg ließen. Opa weiß noch genau, in welcher Reihe sie vor ihm gesessen haben.
Am Nachmittag kommen die Kinder zu ihrer Gaumenfreude dank der mitgebrachten Torte. Geigenspiel verschönt das Fest, denn Martin spielt für Opa. Er brilliert mit Vibrato und gebundenen Tönen, ist danach lange mit Opa allein in seinem Zimmer und läßt sich von früher erzählen. Ja, der Opa kann so wunderschön die alten Zeiten lebendig werden lassen.
Mark dagegen bleibt unten und entwickelt ein neues Spiel, bei dem er Oma gut gebrauchen kann. Er ist Arzt, und ich habe krank zu sein. Zuerst bekomme ich einen Halswickel aus Mamas Küchentüchern emsig und liebevoll angelegt, muß mich zurücklehnen und darf die Füße hochlegen. Ich stöhne entsetzlich. Mein kleiner Arzt holt Me'zin aus der Küche. „Aber das will ich dir sagen: Du willst doch gesund werden! Un ich muß dich veraazten. Du mußt brav liegen bleiben. Kapiert?“ Reni staunt: „Im Kindergarten und nun in der Vorschule macht er solche Rollenspiele nicht mit. Da hält er sich sehr zurück und steht daneben.“

Ich muß an das Kinderheim denken, an Marks unangenehme Erfahrungen mit Gleichaltrigen. Immer sah ich ihn dort im Abseits. „Er hat sicher mehr Mut, im Beisein von ihm vertrauten Erwachsenen aus sich herauszukommen und in ein Rollenspiel einzusteigen. Du weißt ja, Reni, er wurde auf Rügen von allen Kindern gemieden."
Mark ist wieder in der Küche und kommt mit neuen Tropfen. Ich schlucke brav, lenke meinen Arzt aber ab und klage über Schmerzen im Bein, hoffend, daß dann die Zuckerwassergaben aufhören. Eifrig springt er davon, holt alte Zeitungen und stopft sie mir von unten in das linke Hosenbein. „Du kiegst Gips!" – Flink ist er, zerknautscht die Zeitungen zuerst und stopft und stopft, während sein Mündchen übersprudelt von vielen guten Ermahnungen.
Schließlich naht der erstaunliche Abschluß, das Ende der Behandlung. Der kleine Doktor muß ins Bett, sitzt hoch oben auf Papas Arm. Ganz flehentlich frage ich: „Herr Doktor, was mache ich, wenn ich noch mal große Schmerzen bekomme?" Da zeigt der kleine Arzt mit seinem niedlichen Zeigefingerchen prompt auf seinen großen Bruder: „Martin is die Vertetung!"

Kurz nach Opas Geburtstag ruft Reni an und meldet: „Weißt du, was heute passiert ist? Mark versucht immer wieder, Legoautos zusammenzubauen. Heute nachmittag hörte er plötzlich auf und sagte zu uns allen: 'Wenn ich groß bin, kaufe ich einen Bus.' 'Was willst du damit?' 'Dann hole ich alle Kinder aus Lietzow ab, damit sie ein Zuhause kriegen.' 'Wo sollen die denn wohnen?' 'Nich bei uns, woanders, bei Eltern. Wir wollen hier kein Kinderheim.'"
Ich erinnere Reni an einen Ausspruch von Martin, den er im ersten Jahr seines Hierseins tat: „Wenn ich mal wieder nach Rügen gehe, dann nur als Heimleiter. Dann mache ich alles anders." – Die beiden unterschiedlichen und doch so ähnlichen Äußerungen der Jungen bewahre ich in mir auf.

Heimkinder sind ganz anders als Kinder aus normalen Familien. Sie sind tiefgründiger, verständiger, dankbarer. Sie verhalten sich oft wie reife Menschen mit großer Lebenserfahrung. Aber wehe, wenn man sie enttäuscht! Sie sind empfindlich und leicht verletzlich und bluten schnell aus tausend Wunden.

Im November erleben wir noch mehrere herrliche Spätherbsttage. Reine, klare Luft und Sonne – das belebt die Gemüter. Wieder stehe ich vor der Schultür in Attenberg. Ein strahlender Mark; Tornister und Turnbeutel für Oma. „Hast du das 'dooße Auto' mit?" „Aber ja!" „Hast du Opa mitgebracht?" „Nein, er hat ganz viel Arbeit zu Hause." „Bring ihn doch mal mit!" – Inzwischen befinden wir uns schon im Wohnmobil, das Kind kommt mit schelmischem Blick nahe zum Fahrersitz, eine heftige Hinwendung zu mir, ein Kuß und dann: „Oma, ich hab schon einen Plan gemacht!" „Da bin ich aber gespannt!" „Oma, wir fahren zu Opa! Bitte!!" Ein lebhafter Zeigefinger unterstreicht den Wunsch, die blitzenden Augen voller Schalk machen selbst die stärkste Oma schwach. Sie denkt: Das Wetter ist herrlich, das Wohnmobil braucht Bewegung. „Ja, Mark, wir fahren zu Opa!" „Hurra!"
Doch mit der Abfahrt lasse ich mir noch ein wenig Zeit, denn alle Erinnerungen an Lietzow kommen in mir hoch, an unsere denkwürdigen, gemeinsamen Ausfahrten auf der Insel, an den Thron aus Büchern, Kissen und Decke auf dem Beifahrersitz, den ich für das Kind baute, damit es besser sehen konnte, damit es sich fühlen sollte wie ein 'König'.
Ich nahm mir jetzt die Zeit, um Mark mein ganz anderes Verhalten im Sauerland zu erklären, beichtete ihm, daß ich damals auf Rügen etwas Verbotenes tat, um ihm eine Freude zu machen. Ich sprach ganz ernst mit ihm, wie mit einem Alten. Er hörte aufmerksam zu und schien alles zu begreifen. Am Ende setzte er sich auf den Rücksitz und ließ sich problemlos in seinem Kindersitz anschnallen. Während der Fahrt nach Lüdenscheid vermißte ich meinen kleinen Begleiter neben mir. Er saß

ernst und gefaßt hinten und verhielt sich vorbildlich. Ob er auch schon begriff, daß es unsäglich schöne Erlebnisse gibt, die nie wiederkehren?
Bei Opa waren wir nur kurz. Die Zeit reichte gerade, den erstaunten alten Mann im Sessel zu besteigen und ihn heftig zu küssen. Und noch eins: Die Lakritzenschale war nach unserer Abfahrt leergeräumt.

Eine Woche später teile ich meine häuslichen Arbeiten so gut ein, daß ich den Abholtag nicht verpasse. Der Maler Janus von der Insel Rügen ist mit seiner Frau auf dem Weg nach Lüdenscheid, um hier in einer Ausstellung seine Küstenaquarelle zu präsentieren. Alle Vorarbeiten dafür habe ich für ihn erledigt. Nun erwarten wir das Ehepaar am Dienstag gegen Abend.
Ich sage Mark schon auf dem Schulhof, daß ich heute spätestens nach dem Mittagessen fahren muß, weil wir Besuch erwarten. Etwas traurig schaut er drein, aber gleichzeitig verhält er sich sehr verständig. Immer wieder denke ich: Man kann wunderbar mit ihm reden und ihm alles erklären. „Wir haben ja volle zwei Stunden Zeit für uns. Das ist doch herrlich, Mark!"
Im Haus geht das Telefon; Mark springt hinzu und meldet sich mit dem Familiennamen. – Stille. – Dann: „Sin Sie von der Firma?" – Zuhören. – „Mein Papa is heute nachmittag da; ich sag ihm Bescheid." – Wieder Stille. – „Ja, ja, ich bin hier mit meine Oma allein." –
Toll, denke ich, wie der Junge aufgeholt hat. Mit Augen und Ohren lernt er und geht dann voller Lust an eine solche Aufgabe heran. Sein ganzer Körper ist dabei aktiv.
Wir können kaum unseren Apfelsaft genießen, da ruft Renis Mutter an. Auch dieses Telefonat erledigt Mark vorbildlich, sagt der 'Mutti-Oma' mit piepsendem Stimmchen und heftigen Kopfbewegungen, daß seine Mama erst am Nachmittag da ist.
Doch dann kommt der Schicksalsschlag für mich: Mark will kochen! Natürlich sind wieder Nudeln dran, aber diesmal ist die Soße genau festgelegt. „Oma, es gibt Hack-feisch-so-ße!" Wäh-

rend er das Wort ausspricht, meint man zu spüren, daß die geliebte Soße schon seinen Gaumen netzt und große Seligkeiten in ihm auslöst. Er richtet nach altbewährtem Muster sein Kochstudio ein, verdonnert mich wieder zum Nudelnschneiden, daß mir am Ende mein rechtes Handgelenk wehtut. Für die Hackfleischsoße wählt er farbiges Papier, die Würfelform wird beibehalten. Er fliegt förmlich in seiner improvisierten Küche hin und her, sein Spiel ist richtige Arbeit. Plötzlich kommt er zu mir und sagt in seiner bewährten, bezaubernden Art: „Oma, schenkst du mir einen Herd zu Weihnachten?“ „Mal abwarten“, sage ich, „da muß ich auch mit Opa reden.“ Eigentlich finde ich dieses phantasievolle Spiel viel schöner. Ich muß mal mit Reni sprechen.
Während ich noch nachdenke, hören wir unten Geräusche an der Haustür. „Kommt deine Mama früher heim?“ Schon springt jemand leichtfüßig die Treppe hinauf. Es ist Martin, bei dem die letzte Schulstunde ausgefallen ist. Sein Gesichtsausdruck ist allerdings nicht ‘leichtfüßig’. Er steht wortlos in Marks Tür. „Was is, Martin?“ fragt Mark. „Du hast ein Problem“, sage ich ihm auf den Kopf zu. Der hängt plötzlich ganz tief, der große Junge greift in sein lockiges Haar und stößt hervor: „Die doofe Zicke! – Guck mal, die Zicke hat mir Haare rausgeschnitten.“ Während ich seine Stirnhaare prüfe, frage ich: „Wer ist die Zikke?“ „Das ist die doofe Verena, die ärgert mich immer. – Vorhin kam sie mit ‘ner Schere ganz nahe ran und hat geschnitten.“ „Wart ihr allein?“ „Nein, die andern haben alle gelacht.“ Ich prüfe seinen Kopf sorgfältig und sage ihm: „Man kann das ganz geschickt vertuschen, es ist dann fast nicht mehr zu sehen. Aber gemein ist es allemal. Das ist Körperverletzung. Hast du den Vorfall deinem Lehrer gemeldet?“ „Ja, der hat gesagt, das wächst wieder nach. – Die Mädchen kommen immer mit allem durch.“ „Du fühlst dich jetzt richtig beschädigt – ein wenig verstümmelt, stimmt’s?“ Ich streichle über seinen Lockenkopf.
Inzwischen steht auch Mark neben Martin; wir hatten ihn eine Weile nicht beachtet. Sicher hatte er mit offenem Mund gelauscht, alles in sich eingesogen und innerlich umgesetzt in das,

was wir nun erleben: Zunächst hat er den großen Bruder nicht aus seinem Zimmer verscheucht. Nun geht er auf ihn zu, schaut zu ihm hoch, streicht mit seiner rechten Hand über Martins linken Arm, auf und nieder und sagt mit Inbrunst: „Aamer Martin, sei man nicht traurig. Aamer Martin!“ Das kleine Händchen gleitet noch einige Male auf und nieder. Ich bin entzückt über die Entwicklung dieser Bruderschaft, die ich ohne Martins Lockenverlust nicht erneut bestätigt bekommen hätte.
Um Martins Gedanken in dieser Sache in eine andere Richtung zu bringen, frage ich ihn: „Du, ob die Verena vielleicht was von dir will? – Mädchen kommen manchmal auf die zickigsten Ideen.“ Martin macht das dümmste Gesicht, das er hat. „Ooooh, meinst du, Oma? – Glaub ich nicht.“ Er hat nun Stoff, um nachzudenken – und seine Person ist dabei sehr wichtig geworden.
Reni kommt pünktlich nach Hause. Ich höre, daß sie sofort in die Küche geht und das Schwungrad für die Mittagsmahlzeit anwirft. Schalter werden betätigt, Wasser läuft, Teller und Bestecke klappern. „Bleibt hier oben, ich begrüße die Mama und helfe ihr ein wenig.“ Nur nicht alle nach unten stürmen, denke ich, sie ist bestimmt abgespannt. Aber beide Jungen kommen mit. Mark will seine Mama drücken und Martin ihr seine Lokkengeschichte erzählen. Wie ich es vorausgeahnt hatte, so kommt es auch. Der Unmut steht Reni im Gesicht geschrieben. Ich bekomme den freundlichsten Gruß, bei Mark geht es noch leidlich, aber als Martin, nur an seine Sache denkend, zu sprechen beginnt und die Schnittstelle in seinem Stirnhaar zeigen will, sagt sie unwirsch: „Na und? – Dat ist dein Problem!“ Martin dreht augenblicklich ab, steckt die Hände in die Hosentaschen, senkt den Kopf und verharrt in stummer Klage vor der Wand. Dann kommt erneut, fast weinerlich heraus: „Alle haben mich ausgelacht!“ Reni: „Hast du dat gemeldet?“ „Ja.“ – „Na also, dann is ja allet in Ordnung.“
Ich bin entsetzt. Mark schaut mich mit Riesenaugen an, er hat heute wirklich keinen Grund, sich vor Martin aufzubauen und

ihm seine Schusseligkeit vorzuwerfen. Ich führe beide Jungen ins Wohnzimmer und flüstere Martin zu: „Deine Mama ist etwas erschöpft, und jetzt muß sie sich auf das Mittagessen konzentrieren. Du mußt besser ein wenig warten mit deinen Problemen." Aber das begreift kein Kind, ich weiß es. Eine Mutter ist die Abladestelle, die Trösterin, sie ist der Mensch, der alles wieder zum Guten wendet. – Armer Martin!

Die Ausstellung des Malers Janus ist aufgebaut und eröffnet. Schade, die Attenberger kamen nicht zu der kleinen Vernissage. Martin wäre sehr gern dabei gewesen. Ich bemerkte allerdings schon seit einiger Zeit bei Reni, daß sie alles, was mit Rügen zusammenhing, beiseite schob, nicht in den Vordergrund holte, vor den Kindern verheimlichte. So wurde sogar auch mein Rügenbesuch im Herbst geheim gehalten. Sie fand es besser so. „Es gibt dann zu viel Aufregung", sagte sie damals vor meiner Abreise. Dabei sollen Pflegeeltern mithelfen, die Vergangenheit mit den Kindern aufzuarbeiten, denn auszulöschen ist sie ja nicht.
Das locker geplante Treffen mit dem Maler Janus und seiner Frau kam nicht zustande, weil Reni vielerlei 'Wenn und Aber' vorbrachte. Doch da gab es Anfang Dezember ein Konzert im Nachbarstädtchen, zu dem die gesamte 'Großfamilie' Karten hatte. Ich besorgte außerdem noch welche für das Malerehepaar. Martin durfte genau zehn Minuten mit den vertrauten Rügener Gästen in der Pause sprechen, mehr duldete Reni nicht. Was war in sie gefahren? Irgend etwas schien sich in unserer familiären Beziehung zu verändern, Reni bewegte sich auf anderen Gleisen, von denen ich noch nicht erkannte, wohin sie führten. Obwohl die Ausstellung in Lüdenscheid zwei Monate dauerte, bekam Martin sie nicht zu sehen. Ich war sehr traurig darüber.
Ute, die Kunsterzieherin, zeigte sich beeindruckt über den veränderten Jungen. „Er ist viel reifer geworden", meinte sie anerkennend auf der Rückfahrt nach dem Konzert. Auch Janus bestätigte: „Er ist ruhiger, gesammelter und konzentrierter als vor

einem guten Jahr.“ All meine Sorgen und Bedenken behielt ich für mich.

Alle Eltern werden es wissen, daß nicht nur angenommene Kinder Sorgen machen können, auch eigene stellen Vater und Mutter oft vor große Probleme. Hanne war erst einmal aus Aachen zu einem Wochenendbesuch nach Hause gekommen; nun läßt sie sich nicht mehr sehen. Reni ist ratlos. „Sie lädt mich auch nicht ein“, sagt sie mir immer wieder am Telefon. „Ihr Freund ist schon dagewesen, aber für mich hat sie einfach keine Zeit. Als sie Ende Oktober hier war, hat sie mir ein Zimmer hinterlassen, als hätte dort eine Bombe eingeschlagen. Dabei hatte ich ihr zur Begrüßung Rosen in die Vase gestellt.“
Ich hielt mich sehr zurück mit einer Kritik, denn ich konnte das Verhältnis Mutter – Tochter schlecht beurteilen, war Hanne doch selten in unserer Runde, sondern viel mit ihrem Freund zusammen. Wenn sie da war, verhielt sie sich ungewöhnlich ruhig, war freundlich und half auch, wo es nötig war. Wohl hatte ich bemerkt, daß sie sehr an ihrem Vater hing. Ihre Brüder schien sie ohne Vorbehalte zu akzeptieren, genoß sicher die Verehrung Martins und die bedingungslose kindliche Zuneigung des Nesthäkchens. Mit uns war sie zufrieden, wir hörten es von Reni und merkten es auch selbst. Für mich blieb die Frage offen: Warum lud sie ihre Mutter nicht nach Aachen ein?

Ein aufregender Tag rückte für Mark und mich heran: Der Nikolaus meldete sich an und kam glücklicherweise an einem Dienstag. Da war es mir vergönnt, Marks Erregung voll mitzuerleben. Auf den Beifahrersitz stellte ich eine prall gefüllte Nikolaustüte, hatte auch für Martin eine im Hintergrund. Das Wohnmobil parkte ich so, daß es vom Schulhof aus nicht zu sehen war.
Da! – Mark stürmt auf mich los, wirkt wie elektrisch geladen, verhaspelt sich beim Sprechen; ich kann ihn kaum verstehen. Allmählich spricht er langsamer, artikuliert deutlicher – es ist

nur das eine Thema: Nikolaus! – Der war schon früh zu Hause gewesen und dann noch einmal in der Schule. In seiner Klasse hatte er ihn selbst gesehen, zu Hause nicht. Alles sprudelt aus dem Kind heraus: Langer, weißer Bart – großer Sack – nein, die Rute hatte er nicht gebraucht. Wortfetzen, Satzfragmente, aber Oma versteht alles. Beinahe wäre Mark in den großen Sack hineingefallen. Ja, alle aus seiner Klasse durften tief hineingreifen. Das Kind wippt hin und her, auf und nieder, die Augen suchen in allen Richtungen. „Oma, ob er hier wohl noch auf der Straße ist?" „Ich weiß es nicht, wir gehen mal zum Wagen, dann passen wir bei der Heimfahrt gut auf, ob wir ihn irgendwo sehen."

Tornister und Turnbeutel in der einen, einen hüpfenden, schaudernden Mark an der anderen Hand, dazu die ruckartigen Kopfbewegungen des Jungen, der neugierig und ängstlich zugleich in die Runde schaut, so erreichen wir das Wohnmobil. Dort überwältigt uns das Unbegreifliche: Der Nikolaus war im Wagen gewesen! Mark ist sprachlos. „Ich hatte alle Türen abgeschlossen. Die Fenster waren auch zu." – „Kommt er durch die Wand – wie das Christkind, Oma?" Bei diesem heiligen Namen geht wieder ein Schauder durch den kleinen Körper. „Ich weiß nicht, Mark, auf jeden Fall hat er dir eine Tüte voll für eine gute Heimfahrt ins Auto gelegt."

Wir fahren dann ein paar Meter zum Friedhofsparkplatz mit den vielen Bäumen. Hier kann man in drei Straßen einsehen, denn irgendwo muß der Nikolaus ja sein. Mark klettert aus dem Wagen, schaut in alle Richtungen, zwischendurch immer wieder zum schützenden Wohnmobil samt Oma, der bewährten Fluchtburg für alle kritischen Fälle.

Diesmal bewähren sich Omas Augen, sie sieht nahe dem Friedhofseingang einen alten, klapprigen Lieferwagen und erhascht dahinter gerade den roten Zipfel einer verdächtigen Mütze. – Nikolaus scheint seinen Sack neu zu füllen. „Komm, Mark, ich hab ihn!" flüstere ich dem Jungen durch das geöffnete Fenster der Fahrertür zu. Da erscheint der heilige Mann auch schon in voller Größe, trägt seinen neu gefüllten Sack, in der anderen Hand einen langen, oben gewundenen und kunstvoll verschnörkelten Stab. Mark preßt meine Hand ganz fest, während wir langsam und respektvoll seiner Heiligkeit entgegenschreiten. „Guten Tag, lieber Nikolaus, hier ist ein guter Junge, der dich noch einmal ganz nahe sehen möchte." Der rotbetuchte Mann findet freundliche Worte für das Kind, das mit halboffenem Mund in einer Art 'Hab-acht-Stellung' lauscht, nebenbei kritisch beobachtet und plötzlich fragt: „Warum hast du jetzt eine Brille auf?" Der Preßschmerz in meiner Hand verstärkt sich. „Un den Stock hast du auch nicht gehabt – vorhin in der Schule." Nikolaus weiß sich zu helfen: „Ich habe noch ein paar Gehilfen eingestellt, allein schaffe ich das nicht bei den vielen Kindern in Attenberg." „Was machst du mit dem Stock?" „Damit fange ich die bösen Kinder ein." – Mark weicht unwillkürlich ein paar Schritte zurück. Als der Stab des Heiligen aber seine Senkrechtstellung behält, wagt er die nächste Frage: „Un wie bist du in Omas Auto reingekommen?" Nikolaus lächelt weise und sagt: „Das verrate ich nicht. Ich kann überall hinkommen, überall – wohin ich will."

Wir bedanken uns artig, daß der Vielbeschäftigte uns so viel von seiner kostbaren Zeit geschenkt hat und verabschieden uns. Mark ist überglücklich. Er fühlt sich bevorzugt vor allen anderen durch das freundliche Gespräch mit dem Heiligen. Auf der Heimfahrt späht er nach Gehilfen aus, aber uns begegnen keine mehr.

Zu Hause will er mit Hilfe seiner Oma und eines Bauplanes einen Sattelschlepper zusammensetzen. Dabei bewahrheitet sich der weise Spruch: 'Aller Anfang ist schwer.' Noch nie habe ich Legobausteine planvoll zusammengesetzt. Mark hat bessere Augen, schnellere und sehr geschickte Finger und durch Papa auch mehr Übung. Ich seufze ganz tief und sage: „Ich kann das nicht so gut. Du bist viel besser." Da erwidert das ehrliche Kind: „Nu bin ich aber enttäuscht, Oma." Ich knicke zusammen vor Schmach und bringe noch mehrere intensive Seufzer hervor.

Mark legt seinen Baustein zur Seite, streicht mit seinem Händchen immer wieder über meinen Oberarm und sagt: „Sei man nich traurig, meine liebe, liebe Oma, is nich so slimm – sei man nich traurig!" Im Verlauf der nächsten Viertelstunde wachsen wir zusammen zu einem vorbildlichen Arbeitsteam, helfen uns gegenseitig und zeigen Reni bei ihrer Ankunft stolz den vollendeten Zugwagen.
Ich freue mich besonders darüber, daß Mark so ausdauernd arbeiten konnte, er dagegen platzt fast vor Glück, weil seine Oma so viel bei ihm gelernt hat.
Martin nimmt später seine Nikolaustüte dankbar an. Ansonsten lächelt er leise über Marks große Nikolausaufregung.

Am Ende der Woche ruft Reni noch einmal nach mir: „Die Kinder wissen nichts. Wir überraschen sie mit einer Kaffeetafel." – Ich halte mehr als zweihundert Meter entfernt vom Haus und komme mit Renis Hilfe unbemerkt hinein. Kurz danach sitze ich am Eßtisch vor leckerem Kuchen, während Reni nach den Jungen ruft. – Fast fliege ich vom Stuhl, so groß ist der Jubel. Ein Nachmittag voller Glück vergeht wie im Fluge. Wie immer sitzt Ralf leise lächelnd dabei und scheint nach innen zu gucken.
Ich nutze die Gunst der Stunde und mache Musiziervorschläge für die Advents- und Weihnachtszeit: Zwei Geigen, ein Klavier, eine Blockflöte und ein winzigkleines Cello. „Oh ja, das machen wir!" Auch erinnere ich an das Weihnachtsmärchen im Lüdenscheider Kulturhaus. Wie schön war es doch im vorigen Jahr! „Bitte, bitte, Mama, dürfen wir?" Reni macht kleine Einwendungen: Martin muß bessere Schulnoten heimbringen und Mark nicht so unwillig bei seinen Hausaufgaben sein. – Mark und Hausaufgaben! – Ein wenig dreht sich mir der Magen um bei diesem Gedanken. Ich hatte vor kurzem erlebt, daß er als Pflichtübung einen riesengroßen Frosch grün ausmalen mußte. „Das machst du aber fein! Ich glaub, es macht dir Spaß." „Aber Oma, das ist sooo langweilig!" – Doch heute ist das Glück vollkommen. Nach der Kaffeetafel nimmt Mark meine Hand, führt

mich ins Wohnzimmer zu einem Sessel und sagt wie ein kleiner Kavalier: „Komm, setz dich, du kiegst den Sessel, du bist unser Gast, bitte, setz dich!“ – Bei der Heimfahrt denke ich: Du mußt jetzt Noten vervielfältigen und Theaterkarten besorgen.

Ich habe meinen Fuß bei einem Nachbarn vor der Haustür verstaucht und bin beladen mit einem stattlichen Bluterguß. Bein hochlegen, kühlen – Werner ist in Hamburg. Am Dienstag hole ich Mark trotzdem von der Vorschule ab. Zu Hause zeige ich ihm meinen Bluterguß. Er soll wissen, daß ich heute ein wenig behindert bin. Der Junge schaltet sofort. Was bietet sich an: das Doktorspiel – und jetzt ist es fast ernst damit. Ich muß mich hinlegen. „Nicht aufstehen, Oma!“ Ein drohender Zeigefinger fuchtelt durch die Luft. Mark verschwindet und kommt mit Bindfaden und Schere zurück. „Herr Doktor, es tut sehr weh, bitte nicht drücken, dann schreie ich!“ Der Bindfaden wird in Marks Phantasie zur breiten Mullbinde. Er beginnt zu wickeln, sorgsam, umsichtig, eifrig, Zunge im rechten Mundwinkel. – „Stillhalten, Oma!“ – Mal rechts vom Bein, mal links, halb gebeugt und ganz konzentriert. Ein tiefer Seufzer: „Fertig! – Bleib liegen!“ Er besorgt einen zweiten Strick, schlingt ihn mehrfach um beide Beine. „Damit du nicht aufstehst!“ Wieder sehe ich den drohenden Zeigefinger. – Ich liege gottergeben auf der Ledercouch, blinzele durch die Augenschlitze, sehe das eifrig behutsame Kind und gebe mich ganz seiner Fürsorge hin.
Doktor Mark ist wieder weg. Er holt Tabletten aus der Küche. Es sind Schokoladenplätzchen – der Patient ist nicht abgeneigt, der Doktor auch nicht. Dann: „Ich muß mit Doktor Puddelig telefonieren, er soll sich das mal ansehen.“ Doktor Mark springt zum Telefon, spricht aufgeregt in den Hörer. Dann erscheint Doktor Puddelig, zieht die Stirn in Falten, gibt kluge Ratschläge: Es muß gespritzt werden. Doktor Mark kommt mit Spritzen – es sind Holzstäbchen für Rindfleischrouladen – die Behandlung geht an die Schmerzgrenze. „Nu kiegst du Schmerzme'zin!“ Er

flößt mir Zuckerwasser aus einem Schnapsglas ein. Doktor Mark ist auch bedürftig; er bedient sich reichlich.
Reni erscheint, ist mürrisch, wie immer, wenn sie aus der Schule kommt. „Wir wollen Mama nicht stören", rate ich Doktor Mark/Puddelig. Und wie immer ist sie nach dem Essen gelassen und heiter. Ich erzähle ihr ausführlich von unserem Spiel, weil immer noch aus der Vorschule die Klage kommt, Mark beteilige sich nicht am Rollenspiel.
Zu späterer Stunde lerne ich Doktor Puddelig in der Fernsehserie 'Immenhof' kennen, der den Kindern im Film Kinogeld schenkt. Zum Dank umarmen sie den alten Doktor. Der pfiffige Mark sagt darauf zu mir: „Oma, gib mir eine Mark, dann kiegst du einen Kuß." „Nein, danke, solche Küsse mag ich nicht so gerne." – Er lebt jetzt in Westdeutschland, denke ich, auf Rügen hätte er das nie gesagt.

Während wir 'Immenhof' anschauen, ist Martin in heller Aufregung. Er hat heute einen großen Tag. Schon seit dem Frühjahr, d.h. nach seiner Kommunion im April, wird er von seinem Kaplan für den Meßdienst vorbereitet. Nun soll er in der Abendmesse zum ersten Mal Meßdiener sein. Aus der Familie hat niemand Zeit mitzukommen. Ich merke sehr deutlich, wie traurig Martin darüber ist. Deshalb bleibe ich länger, als ich eigentlich wollte, fahre mit ihm zur Kirche und sitze in einer der vorderen Reihen, um ihn gut sehen zu können.
Der moderne, Ruhe ausstrahlende Kirchenraum ist voller Harmonie, die sich dem Besucher mitteilt. Auch Martin wird das empfinden, denke ich. Er wirkt gesammelt und innerlich ruhig, als er wenig später neben seinem Kaplan steht. Alle seine Bewegungen sind sicher und ausgeglichen, sein klares Jungengesicht ist voller Unschuld – ob ihm die Kirche helfen wird, seine Vergangenheit zu bewältigen, sein inneres Gleichgewicht zu finden? Seine Pflegeeltern werden es nicht können, das war mir inzwischen längst klar. Renis hochfliegende Erziehungsmethoden waren zerplatzt wie Seifenblasen, sie konnten aufflackern wie

eine lodernde Fackel, um dann zum Schrecken aller fast grundlos zu verlöschen. Reni ist zu sprunghaft – und Ralf? In zwei Worten sei es gesagt: Er ist lieb und lahm. – Martin wird es am schwersten haben von beiden Jungen, nie hätte ich das gedacht.

Die Liturgie zieht sich endlos hin, ich bin innerlich nicht bei der Sache, schaue auf Martin und auf sonst nichts. Er mag seinen Kaplan, kann mit ihm reden, fühlt sich angenommen, das weiß ich. Hoffnung geht von hier aus, ein kleines Fünkchen Hoffnung.

Reni hat mir erzählt, daß er fast jeden Sonntag die Kirche besuchen will. „Er hilft einem behinderten Mann", sagt sie. „Aber dat ist alles nicht echt, er will nur auffallen." Inzwischen ist die Messe zu Ende. Ich warte in der Vorhalle auf den Jungen. Als er kommt, sage ich ihm: „Es war wunderschön, ich hätte beinahe geweint." Auch der Kaplan erscheint, und Martin sagt ihm freudestrahlend: „Das ist meine Oma, sie hätte vorhin in der Messe beinahe geweint." – Als ich Martin kurz danach vor seiner Haustür absetze, bedankt er sich herzlich. Ich kann einfach nichts Unechtes an ihm erkennen.

Fünf Tage später ruft Martin an: „Oma, ich muß bei der Musikschule zwei Stücke vorspielen. Kommst du?" Als ich das Datum höre, kann ich eine Zusage geben. Diesmal ist auch Reni mit Mark da. Merkwürdigerweise sitzen wir aber nicht zusammen. Martin bleibt bei mir, bis er drankommt. Er braucht einen ruhenden Pol, denn er ist innerlich erregt. Sein Geigenlehrer ist nicht gekommen. Der Leiter der Musikschule will den Klavierpart übernehmen und hat einmal ganz kurz mit Martin geprobt. – Es ist soweit. „Ich drück dir die Daumen!" – „Okay, Oma!" – Die Geige wird gestimmt, Martins Ohren röten sich, das Spiel beginnt. An zweiter Stelle steht das schwierigere Stück mit schnellen Läufen und Bindebogen. Einige Stellen sind nicht ganz sauber, auch vergißt Martin zunächst die Wiederholung, erschrickt, lacht verlegen und spielt los. Warum steht er minde-

stens fünf Meter vom Klavier entfernt und kann seinen Begleiter gar nicht sehen? Alles Negativpunkte für die Musikschule. Als er geendet hat, kommt er sichtlich erlöst mit seiner Geige zu mir. „Ich war nicht immer sauber, Oma, stimmt's?" „Du hast ein gutes Gehör! Ja, ein paar Stellen waren unsauber." – „Und bald hätt ich die Wiederholung vergessen." „Aber du hast dich schnell besonnen, und alles hat geklappt. Das kann jedem mal passieren. Du hast ja weitergespielt. Es war schon in Ordnung."
Wir gehen am Ende aller Musikvorträge zu Reni und Mark. „Du hast toll sauber gespielt", sagt Reni zu ihrem großen Sohn. Martin guckt mich an, ich bin starr, gucke auf die Uhr und verabschiede mich schnell, einen traurigen Mark zurücklassend.

Das Weihnachtsfest steht kurz bevor. Diesmal weiß ich nicht recht, ob ich mich freuen soll oder nicht. Das gemeinsame weihnachtliche Musizieren hatte Reni immer zu verhindern gewußt. Warum? Ich hatte alles gut vorbereitet, für Mark leere Saiten auf seinem Cello notiert, damit er uns einen guten Kontrabaß liefern konnte. Reni hatte bei jedem neuen Anlauf von mir eine Ausrede parat.
Genauso erging es mir mit dem diesjährigen Weihnachtsmärchen. Es war sehr schade!
Zwei Tage vor Weihnachten ruft Reni an und berichtet, daß Martin wieder nicht gespurt hat. „Weihnachten fällt aus!" Ich kontere: „Dann strafst du ja alle." „Dann bleibt Martin oben in seinem Zimmer." – Werner und ich beschließen nach längerer Überlegung, nach Attenberg zu fahren und mit Martin oben in seinem Zimmer zu feiern.
Mit Schaudern denke ich an die erste weihnachtliche Bescherung in Lohme auf Rügen 1991, in Martins Kinderheim. Während wir in dem großen Speisesaal Lieder sangen, Kaffee tranken und Geschenke verteilten, verbrachte ein 'Sündenbock' das christliche, mitmenschliche Fest oben auf dem finsteren und kalten Dachboden des riesigen Hauses. Ich erfuhr erst hinterher davon, sonst hätte ich die Verteilung der Geschenke verzögert.

War Reni auf den Spuren des Lohmer Heimleiters?
Die starke Drohung zerplatzte wie eine Seifenblase. Mit zwiespältigen Gefühlen standen wir am 24. Dezember 1994 zur verabredeten Zeit vor der Attenberger Haustür. Reni war noch in Arbeitskleidung. Die Waschmaschine hatte versagt und eine saftige Überschwemmung im Kellerbereich verursacht. Hanne war auch gekommen und hatte ihrer Mutter ihre gebrauchte Wäsche vor die Waschmaschine gepackt. Die Überraschung für uns war perfekt, als wir Ralfs Schwester kennenlernten, die als Logierbesuch gekommen war und von deren Existenz wir bisher nichts erfahren hatten.
Zunächst aber blieb mir keine Zeit, mehr über sie nachzudenken, denn Reni bugsierte mich zusammen mit Mark in das kleine Terrassenzimmer, während Ralf sich um Werner und seine Schwester kümmerte und Martin oben in seinem Zimmer noch letzte Hand an seine Weihnachtsgeschenke legen mußte. Herrlich, eine befristete Wartezeit mit Mark allein. Ich steckte den Kopf noch einmal nach draußen und rief Reni zu: „Bloß nicht hetzen, es kommt doch nicht auf eine halbe Stunde an!"
Mark entwickelte mir wieder einen konkreten Plan. Er wollte aus dem dunkeln Zimmer heraus auf die schwach erleuchtete Terrasse schauen und hoffte inbrünstig, durch die große Fensterscheibe das Christkind zu erspähen.
Nach vorne die ganz waghalsige Neugier, nach hinten die Oma. Sie gab Schutz und Wärme. Bei ihr konnte man sich anpressen und festhalten. Ein kleiner Jungenkörper in Hochspannung: zwischen grenzenloser Wißbegier und beruhigender Geborgenheit.
Reni hatte uns Weihnachtsmusik angestellt, die wohltuend im Hintergrund blieb und unser nun beginnendes leises Zwiegespräch nicht störte. Ich beruhigte den fast elektrisierten Jungen, versuchte ihn abzulenken, fing flüsternd an, ihm Geschichten zu erzählen, Geschichten von früher. – Immer mehr fiel mir ein von damals, von der eigenen Kindheit, von den Schummerstunden mit Mutter und Schwester – zwei fragende Mädchen,

die wissen wollten, wie es früher war. Und wie unwirkliches Licht huschten die Scheinwerfer der wenigen Autos durch das Zimmer über Wände und Decke, zauberten das Muster der Gardine für Sekunden an die hellen Flächen, ließen sie wandern und im Dämmern untergehen. Immer wieder wollten wir die gleichen Geschichten hören, wortgenau, ganz präzise. Einen besonderen Klang bekam Mutters Stimme, wenn sie aus ihrer niederrheinischen Heimat erzählte. Schwang immer noch Heimweh mit?

Da, Mark holt mich in die Attenberger Welt zurück, preßt sich fest und fast ruckhaft gegen mich, während sich seine Füßchen gegen die Sofalehne stemmen. „Oma, horch mal, daaaa!" Irgend etwas bewegte sich draußen, ein Vögelchen, ein Hase oder eine fremde Katze? „Nein, das Christkindchen ist es nicht, Mark, wir passen beide gut auf!"

Ich horche ins Haus hinein, vernehme leise Geräusche, nichts, das auf einen Abschluß hindeutet. Gesegnet sei Renis bockige Waschmaschine, gelobt die Überschwemmung! Mark und ich sind mitten in einer Traumstunde, die nie enden möge.

Wieder das Kind, es ruckt mit seinem Körper, packt mit seinen Händchen meinen Oberarm. „Oma, das Christkind?" „Ich glaube nicht, Mark, das Christkind leuchtet bestimmt ganz hell." Der Junge richtet sich plötzlich auf, löst sich ein wenig von mir – die Angst ist weg. Er gleitet in eine ganz andere Spannung hinein, denn seine Falten auf der Stirn verraten es: Er denkt. Mark schaut mich an und formuliert so klar und deutlich, wie er es immer tut, wenn er etwas ganz Wichtiges sagen will: „Oma, das Christkind wird Weihnachten geboren und schenkt allen Menschen was. – Und Ostern, Oma – Ostern haben sie ihn angenagelt! Warum, Oma?"

Ich kann nicht gleich antworten, drücke den kleinen Körper an mich und streichele das Köpfchen, um Zeit zu gewinnen für die richtigen Worte. Von König Herodes muß ich ihm erzählen, der keinen mächtigeren König über sich dulden wollte, von all denen, die nicht begriffen, daß Christus Gottes Sohn ist und kein

weltlicher König. Wie schwer ist es, einer reinen Kinderseele diese Zusammenhänge zu erläutern.
Mitten in meine stockenden Anfangssätze hinein läutet das Glöckchen. „Jetzt ist das Christkind von der Straßenseite gekommen, Mark, und wir haben es nicht gesehen." Die ganze Familie trifft sich im Weihnachtszimmer. Alles, was nun folgt, erlebe ich wie im Traum, denn ich hatte meine Weihnachtsstunde eben mit Mark erlebt, mit dem 'Heidenkind' von Rügen.

Drei Kinder musizieren Weihnachtslieder: Geige, Klavier und Cello. Hanne hört mittendrin auf und sagt erbost: „Mama, muß das sein? Mark stört mich entsetzlich." Aber Reni will Mark am Cello sehen, da hilft nichts. – Wieder kniet Martin vor der Krippe, bedeckt sein Gesicht mit beiden Händen und verharrt in stummer Andacht; wieder steht Mark halb gebückt in gebührendem Abstand neben seinem großen Bruder und kommt aus dem Staunen nicht heraus.
Geschenke werden ausgetauscht, Fotos betrachtet – für Edith, Ralfs Schwester, habe ich ein schönes Foto von beiden Jungen. Sie ist sehr überrascht und bedankt sich herzlich. Sonst sitzt sie still inmitten der Familie – ein ganz liebes Gesicht, etwas geistesabwesend, große Ähnlichkeit mit Ralf. Schwermut? Etwa bei beiden? Oder was ist es sonst? – Wie würde Ralf zurechtkommen ohne Reni? Und umgekehrt? Waren die beiden Heimkinder eine Art Medizin für sie? – Und warum sah Ralf seinen Bruder nie, der Professor in Freiburg ist, warum Reni ihre Schwester nicht, die in Göttingen eine Ehe mit einem Nobelpreisträger führt? Warum war Reni so oft uneins mit ihrer Mutter? Fragen über Fragen gingen mir durch den Kopf.
„Ralfs Schwester lebt in einem Heim, sie wird nicht allein mit dem Leben fertig." Das hörte ich von Reni. Edith blieb eine Woche in der Familie; die Kinder akzeptierten sie freundlich. Nach diesem Weihnachtsfest rätselte ich erneut und verstärkt über Ralf.

Mark hatte mehrere Kleingeschenke von uns bekommen, Martin einen Fotoapparat, weil ich glaubte, eine gute Begabung für die Bildgestaltung bei ihm zu erkennen. Für Hanne hatte ich einen Bildträger ohne Foto. Sie sollte sich eins wählen, damit in ihrer Studentenwohnung in Aachen ein Wunschbild an der Wand hängen würde.
Zwischen Weihnachten und Neujahr brachte ich das Wahlfoto nach Attenberg. Reni und Mark zeigten mir stolz und freudestrahlend einen niedlichen, kleinen, roten Fotoapparat. „Der gehört Mark!“ sagte Reni fast triumphierend. Ich war etwas bestürzt – wegen Martin.

Im Januar erkrankt Reni. Nach einem Termin beim Amtsarzt wird sie für mehrere Wochen krank geschrieben, gleichzeitig aber auch zur Neurologie geschickt zu weiteren Untersuchungen. Wir sind alle sehr in Sorge. Reni ist mager geworden. Sie hat kaum noch Waden; der Muskelschwund setzt sich über das Gesäß in den Rücken und die Arme fort. Nach den neurologischen Untersuchungen ruft sie mich an und ist sehr aufgeregt: „Ich soll für längere Zeit in eine Klinik, aber dat geht nicht. Da bleiben ja zwei arme Seelchen zu Hause auf der Strecke. Nein, ich kann die Kinder nicht allein lassen.“ Ich frage Reni nicht nach der Diagnose. Das muß sie freiwillig preisgeben oder es sein lassen. Die Situation ist bedrückend.
Muskelschwund kann verschiedene Ursachen haben, eine davon ist einseitige Ernährung. Bei allen Festlichkeiten, aber auch an den Alltagen, an denen ich Mark von der Vorschule abholte, kochte sie reichlich, aß selbst aber kaum etwas. Sie telefonierte sogar oft, während wir aßen, was mir gar nicht gefiel. Bier dagegen trank sie regelmäßig. „Dat ist flüssiges Brot“, so waren ihre Worte. –
In der Folgezeit bekommt Reni ambulante Anwendungen und bleibt der Schule fern. Dadurch fallen die Abholtage für Mark und mich zunächst fort, denn Reni hat jetzt selbst Zeit dazu.

Bei einem Kurzbesuch in Attenberg gerate ich in eine recht düstere Stimmung. Martin schleicht durchs Haus, Mark kommt sofort zu mir und hält sich fest. Reni ist nicht zu sehen. „Wo ist eure Mama?“ „Oben“, piepst Mark kläglich, „in mein'n Zimmer.“ Ich steige die Treppe hinauf und finde Reni in der Hocke sitzend inmitten von Kinderspielzeug und Wäsche. Bett und Fußboden sind damit übersät. Was war geschehen? Mehrere Tage hatte sie Marks Zimmer nicht betreten und es heute in diesem Zustand vorgefunden. Reni ist wütend! „Er soll jeden Tag aufräumen! – Er tut dat nicht!“
Mark sitzt kurze Zeit später neben mir auf dem Sofa, lehnt sich erschöpft an, seufzt und sagt in ehrlicher Selbstanklage: „Oma, ich hab es doch immer wieder versucht. Es geht nicht, ich krieg das nicht hin. – Oma, ich kann nicht mehr!“ Ganz leise und eindringlich rede ich mit ihm, bringe mehr Trost als Tadel in meine Sätze unter und habe das merkwürdige Gefühl, in diesem Hause in ein dichtes Nebelmeer zu schauen und nichts mehr klar zu erkennen.
Ich nehme folgende Gedanken mit heim: Niemand hat Mark beim Ankleiden beraten oder ihm dabei geholfen, niemand hat sein Bett gemacht, hat sein Zimmer gelüftet. Einen vollkommen chaotischen Raum kann kein Kind von knapp sieben Jahren aufräumen. Dazu fehlt ihm die Übersicht. Die Ordnungskriterien sind einfach noch nicht da. –

Auch Martin hat erneut Probleme. Ein Mädchen neckt und ärgert ihn auf dem Schulhof, seine Klassenkameraden hetzen ihn auf, da schlägt er zu. Danach kommt es wie immer: Der aufsichtführende Lehrer stellt nur ihn zur Rede, nicht das Mädchen. Martin verläßt wutschnaubend den Schulhof, ist für fast zwei Stunden verschwunden. Als er zu Hause erscheint, beichtet er unter Tränen. Reni ruft die Mutter des Mädchens an, auch den Lehrer. Das Mädchen hat wohlweislich zu Hause nichts über den Vorfall berichtet, der Lehrer zeigt jetzt Verständnis.

Ich gebe Martin unsere Telefonnummer. „Solltest du wieder einmal in Wut weglaufen, besinnst du dich zuerst auf Oma und Opa. Mama ist jetzt oft unterwegs wegen ihrer Therapien, und Papa ist auch nicht erreichbar. Bevor du etwas Dummes tust, rufst du uns an, bitte!“ „Danke, Oma“, sagt Martin und schnurrt die Nummer herunter, ohne auf den Zettel zu gucken.

Noch im Januar 1995 bringe ich Reni bei einem Besuch einen von mir geschriebenen Tatsachenbericht mit, der vor allem über Marks Schicksal erzählt, in den aber auch Martins Leid und Glück eingewoben sind. Das wird sie hoffentlich aufmuntern, denke ich, denn Ralf und Reni sind in dem Bericht dargestellt als ein bewunderungswürdiges, selbstloses Ehepaar.
Warum hatte ich die Geschichte von Mark und Martin aufgeschrieben? Den Anstoß dazu gab mir mein Hausarzt, der beide Kinder durch meine mündlichen Berichte und Fotos kannte und sie schließlich persönlich kennenlernte. Danach riet er mir: „Sie müssen alles aufschreiben. Der kranke Mark ist doch durch Sie ein zweites Mal auf die Welt gekommen.“ Immer wieder und in großer Offenheit sprachen wir über das Kind und seine Oma. Da setzte ich mich hin und schrieb im Herbst 1994 über das ‘Heimkind Nummer 17’, wollte Ostdeutsches und Westdeutsches gegenüberstellen, auf die Not der Heimkinder aufmerksam machen und von einer Pflegefamilie berichten, die selbstlos bereit war zu helfen.
Dr. Höhfeld und seine Frau lasen das kleine Werk, das ich im Januar 1995 von ihnen zurückbekam. „Das muß an die Öffentlichkeit, das müßte sogar verfilmt werden“, so waren die Worte meines Arztes. Wir überlegten gemeinsam und machten Pläne. „Ich muß zuerst das Einverständnis der Familie haben“, sagte ich mit Nachdruck.
So kam es, daß ich Reni mein Schriftstück zusteckte und sie bat, es zu lesen, mit Ralf darüber zu sprechen und die Kinder zunächst nicht damit zu belasten.

Reni ist freudig erstaunt. Schon nach zwei Tagen kommt ihre Reaktion in Gestalt von überschwenglichen Lobeshymnen. „Du hast ein gutes Gedächtnis. Ich wußte längst nicht mehr alles. Du hast dat großartig geschrieben. Ja, wir geben unsere Zustimmung.“ Ihr Lob gipfelt in der Frage: „Wann kommt die Fortsetzung?“
Die rasche Reaktion erstaunt mich. Eigentlich müßte man so etwas bedächtiger abwägen, denke ich, das Für und Wider sorgfältiger überlegen. Natürlich freue ich mich über die Zustimmung und gebe die Schrift an unsere Zeitung. Auch hier finde ich Anerkennung, doch bis zu dem Besprechungstermin geht noch etwas Zeit ins Land.

Zum Monatsende bringt Martin ein durchaus zufriedenstellendes Zwischenzeugnis heim. Sein Lehrer berichtet außerdem, daß viele seiner Auffälligkeiten, mit denen ein Heimkind behaftet sein kann, nur noch ganz selten und abgeschwächt zutage treten.
Mark dagegen ist tief gekränkt, daß er kein ‘Papier’ in Händen hält, hat er doch auch Leistungen gebracht. Reni lenkt ihn schnell auf ihre Art ab und sagt: „Du bekommst auch bald ein Zeugnis, bis dahin ißt du viel Vitamine, dann wirst du munter und bist fit.“ Mark läßt sich das nicht zweimal sagen, ißt Äpfel und Bananen, wartet eine Weile, horcht in sich hinein und um sich herum und sagt schließlich mit gerunzelter Stirn und tief enttäuscht: „Ich merk noch nix!“
Groß ist unser Schelm und Denker geworden! In einem halben Jahr wird er im ersten Schuljahr kaum noch auffallen als kleinwüchsiges Kind. Immer wieder wird an der Küchenwand gemessen, wie sein Längenwachstum fortschreitet. Wir könnten eigentlich zufrieden sein mit den beiden Jungen. Martin will seiner großen Schwester nacheifern; sie ist sein Vorbild. Reni erwähnt immer wieder: „Beide haben dat Zeug fürs Abitur!“ Unser Sorgenkind ist im Augenblick die junge Frau mit ihrer labilen Gesundheit, mit den starken Stimmungsschwankungen, den

Hochs und Tiefs, die sie fast täglich durchstehen muß. Auf diese 'Achterbahnfahrten' nimmt sie ihre ganze Familie mit. Oft seufzt sie sich abends am Telefon aus, ist danach wie erlöst. – Seit Reni meine Schrift gelesen hat, beginnt ihr Telefonat häufig mit der Frage: „Hast du wat zu schreiben da? – Hör zu: ..." Dann teilt sie mir Lustiges und Interessantes über die Kinder mit und bittet um die Niederschrift.

Im Attenberger Hause geschehen große Veränderungen. Trotz Renis schlechtem Gesundheitszustand sind seit einigen Tagen die Handwerker im Keller. Es entsteht eine völlig neue Wohnung, denn Reni plant weit voraus. Mark ist am liebsten im Keller. Zugucken, Handwerkszeug anpacken, mal schnell einen heimlichen Hammerschlag, danach die Bierflasche anheben und so tun als ob. Er blickt in eine ganz neue Welt. Da ist es eigentlich selbstverständlich, daß so ein kleiner Handwerker nicht in die Vorschule gehen will. Das ist doch alles Kinderkram! Aber hier im Haus ist ernste Arbeit. – Seinen Apfelsaft trinkt Mark nur noch aus der Flasche.
Eine schöne Ablenkung gibt es Anfang Februar. Endlich fahren Reni und Mark nach Aachen und lernen Hannes Wohnung kennen. Nach der Rückkehr findet Reni ihren kleinen Sohn nachts im Wohnzimmer. Dort baut er, auf dem Teppich hokkend, Hannes Wohnung mit Legobausteinen nach. Reni legt ihn wieder ins Bett. Morgens weint er und will nicht in die Vorschule. Er baut am Vormittag Hannes Wohnung fertig und sagt mit Inbrunst: „Ich hasse Aachen!"

Reni genießt ihre Krankschreibung, wirkt streckenweise ausgeglichener, hat auch das Gefühl, daß ihre ambulanten Therapien Wirkung haben. Für mich ist es erfreulich und erstaunlich zugleich, daß sie sich Martin wieder mehr nähert. Er spricht verstärkt von Mädchen, die ihm gefallen, die ihn aber überhaupt nicht beachten. Reni greift das Thema mit großem Interesse auf,

fast mit Lust, besorgt die Zeitschrift 'Bravo' für ihn und führt ihn ein in sexuelle Fragen.
Nebenbei plant sie für Ostern. „Wir wollen alle nach Malta. Wollt ihr mit? Das wäre fein! Vielleicht kommen auch die Gandersheimer mit, meine Mutter – mal sehen. Wir waren schon dort und haben ein tolles Quartier." Fast täglich spricht sie davon und beschwört einen lustig-heiteren Urlaub herauf. Bei Werner und mir wächst die Lust mitzufahren, zumal Renis Schilderungen vielversprechend sind: zwangloses Zusammensein, Gruppenbildungen nach Lust und Laune, gemütliche Abende ... Reni seufzt: „Dann hab ich sicher auch mal Zeit für Ralf." Soll sie haben, denke ich. Wir melden unsere Zustimmung, und Ralf leitet alle Formalitäten ein. „Feust du dich auch auf Malta, Oma?" Mark kräht froh durch das Telefon.

Renis Krankschreibung wird leider nicht verlängert. Schuldienst und Therapien laufen jetzt nebeneinander. Oma ist wieder gefordert, steht Mitte Februar vor Marks Schultür und freut sich auf das Kind. „Hurra, Oma, ich hab schon einen Plan!" Das Wetter ist gut, ein paar Fotos entstehen vom Vorschulkind mit Tornister, dann vom Beifahrer im 'dooßen Auto'. Nun aber den Tornister weg samt Turnbeutel! Die Bürde ist unsagbar groß. Im Wagen rückt der Schelm ganz nahe an Oma heran und wiederholt in seinem kindlichen Charme: „Oma, un nu mein Plan!" „Schieß los, ich bin ja so gespannt!" „Oma, Oma, wir fahren aus, das Wetter is soo ßön! – Bitte, Oma!" „Mm – mm ... ." Ich denke laut: „Eigentlich hat der Junge recht. – Wir fahren aus." Wir wollen nur den Tornister heimbringen, Mark soll Apfelsaft trinken und dann ... Als wir zu Hause vorfahren, bemerken wir Licht in der Küche. „Was ist da los, Mark? Hat Mama nicht ausgeschaltet?" „Weiß nich." Wir gehen nicht zur Terrassentür, sondern schellen vorne an der Haustür. Strubbel bellt erregt und springt kurz danach von innen an der Tür hoch, langsame Schritte kommen näher. – Reni öffnet uns, sieht erbärmlich aus. Sie hat ihre Therapie abgesagt, auch in der Schule angerufen.

Halsschmerzen und Fieber, es ist schrecklich! – Ja, wirklich, sie sieht bedauernswert aus.
Doch niemand hat an Mark gedacht. Er baut sich stramm vor seiner Mama auf, ballt die Fäustchen, die Röte steigt in sein Gesicht. „Nu verdirbst du mir den ganzen schönen Tag! Ich wollte doch mit meine Oma allein sein!" Das Kind zittert am ganzen Leibe. Ich bin erschrocken. „Mark, siehst du nicht, wie deine Mama aussieht? – Warte ab, wir überlegen jetzt." Reni ist ganz gelassen, als hätte sie Marks Ausbruch gar nicht gehört. „Du legst dich hin", schlage ich vor, „Medizin hast du doch sicher im Haus. Mark und ich fahren noch eine Weile weg, damit du Ruhe hast." „Nein, nein, nein, ich bleib nicht allein, nein, nein!" bricht es aus Reni heraus.
Sie zieht mich ins Haus, sackt auf einen Eßzimmerstuhl, Mark torkelt an meiner Hand mit. Wie ein Wasserfall ergießt sich ein Meer von Klagen über uns, derweil Mark immer wieder vorsichtig an meinem Ärmel zupft. „Oma, bitte, Oma!" Ich begreife nichts – Fieber und vor allem Halsschmerzen – und dann diese Redeflut? Was ist los? Nebenbei streichle ich beruhigend Marks Händchen. – Langsam bekomme ich die Oberhand. „Mark, wir müssen jetzt helfen, ein bißchen umdenken, du mußt vernünftig sein." Mein Vorschlag, schnell Fehlendes einzukaufen, findet Gehör bei der enthemmten Frau. Sie schreibt einen Einkaufszettel. Zum ersten Male sehe ich Renis Schrift. Merkwürdig, schreibt so eine Lehrerin? Noch einmal rate ich ihr: „Leg dich hin, das wird dir gut tun."
Und dann raus mit Mark. „Du, wir machen jetzt ein Einkaufsfest, komm!" Wie schnell ist ein Kind zu besänftigen, wie schnell polt es um. Mark ist nun mit seiner Oma allein, und ich fordere seine Mitarbeit. „Du mußt mir helfen, ich weiß ja nicht, welche Packungen deine Mama kauft." „Okay, Oma!"
Wir haben wieder unsere herrliche Rügenstimmung, es ist wie damals beim Einkauf in Sagard. Und doch ist alles ganz anders. Wie sicher und selbständig ist Mark geworden! Das kleine, verschüchterte Heimkind – es ist vergessen. Wir überlegen alles

gemeinsam. „Eine Gurke sollen wir kaufen." „Die sind alle zu klein", sagt Mark, „wir nehmen ßwei." Der Riesenrettich findet seine Zustimmung. Er schiebt den Einkaufswagen sicher durch die Gänge, kennt sich besser aus als Oma, die ja sonst in Lüdenscheid einkauft. Ich wähle die falschen Papiertaschentücher. „Nein, Oma, die!" Mark springt hinzu und korrigiert mich. Alles erledigt er lustbetont und schwungvoll. Schließlich erreichen wir die Regale mit Spirituosen. Reni hat Bommerlunder aufgeschrieben. Ich schaue schweigend an den Flaschenreihen entlang. Da springt Mark hinzu, sicher ahnend, was ich suche. „Da, Oma, die Flasche nimmt Mama immer!" Sein Zeigefinger piekt auf das Bommerlunder-Etikett, seine Augen blicken mich sicher an. „Du weißt aber gut Bescheid", lobe ich ihn laut und denke für mich: Hoppla, da muß ja oft ... Wir kommen ein Jahr mit solch einer Flasche aus. – Die Gedanken schießen durch den Kopf, sie verflüchtigen sich ebenso schnell, denn nun soll Mark belohnt werden. „Du darfst dir eine Kleinigkeit aussuchen, Mama hat es erlaubt." Mark freut sich und greift nach Legotechnik zum Preis von rund siebzig Mark. „Du, das ist schon eher ein Weihnachtsgeschenk – für mitten in der Woche darf es etwas kleiner sein. Sonst muß dein Papa Tag und Nacht arbeiten, weil du das Geld so schnell ausgibst." Ich kann ihn überzeugen, daß auch ein Teil unter zehn Mark Freude machen kann. Der Einkauf in Saßnitz auf Rügen fällt mir ein. Damals wählte er eine ganz kleine Sonnenbrille, war restlos zufrieden und wollte nicht mehr haben. Nun ist er dabei, das Konsumverhalten der westlichen Welt anzunehmen: In gefüllte Regale greift man hinein.
Daheim hat Reni sich wieder aufgerafft, etwas schleppend in der Küche gewirkt und macht später in den Nachmittagsstunden einen fast normalen Eindruck. Mark darf mit mir 'Pumuckl' sehen, und anschließend erlaube ich ihm, endlich die Operation an mir durchzuführen, die er mir schon lange angedroht hat. Er muß doch ein wenig entschädigt werden für die ausgefallene Ausfahrt mit seiner Oma.

Er ist Feuer und Flamme, schlüpft wieder in seine Arztrolle hinein, operiert meinen linken Arm, legt den bewährten Bindfadenverband an, läuft in den Keller und findet dort noch Hinterlassenschaften der Handwerker. Mit Eisenstange und Elektrokabel rückt er an, schient meinen Arm, verkabelt mich mit den alten Schnüren, flößt mir die heilsame Zuckerwasser-Medizin ein, die er aber vorher sorgsam probiert hat, damit ich nichts Falsches einnehme. Er sprüht wie eine kleine Wunderkerze, läuft hin und her, gibt knappe Anweisungen und vergißt auch den Opa in Lüdenscheid nicht. Mehrere Male zwischendurch läuft er zum Telefon und teilt ihm eifrig und ausführlich den neuesten Stand der Dinge mit. – Ein herrliches Spiel!
Eine kleine Weile stelle ich mich schlafend, denn ich muß meinem jungen Arzt ja die Wirkung seiner guten Medizin vorführen. Als ich wieder aufwache, steht er neben meinem Lager und prüft mit kritischem Blick sein Werk. Dann geschieht etwas Unerwartetes. Mit einem raschen Griff seines linken, gekrallten Händchens greift er nach meiner rechten Brust und sagt voller Schalk: „Oma, das is deine Bust." Abwehr und kontern ist eins, ich fahre mit meiner flachen Hand leicht über seinen Oberkörper und sage: „Und das ist deine Brust." „Oh nein, Oma, ich hab keine Bust." „Doch, du hast auch eine, aber deine ist ziemlich langweilig." Damit beenden wir diesen Ausflug in die Geschlechterkunde.
Um Reni so viel wie möglich zu entlasten, lasse ich mir heute viel Zeit in Attenberg. Während Martin fast den ganzen Nachmittag in seinem Zimmer Schulaufgaben macht, wandere ich mit Mark auch noch Hand in Hand zum Papierwarengeschäft, um wunderschöne, buntfarbene Einladungskarten für seinen Geburtstag zu kaufen. Mein tüchtiger Arzt hat sich wieder in ein Kleinkind verwandelt, das nach diesem inhaltsreichen Nachmittag all seine Enttäuschungen in der Mittagszeit vergessen hat.

Nach unserer Rückkehr wartet Martin auf mich. Er möchte beraten werden, denn sein Herz ist entflammt für Sabrina. Sie

ist die Schönste! „Oma, wie gewinne ich Sabrina? – Ich bin häßlich, guck: meine Zähne, meine blöden Locken. – Ich will glatte Haare haben, ganz cool sein! Oma, Oma, was mach ich bloß?“ – Eine Oma muß ganz einfach alles wissen und helfen können. Meine erste Antwort ist die reine Wahrheit: „Ich mag dich, so wie du bist!“ Und dann: „Wenn ich so alt wie Sabrina wäre, würde ich voll auf dich abfahren.“ „Oma, Oma, ist das wahr?“ „Ja, und noch eins mußt du dir merken: Ein wertvolles Mädchen guckt nicht nur auf die Locken, die Zähne, die Muskeln, das guckt auch nach innen.“ „Ach Oma, das ist so schön, mit dir zu sprechen, ich kann so gut mit dir reden.“
Dann faßt er Mut, holt einen Brief von oben, den er an Sabrina geschrieben hat, denn morgen ist Valentinstag. Nur ich darf ihn lesen und korrigieren. Ohne aufzumucken schreibt er den Brief sorgfältig ins Reine, will morgen ein paar Blümchen kaufen und alles Sabrina bringen.
Martin führt sein Vorhaben aus. Leider ist Sabrina nicht da, aber ihre Mutter nimmt die Geschenke in Empfang und unterhält sich eine Weile mit ihm. Martin kommt begeistert nach Hause. Aber leider bleibt es der einzige Besuch in Sabrinas Haus. Es werden keine zarten Bande geknüpft.

Nach dem Valentinstag muß Reni am frühen Nachmittag zu einer Untersuchung in die Sportheilstätte kommen. Sie möchte sich vorher mit uns zum Mittagessen im Sportcasino treffen. Die Verabredung erfolgt ganz spontan. Von Fieber und Halsschmerzen ist keine Rede mehr. Nur Mark ist bei ihr, denn Martin ist lange in der Schule. Als ich nach der Parkplatzsuche als letzte komme, springt Mark mir entgegen, jauchzt verhalten, küßt mich und hängt meine Jacke auf, d.h., ich hebe ihn hoch, damit er sie aufhängen kann. Er nimmt meine Hand, führt mich wie ein Kavalier zum Tisch und schiebt meinen Stuhl von hinten leicht nach, damit ich mich besser setzen kann. „Oma, wir sind hier bei Hofe!“ sagt er mit Charme, ißt Forelle und strahlt nach allen Seiten. Wieder ist es ein Treffen voller Glanz und Harmo-

nie, bei dem Reni ihre Spannungen vor der bevorstehenden Untersuchung herunterspielt, wohl auch mit Wein besänftigt.
Kurz bevor ihr Termin heranrückt, verkündet Mark seiner Mama: „Ich hab einen Plan: Wenn du zum Aazt gehst, bleib ich bei Oma und Opa. Wir sehen 'Meister Eder und Pumuckl'." Alle schmunzeln, finden den Plan gut, der auch sofort in die Tat umgesetzt wird. Opa freut sich vom Anfang bis zum Ende mit. Mark ist traurig, als Reni ihn eine gute Stunde später abholt. Sie dagegen triumphiert, hat sie doch erneut eine Krankschreibung in der Tasche.

Noch vor Marks Geburtstag reift in mir der Entschluß, meine beiden Enkel im Falle meines plötzlichen Todes mit einer Schenkung zu bedenken. Ich will damit meine Verbundenheit zur Familie und besonders zu Martin und Mark festigen und dokumentieren. Nach einem Gespräch mit meiner Sparkasse und mit Ralf und Reni wird ein Termin in Lüdenscheid vereinbart, denn die Pflegeeltern müssen als Vormund ihre Unterschrift geben.
Martin und Mark dürfen vom Geldinstitut aus durch die Wilhelmstraße laufen, der Treffpunkt soll dann der Brunnen auf dem Sternplatz sein.
In der Sparkasse werden die Formalitäten rasch erledigt. Ralf und Reni unterschreiben und – ich sehe zum ersten Male ihre Unterschriften. Die von Ralf wirkt auf mich wie ein entfesselter Blitz, der, zusammengedrückt, sich nach oben und unten entlädt, weil in der Waagerechten die Entfaltungsmöglichkeit zu fehlen scheint. Reni dagegen zerfließt mit den Buchstaben ihres Namens ins Nichts, denn ein ausdrucksstarkes Wortbild ergibt sich nicht. Ihr Namenszug ist das krasse Gegenstück zu dem von Ralf. Doch ich habe keine Zeit, weiter darüber nachzudenken, denn die Kinder dürfen nicht zu lange warten. Eigentlich wollte ich nach den Formalitäten zu einem kurzen, gemütlichen Stündchen in den 'Stadtgarten' einladen, doch Ralf und Reni bestehen energisch auf 'Tante Hulda' am Sternplatz. „Wir sind

ja ganz in der Nähe, und unser Auto ist im Gothaer Haus. Wenn wir in Lüdenscheid sind, gehen wir immer zu 'Tante Hulda'." Ich füge mich.
Auf dem Weg zum Sternplatz ergreift der sonst so schweigsame Ralf noch einmal das Wort: „Ja, bedanken brauchen wir uns wohl noch nicht, denn wir haben das Geld ja noch nicht." Diese Bemerkung schockiert mich – ich gebe keine Antwort darauf.
Bei 'Tante Hulda' ist es recht voll. Überall sitzen und stehen biertrinkende Männer. Ich fühle mich nicht wohl und finde den Ort für meine Enkel gar nicht passend. Ralf und Reni brauchen ein Bier, der Rest bekommt eine Limonade. Ralf bezahlt die Zeche. – Muß ich mich jetzt bedanken? – Ich verschlucke die Worte.

In Attenberg hat Reni Zeit, die Einladungen für Marks Geburtstag vorzubereiten. Außerdem entwickelt sie eine Idee, die sie sozusagen aus dem Boden stampft, die fast vulkanartig aus ihr herausbricht: Mark soll einen Kaufmannsladen haben, da kann er spielerisch mit Geld umgehen und rechnen lernen. Sie ist Feuer und Flamme und ruft einen ihr bekannten Handwerker an. Wegen der knappen Zeit bin ich sehr skeptisch, denn Marks Geburtstag ist in einer Woche.
Reni mißt aus, macht eine Skizze, und das Wunder wird wahr. Rechtzeitig zu Marks Geburtstag liefert der Handwerker einen Super-Kaufmannsladen, wohl in Größe und Qualität unübertroffen, in dem drei Kinder Platz hätten, die Kundschaft zu bedienen. „Der wird dann aufbewahrt für die Enkel." Reni schwebt ganz oben, bespricht mit mir die Ausstattung, an der wir uns kräftig beteiligen. Die Regale müssen gefüllt sein, das Gemüsefach wird bestückt, Kasse, Waage, Uhr, Ladenglocke, die Einrichtung ist vom Feinsten. Oma und Opa laufen zweimal durch die Lüdenscheider Geschäfte, um alles herbeizuschaffen.
Mark wird sieben Jahre alt. In der Vorschule hat er alle Kinder seiner Klasse mit Kuchen versorgt, Papa holt ihn von der Schule

ab, Oma und Opa warten bereits im Wohnzimmer auf ihren Enkel und seinen Jubel.
Da! Geräusche an der Haustür, es plumpst etwas auf den Boden, ein paar Sprünge zur Wohnzimmertür: Mark ist da! – Oma hat den Fotoapparat schußbereit, will die Eroberung des Kaufmannsladens festhalten, sitzt und wartet auf den Ansturm.
Das Kind tritt in die Türöffnung, verharrt, jubelt auf, läuft los – geradewegs auf Oma zu, die, förmlich überrumpelt, nicht zum Abdrücken kommt, dafür aber selbst abgedrückt wird. Mark springt zum Opa, fällt ihm auf den Leib, umschlingt den alten Mann und drückt seinen Kopf fest auf den Schlips mit den lustigen Bären, den Opa zu Ehren des Geburtstagskindes angelegt hat. Ein leises Flüstern, dann erst nimmt der Junge den Kaufmannsladen wahr, zögert, lächelt verlegen – ist das denn Wirklichkeit? – Luftballons zur Eröffnung, alles ist akkurat eingeräumt, ein kleiner Einkaufswagen steht bereit, und Reni setzt fünf Schnapsgläser hin für die feierliche Einweihung. Die Ladenglocke schrillt, wir stoßen an – Mark natürlich mit Saft, aber die Erwachsenen mit Bommerlunder?? – „Den kauft Mama immer! Oma!“ Ganz aus der Ferne höre ich Marks Hinweis beim Einkauf vor zehn Tagen. – Hier wird immer angestoßen, jede Gelegenheit dazu genutzt – Bommerlunder?
Und Reni? Sie ist freundlich und ausgeglichen. Bei jedem Fest ist sie das, bittet zur Tafel, an der heute nur Martin noch fehlt, weil er so lange Unterricht hat. Er, der vor zwei Jahren in dieses Haus kam, aber davon spricht niemand, denn dieser Tag gehört Mark.
Ich freue mich fast, daß die Gandersheimer nicht kommen können, denn der Geburtstag ist mitten in der Woche. Die Erwachsenen dürfen eigentlich bei einem Kindergeburtstag nicht in der Überzahl sein. Aber Fritz macht sich doch auf unangenehme Weise bemerkbar. Reni zeigt mir in bester Laune drei Faxblätter, denn seit wenigen Tagen gibt es ein Faxgerät im Haus. „Stell dir vor“, sagt sie hinter der vorgehaltenen Hand und kichert, „der Fritz und Ralf faxen sich immer Witze hin und her. Du lachst

dich kaputt." Ich überfliege die Blätter und sage leicht entnervt im Flüsterton: „Laß die bloß nicht Martin sehen, der kann doch lesen!" Reni steckt die Blätter schnell weg, das Thema ist erledigt, denn Mark ist im Raum.
„André kommt gleich ßum Kaffee", sagt er und freut sich, den alten Kumpel von der Ostseeinsel wiederzusehen, der auch im Märkischen Kreis Pflegeeltern gefunden hat.
Etwas später steht Martin vor dem Riesengeschenk, dem Kaufmannsladen, sagt ganz spontan und recht fassungslos: „So was hab ich nie bekommen!" – In der folgenden Nacht soll er geträumt haben, daß er sein schönes Zimmer für Mark räumen mußte. – Doch am Geburtstag wird der Riesenladen noch nicht zum Alptraum, denn alle kaufen bei Mark ein, das Wägelchen rollt über den Teppich – hin und her. – Opa kauft ein, Oma holt alle Augenblicke etwas, weil sie so vergeßlich ist. Die Ladenglocke schrillt, die Kasse klingelt. Selbst Papa läßt sich herab und zahlt mit Scheck. Und dann kommt André, und ein schönes Rollenspiel beginnt. – Doch – André kommt nur zum Geburtstag, Oma höchstens einmal wöchentlich, Papa wird nie wieder einkaufen – und Mama?
Schon am Geburtstag ist sie leicht genervt wegen der entsetzlichen Unordnung. Aufräumen, einräumen – wer macht das? Wer wird das in Zukunft tun? Alles ist zu groß und zu üppig. Ein kleiner Mann wie Mark kann das nicht allein bewältigen. Armer Junge! Das Schlimmste kommt noch auf dich zu: Woher nimmst du in den nächsten Tagen und Wochen deine Kunden?
Ich gestehe es ja ein: Auch ich habe genauso kurzsichtig gedacht wie Reni. Ein Kind ohne Spielgefährten wird nicht glücklich mit diesem großartigen Geschenk. – Wie eine Rakete ist Renis Idee hochgepufft und dann in sich zusammengesackt. Mark wird seinen Laden schließen müssen – keine Umsätze – schon vor der Maltareise wird er pleite sein!

Nach seinem Geburtstag brütet er wieder etwas aus. Es ist Spätwinter, Vorfrühling, die gefährlichste Zeit für ihn. Eine böse

Erkältung zwingt ihn ins Bett. Als es ihm ein wenig besser geht, stellt er zu Hause Fragen über Fragen: „War Martin in deinem Bauch, Mama? Wie bin ich denn in meine Mama reingekommen?" – Er will nicht allein im Zimmer schlafen, träumt schlecht und ist morgens todmüde. „Ich will nicht in die Schule!" „Aber doch", sagt Reni, „Frau Diemel ist ganz traurig, wenn du nicht kommst." „Sie hat aber gar nicht gesagt, daß ich morgen wiederkommen soll."

Der Rosenmontag versetzt ihn erneut in Angst und Schrecken, auch Martin ist nicht zu begeistern. Beide gehen ohne Kostüm in ihre Schulen, beteuern, sie wollten sich nie wieder zum Karneval verkleiden. Mark hat sogar Angst, weil seine Lehrerin auch in einem Kostüm erscheinen will. Reni bringt ihn erst mit Verspätung hin. Er schaut eine Weile zu, dann entschließt er sich zu bleiben. – Der Rosenmontag versinkt schnell ins Unterbewußtsein, Mark ist wieder in seiner Vergangenheit. „Wo hat meine Mama gewohnt?" Er will auch wissen, in welchem Ort er geboren wurde.

Zum Märzbeginn bereite ich eine Rügenreise vor. Ich muß weiterforschen, eingehend mit der Heimleiterin sprechen, damit wir Mark helfen können. – Vor der Abfahrt habe ich eine Besprechung bei unserer Zeitung wegen meines Tatsachenberichtes. Er soll in mehreren Fortsetzungen gedruckt werden – nun fehlt noch ein Zeichner, denn Fotos der Kinder wollen und dürfen wir nicht veröffentlichen.

Auf Rügen spreche ich lange mit der Heimleiterin Frau Menge über Marks Fragen und bitte um Hilfe. Wie bekommt man ein Foto seiner Mutter? Wo kann man weiterforschen nach ihrem Grab? – Noch immer ist Angst zu spüren. Was ist hier auf der Insel geschehen kurz vor der Wende und dann wenige Monate danach, als Marks Mutter starb? Wie ist es möglich, daß niemand Kenntnis hat von dem Grab einer deutschen Frau, die vier Kinder gebar? Mark ist das vierte Kind, ein Nachkömmling. „Wenn der Junge erwachsen ist, wird er selbst forschen; wir

müssen ihm schon vorher helfen.“ Frau Menge verspricht Unterstützung.
Mitte März komme ich von der Insel zurück und fahre wenige Tage später nach Attenberg. Mark sucht meine Nähe und stellt direkte Fragen: „Oma, is meine Mama tot?“ – „Ja, Mark.“ – „Wie hat sie ausgesehen?“ – Das mußte ja eines Tages kommen. „Das wissen wir leider nicht, wir haben kein Bild von ihr.“ „Wo is mein Vater?“ Zum ersten Mal stellt Mark diese Frage. „Wissen wir nicht.“ „Is er auch tot?“ „Wir wissen gar nichts von ihm.“ Wie soll ich dem Kind die verworrenen Zusammenhänge erklären, die Wende, die so viele Veränderungen auslöste. Ging der mutmaßliche Vater auf und davon? War noch ein anderer im Spiel? In Lietzow wird geschwiegen aus Angst? – Mark bringt mich in die Gegenwart zurück. „Oma, hat er meine Mama geschlagen?“ – Haben Martin und Mark gemeinsam über ihre Schicksale gesprochen? – „Du, wir wissen gar nichts von ihm.“ Meine Antworten wiederholen sich; ich weiß keine andere Lösung. Der Junge bekommt Denkfalten und -augen. Und dann: „Wenn mein Vater noch lebt, is er ja ganz allein.“ „Vielleicht, Mark, aber auch das wissen wir nicht.“
Ich bin wie aus dem Wasser gezogen, spreche mit Reni und mit Werner und melde die bohrenden Fragen des Kindes nach Rügen.

In Attenberg wird mir die vollendete Wohnung im Kellergeschoß vorgeführt. Während meiner Abwesenheit hatten die Maler die Schlußarbeiten gemacht. Mark guckt durch alle Türen und schaut in die großen Räume. „Ich möchte auch so ein großes Zimmer haben“, seufzt er vernehmlich. Recht hat er, denke ich, seine kleine Dachmansarde mit dem Kippfensterchen ist eigentlich eine Zumutung.
Am Abend sitzen wir alle vor dem Fernseher und schauen den Film ‘Ein Hund mit Namen Beethoven’ an. Mark darf bis zum Ende sehen, Martin nur bis 21 Uhr. „Du schreibst morgen eine Mathearbeit“, sagt Reni, „dat ist jetzt Konsequenz – du mußt

mindestens eine Zwei schaffen.“ Schrecklich, einfach schrecklich, aber ich darf mich nicht einschalten. Martin meldet am nächsten Tag: „Oma, ich hab eine Eins im Mathetest.“
Kurze Zeit nach meiner Rückkehr aus Rügen zieht die Familie ihre Einwilligung zur Veröffentlichung vom ‘Heimkind Nummer 17’ zurück. Sie hat eine plausible Begründung: In Renis Familientherapie, die sie in Abständen immer noch wahrnimmt, hat sie der Therapeutin meine Schrift gegeben und um ihr Urteil gebeten. Bei ihrem nächsten Besuch bekommt sie folgende Antwort:
„Dieser Tatsachenbericht ist ein großartiges Vermächtnis für beide Jungen. Ich würde aber empfehlen, eine Veröffentlichung zu verschieben. Wenn Martin 16 Jahre alt ist, hat er schon gewisse Mitspracherechte. Die sollte man ihm einräumen.“
Mit anderen Worten: Ich müßte nun gut zwei Jahre warten und dann mit Martin darüber sprechen. Ergänzen muß ich noch, daß alle Namen in meiner Schrift geändert waren, den Ort Attenberg gibt es gar nicht.
Das Wohl der Kinder steht für mich an erster und oberster Stelle. Wenn eine psychologische Fachkraft eine solche Empfehlung gibt, fällt es mir nicht schwer, mich danach zu richten. Es gibt keine Diskussion zwischen Reni und mir; ich lege die Veröffentlichung bei unserer Zeitung zunächst auf Eis.

Reni hat für das letzte Märzwochenende wieder Konzertkarten besorgt: Die ‘Schwarzmeer-Marinesoldaten’ wollen singen und tanzen. Reni freut sich, denn Fritz und Else aus Gandersheim kommen auch. „Ich hab Else deine Schrift hingeschickt. Dat durfte ich doch?“ „Ja, sicher.“ Else schätzte ich sehr, sie hatte eine feine, zurückhaltende Art, war ganz anders als ihr Ehemann. Auch zu Reni war sie ein Gegenpol.
Opa bringt zum Konzertabend für Martin ein tolles Zeichenbrett mit, denn er hat dessen geometrische Übungen im Arbeitsheft gesehen und möchte ihm Erleichterungen verschaffen,

damit Kreise, Rechtecke, Quadrate und ebenso die Geraden noch exakter werden.
Ich freue mich, Fritz und Else zwei gut gelungene Fotos von Opas Geburtstag persönlich überreichen zu können. Aber beide müssen wir Verstimmungen bzw. große Verwunderung entgegennehmen. Reni ist fast ärgerlich über das Zeichenbrett. „Der Junge kann dat doch so auch gut!" Noch nie hatte sie Werner auf diese Weise angesprochen. – Ich dagegen werde von Fritz und Else voll merkwürdigen Erstaunens angeschaut, als sei ihnen die Annahme des Geschenkes peinlich, obwohl sie auch zu erkennen geben, daß ihnen die Fotos gefallen. – Was ist los?
Lange Zeit bleibt mir nicht, darüber zu grübeln, denn das Konzert beginnt. Natürlich sitzen wir in den ersten Reihen, Reni und Mark hinter uns. Wir schauen auf die Beine der Sänger und Tänzer, während der Schall der Töne zu laut ist und über uns hinweggeht. Mark sucht ganz vorsichtig rhythmischen Kontakt mit mir, klopft leicht mit seinem Händchen auf meine Schulter. Denkt er etwa an die Schoßpolka? Über ein Jahr ist es schon her. Ich klopfe ebenso verhalten zurück, immer hübsch im Wechsel, er – ich, er – ich. Aber fein im Takt muß es sein. Zu uns darf er nicht, weder in der Pause noch nachher.
Werner darf Martin in der Pause das Zeichenbrett erklären. „Aber nur zehn Minuten!" Ich begreife nichts mehr.
Und am Schluß? – Der Saal leert sich langsam. Noch langsamer ist Opa. Unsere Familie dreht sich nicht um, ist draußen im Foyer nicht mehr zu sehen, auch nicht auf dem Parkplatz. Niemand sagte 'Auf Wiedersehen', obwohl wir schon vorher angekündigt hatten, nach dem Konzert ohne Alkoholanhängsel nach Hause zu fahren. – Kein Abschied von den Kindern, den Gandersheimern? „Unhöflich ist das", sage ich. „Komm, wir fahren auf dem Heimweg fast dran vorbei, wir sagen wenigstens 'Gute Nacht'." Ohne Abschied von den Kindern nach Hause fahren? Das erschien mir ungeheuerlich.
Ralf öffnet uns. „Wir wollen schnell 'Gute Nacht' sagen, ihr seid ja alle gerannt wie die Feuerwehr." Ganz fröhlich klingt mein

Spruch. – Warum ist es drinnen so eisig? Fritz und Else kommen gerade aus ihrem Logierzimmer, haben sich auf 'leger' umgekleidet, sozusagen für einen langen Plausch in aller Gemütlichkeit vorbereitet. Sie schauen uns fast erschrocken an. Mark weint, Martin ist nicht mehr zu sehen. Und Reni? Sie ordnet noch Häppchen und schaut fast nicht hoch. – Wir sind schnell weg.
„Opa, wir waren höfliche Menschen, aber begreifst du das?"
„Nein", sagt Werner, „aber wegen der Kinder war es gut, daß wir uns noch kurz gemeldet haben." Schweigsam fahren wir nach Hause. Mir fliegt durch den Kopf: Haben wir etwas falsch gemacht? Gibt es etwa ein Komplott gegen uns? Aber warum?
Und warum schreibe ich all meine Beobachtungen so ausführlich nieder? Die vielen Stimmungsschwankungen von Reni, die ewig freundlich-lahme Art von Ralf. Und die Gandersheimer? Ich spürte es, sie waren gegen uns, hatten vielleicht gewarnt. Aber ich wußte nicht, wovor. Noch war mein Blick vernebelt, kam nicht auf den Kern der Sache, doch vor uns lag die Maltareise. Am 9. April wollten wir fliegen.

Bis dahin sahen wir uns nicht mehr, doch das Telefon klingelte häufig. Jeden Tag teilte Reni mir etwas mit: über ihre Vorbereitungen, über das Quartier, über ihre Schlafgepflogenheiten im Urlaub und über die Wanderpläne. „Wir gucken uns wat an, wat wir bei einer 'Studioso-Reise' nicht sehen. – Und lachen wollen wir, viel lachen!"
Ich bin einverstanden, Malta einmal ganz anders zu sehen. Die Kinder haben für mich Priorität, erst dann kommt die Insel mit dem gelbgold leuchtenden Gestein, mit den vorgeschichtlichen Kultstätten, den Zeugnissen der Ordensritterzeit. Wir kennen Malta von einer Besichtigungsreise und gucken beim zweiten Male gerne hinter die Kulissen.
Bei einem der Telefonate nahm ich einen günstigen Anlaß wahr, um auf das Generationenproblem hinzuweisen. Dadurch wollte ich noch einmal das Verhalten der Familie nach dem Konzert ansprechen: „Ich mache mir Sorgen, Reni, Opa ist 89

Jahre alt, unser Jüngster gerade sieben Jahre. Jeder hat ein anderes Tempo. Nach dem Konzert sind mir diese Gedanken gekommen. Wir konnten euch nicht so schnell folgen, um uns zu verabschieden. Opa ist sehr langsam und im Dunkeln fast blind." Reni geht auf die Ereignisse nach dem Konzert gar nicht ein, statt dessen beruhigt sie mich lachend und meint: „Du wirst es sehen, die Kinder machen dem Opa Flügel."
Ihre hochfliegenden Pläne, eine kleine Reisegruppe von rund zehn Personen zusammen zu bekommen, erfüllen sich nicht. Mit Flugtickets bewaffnet sind am Ende nur die Attenberger und wir.
„Wirst du die Reise auch gesundheitlich schaffen?" frage ich Reni leicht besorgt. „Natürlich", meint sie, „aber danach muß ich wieder zu neuen Untersuchungen. Ich möchte für längere Zeit beurlaubt werden. Die Ungewißheit liegt mir auf dem Magen."
In Lüdenscheid bereiten wir uns gedanklich mehr auf die Kinder vor als auf die Insel. Mit Martin will ich nun endlich den versprochenen Fotokurs mit anschließendem Wettbewerb durchführen; wir haben ja jeden Tag Zeit und Motive in Hülle und Fülle. – Und Mark? Für ihn muß ich immer eine Hand frei haben, wenn er es wünscht. Ein kleiner Rucksack wäre praktisch für die notwendigen Utensilien. Nur der Fotoapparat soll auf einer Schulter hängen.
Einen Tag vor der Abreise teilt Reni uns die genaue Abfahrt in Attenberg mit. Ein Kleinbus wird uns von dort zum Flughafen bringen. Im Hintergrund piepst und wispert Marks Stimmchen. Dann höre ich es ganz deutlich: „Ich muß noch mit meine Oma reden!" Es knackt, poltert und pustet ein wenig im Hörer, und dann: „Hallo, Oma!" „Hallo, Mark!" „Feust du dich auch so auf Malta?" „Ja, und wie! Aber am meisten freue ich mich auf dich!" – Stille. – „Ja? – Opa auch?" „Ja, Opa auch, wir freuen uns auf dich, auf Martin – klar, auf alle!" „Hast du deinen Koffer schon gepackt, Oma?" „Ich bin dabei." „Pack deine Badehose ein, Oma!" „Mal sehen, ist mir wahrscheinlich zu kalt." „Was tinkst du in'n Flugzeug?" „Weiß ich noch nicht." „Ich geh nach vorn in

die Kanzel, ich flieg euch alle nach Malta – bis wir da sind." „Au fein!" „Ich hab mein'n Rucksack schon gepackt, Oma. Strubbel kommt zu Tante Elvira. Wenn wir wiederkommen, feut der sich 'n Loch in'n Bauch!" „Das glaube ich auch." „Tschüüüüs, Oma, ich feu mich ja so auf Malta!"
Morgen wird dieses Kind zum ersten Male fliegen. – Noch wissen wir es nicht: Die Maltareise wird vor uns liegen wie ein verschnürtes Paket, im Innern voller Schönheiten, voller Geheimnisse und Merkwürdigkeiten, voller Schrecknisse. Wir werden die Schnüre lockern, aber das Rätsel nicht lösen.
Vor uns liegt die Maltareise! Wir kennen die Insel mit ihrem Gestein voller Wärme. Die Sonne des Südens scheint ihre Felsen in Gold zu verwandeln. Wir kennen die Tempel aus der Frühgeschichte der Menschheit, die unterirdischen Höhlen voller Geheimnisse. Wir kennen die Muttergottheiten, die in ihrer Leibesfülle Fruchtbarkeit und Geborgenheit ausstrahlen. Wir kennen die Bauwerke des Malteser-Ritterordens, die, eingebettet in die Naturhäfen Valettas, mit ihrer Festungsbaukunst brillieren. Fast scheint es, als würden sich hinter ihnen die humanitären Aufgaben der Ritter verstecken.
Wir freuen uns auf Malta, auf die Wärme, das Licht, auf den Frühling. Ganz locker wollen wir diese Reise angehen, dieses ansehen, jenes lassen, denn vor allem freuen wir uns auf die ehemaligen Heimkinder der ganz anderen Insel: auf Martin und Mark von Rügen. Mit ihnen wollen wir das Staunen neu lernen, mit ihnen wollen wir lachen und fröhlich sein.
Wie sagte doch Reni wenige Tage vor der Abreise, als ich mich sorgte wegen der großen Altersunterschiede – denn schließlich stand dem 89jährigen Opa der siebenjährige Mark gegenüber: „Du wirst sehen, die Kinder werden dem Opa Flügel machen!" Ich glaubte ihr aufs Wort, wie gerne glaubte ich ihr.

Doch alles verlief anders. Wir kamen nicht aus dem Staunen heraus, weil die Kinder keine oder kaum Gelegenheit erhielten, als 'Flügelmacher' zu glänzen. Sie durften nur ganz selten im Bus oder bei Tisch neben uns sitzen, mit uns gehen, im Quartier zu uns kommen. Sie wurden an die Kette gelegt, in ihren Aktivitäten gebremst, sie mußten ein vorgegebenes, starres Programm mitmachen, mußten besichtigen, marschieren, vornehm essen und bekamen es fast täglich als Nachtisch serviert: „Die Reise kostet Geld!"

Wir stritten uns nicht, oh nein! Dazu sind wir zu fein. Oder besser: Wir wollten den Kindern keinen Streit servieren. Meine Verwunderung, mein Erstaunen über den Ablauf dieser Reise gipfelte immer wieder in der locker hingeworfenen Frage: „Was ist eigentlich los?"

Opa dagegen tadelte meine Fragerei, um wiederum seinerseits in trauter Zweisamkeit erneut zu fragen: „Warum ist ... ? Wieso konnte ... ? Warum hat ... ?" Er nervte mich entsetzlich, zumal ich keine Antwort wußte.

Am liebsten wären wir am vierten, fünften Tag heimgeflogen; wir taten es wegen der Kinder nicht. So war es unser Wille, die merkwürdigste Reise unseres Lebens durchzustehen – bis zum Ende. Kurz: Wir nestelten an dem 'fest verschnürten Paket Malta', versuchten, die Knoten zu lösen, lockerten sie ein wenig, aber ins Innere einzudringen, gelang uns nicht.

Schon am Abfahrtstag fing ich an, den ersten Knoten zu entflechten, ohne es selbst zu ahnen. „Toll", sagte ich zu Ralf, „toll siehst du aus! Du bist schmal geworden und hast eine ganz andere Hautfarbe." Für den leise lächelnden Ralf antwortete Reni: „Ja, er hat gefastet. Seit Aschermittwoch hat er wenig gegessen und kein Bier getrunken. Aber auf Malta ..." Sie lachte ein wenig. „Er will nicht bis Karfreitag fasten."

Er tat es auch nicht. Schon am ersten Abend auf der Insel, es war Palmsonntag, kam er in gute Ferienstimmung und fastete fortan nicht mehr.

Auch beim Abflug in Düsseldorf staunte ich eine kurze Weile – über Renis schweren Koffer. Sie besorgte alle Formalitäten. Dafür nahm ich ihren Koffer, der auf zwei Rollen lief, um ihn zum

Abflugschalter zu schaffen. Ich konnte ihn kaum anheben. Doch dieses Staunen versank zunächst ins Unterbewußtsein.

Die Gesichtsfarbe von Ralf veränderte sich im Laufe der ersten Ferienwoche erheblich. War die Sonne schuld? Nach sechs Tagen war sein Gesicht wieder gerötet und ein wenig aufgedunsen. Das erkannte ich leider erst auf meinen Fotos, die nach der Reise zur Verfügung standen und erahnen ließen, daß sich Ralf ab Ferienbeginn wieder allen 'Freuden des Lebens' zugewandt hatte. Reni, die studierte Biologin, versprach uns schon in Attenberg interessante Einführungen in die Fauna und Flora Maltas; aber warum fehlten ihr Ruhe und Muße, stehenzubleiben, uns alle um sich zu scharen, um uns Einblicke zu geben in die Geheimnisse und Schönheiten einer maltesischen Pflanze?
Stets führte sie die kleine Wandergruppe an, stets hatte sie Mark an der Hand, ließ ihm keinen Spielraum – im wahrsten Sinne des Wortes, duldete keine Kopfdrehung des Kindes, keinen lustigen Hüpfer, keinen Jubelruf. Sie erlaubte keine kurze Rast, keine Fotopause, nicht einmal das versprochene Picknick hoch über den Klippen mit dem herrlichen Blick auf das azurblaue Meer. „Wir essen und trinken im Gehen!" „Warum?" „Die Zeit drängt, wir haben ein Programm!" „Opa kann das nicht. Wir machen eine Pause."
Zusammen mit Martin blieben wir zurück, hockten auf einer Natursteinmauer und stärkten uns. Reni eilte mit dem traurigen Mark davon, als wolle sie ein bestimmtes Ziel erreichen, als habe sie eine wichtige Verabredung zu einer festgesetzten Zeit. – Mit wem?
Beiden folgte leicht schleppenden Schrittes Ralf. Im nächsten kleinen Hafen fanden wir sie wieder. Nun saßen sie ohne Eile am Tisch einer Hafenbar mit dem 'kühlen Blonden' in der Hand. Mark trank natürlich eine Limonade.
Mit Martin vereinbarte ich schon in Attenberg, den längst versprochenen Fotokurs auf dieser Reise nachzuholen, aber bei unserem ersten Ausflug blieb seine Kamera im Quartier auf dem

Tisch liegen. „Komm, wir holen sie schnell – das sind nur fünf Minuten Zeitverlust." Reni erlaubte es nicht. „Dat Schussel muß bestraft werden. Und außerdem: Wir haben ein Programm!"
Nur einmal kamen wir in den vierzehn Tagen dazu, zehn Minuten mit Martin durch den Sucher zu schauen und mit Überlegung gemeinsam zu fotografieren. Mehr gestattete Reni nicht. Wie anders hatte sie diese Reise angekündigt, wie fröhlich sollte alles werden – und nun? Ich begriff Reni nicht, tappte regelrecht im Dunkeln und stellte ab und zu meine schon stereotype Frage: „Was ist eigentlich los?"
Dann bekam ich den gefürchteten Stoß von Werner in die rechte oder linke Seite, gewürzt mit dem zischenden Laut: „Sei doch ruhig!" Aber später nervte er mich: „Warum ... ? Hast du das begriffen?"
Einmal wollte er die Kinder zu einer Kutschfahrt einladen – rund um Valetta. Martin hätte viel lernen können, hätte begriffen und gestaunt. Mark dagegen hätte gejubelt über das Rumpeln der Kutsche, über den Hufschlag der Pferde, über die braunen, wippenden Pferdehintern, hätte das Ankuscheln an Oma genossen, aber Reni sagte: „Nein! Wir müssen jetzt diese Kirche besichtigen."
Noch immer sehe ich die sehnsüchtigen Augen Marks, als wir uns darauf selbständig machten und eigene Wege gingen. Ja, schon beim Hinflug schaute Mark traurig drein, denn Martin saß auf der linken Seite bei Oma und Opa auf dem Fensterplatz, er dagegen rechts am Fenster bei seinen Pflegeeltern. Einen Wechsel erlaubte Reni nicht.
Und welche Möglichkeiten entfalteten sich in unserem gemeinsamen Quartier? – Oh ja, es war geräumig und gleichzeitig preisgünstig, aber dafür weit ab vom Schuß. Täglich waren lange Busfahrten nötig, um etwas von der Insel zu sehen. Die Familie hatte ihren eigenen Eingang ins Obergeschoß der Pension, wir hatten den daneben. Die Vermieterin zeigte uns lächelnd: Die schnelle Kontaktaufnahme war über die nebeneinander liegenden Balkone möglich. Marks und meine Hände berührten sich

am ersten Abend von hüben nach drüben, dann nie wieder – nie wieder!
Niemand betrat fortan den Nachbarbalkon, kein Kinderlachen ertönte, keine Verständigung zwischen Oma und den Enkeln schien erwünscht zu sein. Die Balkontür der Familie blieb verschlossen, niemand trat hinaus – niemand! Warum nicht?
Die Schnur unseres 'Malta-Paketes' schien sich durch diese Abschottung noch fester zusammenzuziehen.
Fast täglich durften wir nach dem Frühstück, das getrennt eingenommen wurde, unten auf der Straße stehen und auf die Familie warten. Opa – 89jährig – trug seinen Rucksack auf dem Rücken. Wir warteten zehn Minuten, zwanzig Minuten und mehr. Ich wurde innerlich zornig, nicht wegen der Verspätung, sondern wegen der unterlassenen Information.
„Sagt bitte Bescheid, wenn es noch etwas dauert, denkt doch an Opa!" Reni wandte sich meist mit ihrem Gesicht von uns ab, wenn sie uns begrüßte. Niemals hatte sie sich so in Attenberg verhalten. Bei meiner Bitte schaute sie recht ratlos drein. „Eins der Kinder kann doch kommen – oder – die Balkone sind doch da, das geht noch einfacher." „Dann wollen doch beide loslaufen, so oder so." „Na und? – Dürfen sie nicht?"
In den folgenden Tagen kam Martin und meldete die zu erwartende Verspätung. „Setz dich doch, Martin!" „Darf ich nicht, ich soll gleich zurückkommen." Ein leicht nervöser Junge schaute sich nur flüchtig bei uns um und war wieder verschwunden. Auf meine Frage: „Warum sollst du so schnell zurückkommen?" erhielt ich vor seinem Weglaufen keine Antwort, nur ein Achselzucken.

Bereits in der ersten Woche erschreckte mich Martin mit einer einschneidenden Bitte. Bei einer Wanderung suchte er meine Nähe. Reni eilte wie immer mit Mark voraus. Ralf kam als Einzelgänger hinterher. Ich wiederum verhielt meinen Schritt, um Werner, der das Schlußlicht bildete, nicht vollends abzuhängen. Martin war zunächst zeitweilig bei seinem Pflegevater gewesen,

der sofort den Arm um seinen Jungen legte. Dieses Gespann löste sich aber bald wieder, denn außer dem Arm bot Ralf seinem fast vierzehnjährigen Sohn nichts an.
Darum kam Martin zu mir. – Hier war mehr Kurzweil. Plötzlich sagte er – und ich spürte, daß er sich die folgenden Sätze gut überlegt hatte: „Oma, kannst du mir helfen?" Seine Stimme war leise und leicht belegt. „Was hast du für Probleme?" „Oma, ich halt es nicht mehr aus, ich möchte am liebsten wieder im Heim leben, da hab ich es viel besser. Warum hab ich solche Scheißeltern gekriegt?"
Ich war sprachlos. – Natürlich, ich wußte, was alles falsch lief für den großen Jungen. Zunächst versuchte ich, ihn zu besänftigen, wies auf Renis schlechten Gesundheitszustand hin und tröstete Martin, daß alles besser würde, wenn Reni sich wieder erholt hätte. „Glaub ich nicht, Oma! Sie mag mich nicht. Es kann sein, was es will, ich mache alles falsch. – Oma, bitte, bitte, hilf mir! Ich bekomme kein Taschengeld ausgezahlt. Damit will sie mich bestrafen, wenn ich schusselig war. Alles wird mir verboten: Freunde, Sport! Gar nichts darf ich. Oma, ich habe Angst vor ihr!"
Durch mein Hirn schoß es blitzschnell: 'Martin ist ein Frauenfeind, er verehrt nur seine Mutter. – Alles an ihm ist Lug und Trug.' – Reni war es, die diese Behauptungen im letzten Jahr häufig aufgestellt hatte. Die Psychotherapeutin in Attenberg kam mir in den Sinn mit ihrer Familientherapie im Interesse beider Kinder durch das Sprachrohr der Pflegemutter. Das war doch eine Farce!
Wie aus weiter Ferne hörte ich wieder Martins gepreßte, leise Stimme, die einen furchtbaren Satz formulierte: „Oma, ich möchte am liebsten nicht mehr leben." – Schlucken mußte ich nach diesen Worten und tief atmen, ehe ich antworten konnte: „Martin, vertraue mir, ich werde hier auf Malta darüber nachdenken. Jetzt kann ich fast gar nichts tun. Wenn es nötig und möglich ist, werde ich dir helfen."

Kurz nach Martins Ankunft in Attenberg gab ich ihm ein Versprechen. Damals sagte ich ihm: „Wenn irgend etwas nicht klappen sollte – so lange ich lebe, werde ich dir helfen, daß du nicht zurück nach Lohme mußt." War diese Situation eingetreten, der Zeitpunkt gekommen? – Ich hatte noch rund zehn Tage Zeit, weiter zu beobachten und konnte täglich erleben, daß Reni sich kaum um Martin kümmerte. Wenn sie mit ihm sprach, kommandierte oder tadelte sie ihn. Einmal fragte sie ihn zunächst in freundlichem Ton, was er sich aus der Speisekarte ausgesucht habe. Martin mußte sich halb aufrichten, sich vorbeugen, um mit dem Zeigefinger auf sein erwähltes Gericht zu tippen, da er den schwierigen Namen nicht recht aussprechen konnte. Renis Stimmung schlug augenblicklich um: „Hau nicht so auf die Karte, du Tolpatsch, dat gehört sich nicht!" Sie fauchte Martin an, der sich postwendend umdrehte und bockte. Vorsichtig ergriff ich seine Partei und versuchte, Reni zu besänftigen. Martin quittierte meine Hilfestellung bei der nächsten passenden Gelegenheit mit den Worten: „Oma, ich möchte am liebsten bei dir wohnen."
Mit schwerem Herzen beobachtete ich weiterhin die ständig wachsende Nervosität des Jungen, seine Angst, etwas falsch zu machen und wieder in das berühmte 'Fettnäpfchen' zu treten.

Martin war in Attenberg kurz vor der Reise mit einem angeblich tollwütigen Hund in Berührung gekommen, der nach ihm geschnappt hatte. Bereits daheim erfolgten die ersten Impfungen gegen Tollwut; sie mußten auf Malta fortgesetzt werden. – Ein Malteser Arzt wurde bestellt, der am frühen Vormittag Martin im Quartier impfen sollte. Ich wollte den verabredeten Zeitpunkt erfahren, stieg zum ersten Mal zur Familie in den oberen Stock und suchte im Halbdunkeln etwas ratlos nach der richtigen Tür. Ein Geräusch leitete mich, ich klopfte und Reni öffnete mit einem erstaunt-erschrockenen Blick. „Wann wird der Arzt kommen, Reni?" Mark hörte meine Stimme, sprang herzu, zog mich am Arm in den Flur und dann in das Schlafzimmer der

Kinder. „Oma, hier ßlaf ich!" „Hau ab! – Stör nicht!" Reni scheuchte Mark weg, drängte mich wieder zur Tür und sagte ziemlich unvermittelt: „Wir möchten nicht, daß Martin so oft bei euch ist." Mir blieb fast der Mund offenstehen. „Ich habe ihn nicht gerufen, er ist ganz freiwillig gekommen. Du kümmerst dich doch gar nicht um ihn. – Warum soll er nicht bei uns sein?" „Dann will Mark auch!" „Soll er nicht? – Hübsch im Wechsel, wie es stets in Attenberg geschehen ist?" „Wir haben hier nur vierzehn Tage Zeit, um unsere Familienbande zu festigen. Die müssen wir nutzen." Mir blieb fast der Atem stehen.
Und dann: „Aber du hast uns doch aufgefordert mitzukommen, hast dir sogar eine Entlastung erhofft. Du hättest uns in Attenberg von diesen neuen Überlegungen unterrichten sollen, wir wären niemals mit euch nach Malta geflogen und hätten eure Sinnesänderung voll akzeptiert. – Übrigens: Wenn ein Kind zu mir kommt, schicke ich es nicht weg."
Wie betäubt ging ich zurück in unser Quartier, sagte Werner nichts von diesem Gespräch und fuhr mit ihm nach Valetta. Wie sollte ich dem 89jährigen Opa diese Situation erklären? In der Mittagszeit trafen wir die Familie in der Hauptstraße der Stadt. Nach einer kurzen Verständigung trennten wir uns wieder. Vier traurige Kinderaugen schauten uns nach.
Als wir abends zu später Stunde in unserem Quartier lasen, wurde ein weißer Zettel unter der Tür durchgeschoben. Ich sah es; die Uhr zeigte fast auf Mitternacht. Der Zettel war eher ein Wisch. Mit Mühe konnte ich entziffern, wie die Familie sich das Programm für den nächsten Tag vorstellte. Auch eine Art Entschuldigung war auf das Papier gekritzelt. Abgesehen von der unmöglichen Form war die Schrift kaum leserlich. Wenn Martin ein solches Werk vollbracht hätte, wäre ihm eine Strafe sicher gewesen.
Mit etwas Schalk sagte ich am nächsten Tag: „Besten Dank für eure Nachricht, aber ich konnte sie kaum lesen. Ich tippe mal, daß der Schreiber kräftig über den Durst getrunken hatte." Erstaunlicherweise antwortete diesmal Ralf für Reni: „Sie hat im

Bus geschrieben, du weißt ja, wie das rüttelt.“ Ich glaubte ihm kein Wort, zumal die Familie angeblich stets um 21 Uhr ins Bett ging.
Diese Zettelnachricht nutzte ich, um mich auch gegen die festgefahrenen Programme zu wehren. Schließlich waren wir zahlende Mitfahrer und keine eingeladenen Gäste. „Reni, wir sind doch privat hier und nicht Teilnehmer einer Gruppenreise. Wir können doch den Plan nach Bedarf abändern, eventuell sogar gemeinsam überlegen.“ Sie schien sich aber nicht öffnen zu wollen für gemeinsame Beratungen. Immer wieder stand für mich die Frage riesengroß im Raum: 'Was ist eigentlich los?'
Hinzu gesellte sich eine neue, da man doch auch versuchen soll, den Fehler bei sich selbst zu finden: 'Was haben wir falsch gemacht?' Ich fand etwas, das jeden von uns in Renis Augen zu einem schlechten Vorbild für die Kinder machte. Bei unseren gemeinsamen Abendmahlzeiten in den Fischrestaurants des Ortes aß Werner nie sein Fischgericht auf, bestellte aber trotzdem danach ein großes Eis. Reni sagte zu dieser 'Unart' – gewissermaßen als Erklärung für die Kinder: „Opa ist alt, der darf sich dat erlauben.“ – Und ich? – Ich glänzte sogar mit zwei 'Unarten': Ich trug eine Schirmmütze und außerdem noch eine Sonnenbrille. Das gab gleich zwei Strafpunkte. Mit diesen beiden Auffälligkeiten wollte ich lediglich Kopf, Haut und Augen vor dem grellen Licht des Südens schützen. Nichtsahnend kaufte ich Martin eine Kapitänsmütze, die er sich wünschte, aber nie tragen durfte. Sie landete schließlich nach der Reise in unserer Lüdenscheider Garderobe auf der Hutablage und wartete dort etwa eindreiviertel Jahr auf einen großen Jungen. Täglich erinnerte sie uns daheim an die Tragödie von Malta.
Doch noch sind wir auf der Insel und rätseln täglich an neuen Ungereimtheiten. Von Martin erfuhr ich, daß auch Hanne, Renis leibliche und inzwischen mündige Tochter, in Kleidungsfragen ganz unter der Kontrolle ihrer Mutter stand. Nur ihr Geschmack zählte. – Auf Malta aber blinzelten zwei hellhäutige norddeutsche Jungen ohne Sonnenbrille und Schirmmütze in

das unbarmherzige Licht des Südens. „Dat Auge gewöhnt sich", sagte Reni knapp, und damit basta!

Einmal schien es mir, als sei alles Rätselhafte überwunden. Reni gab sich fröhlich und locker und schwärmte von den zwei Tagen, die wir zur Nachbarinsel Gozo fahren wollten. Doch vorher gab es noch zwei Geburtstage zu feiern, auf die sich besonders die Kinder freuten. Oma kam zuerst dran, und Reni machte dafür in altbewährter Weise Pläne. Als sie kurz vorher bei einem Abendessen die sanitären Räume aufsuchen mußte, nutzte Mark die Gunst der wenigen Minuten und stand plötzlich neben meinem Stuhl. Ich streichelte sein Köpfchen und sagte ihm: „Übermorgen wollen wir aber Omas Geburtstag ganz toll feiern. Machst du mit?" Wie gut er die schwierige Situation innerhalb unserer kleinen Reisegruppe erfaßt hatte, begriff ich aus seiner Antwort. Die Stirn in Sorgenfalten, kam es voller Ernst und mit Nachdruck aus ihm heraus: „Un wenn sie dann wieder 'Nein' sagt, Oma?" Da entfuhr es mir: „Dann feiern wir eben alleine, und sie bleibt zu Hause!"
Leider behielt Mark recht, denn sie sagte 'Nein!', als ich den Kindern an meinem Geburtstag Torte spendieren wollte. Beide Jungen hatten ihr Frühstücksbrot nicht gegessen, das Reni bei unserem Ausflug zur Inselmitte in ihrer großen Beuteltasche schleppte. Ja, sie sagte 'schleppte'. Ich riet ihr schon in den ersten Tagen: „Verteil doch die Lasten, jeder hat einen kleinen Wanderrucksack."
An meinem Ehrentag waren sich beide Jungen selten einig. Sie durften die Torte nicht essen, aber sie verschmähten auch das Frühstücksbrot. Mit eiserner Miene litten sie Hunger.
Reni, die sich im Umfeld unseres Ferienortes besser auskannte als ich, hatte mir angeboten, zum Geburtstagabend einen Tisch zu bestellen für ein festliches Essen. Sie vergaß es, oder – wollte sie es vergessen? Da es noch geschlossene Häuser gab und deshalb daneben vollbesetzte, suchten wir im Ort nach einem Tisch für sechs Personen. Martin eilte vor, betrat nach einigen ver-

geblichen Anläufen das nächste Restaurant als erster, um dann eifrig zu melden: „Hier ist noch Platz!“ Alle freuten sich, nur Reni tadelte ihren großen Sohn: „Wie kannst du als erster in ein Lokal gehen, dat gehört sich nicht!“ Martins Stimmung schlug spontan um. Er entfernte sich von der Tür, stellte sich an die Hauswand als stummer, tief verletzter Büßer. Ich brauchte einige Zeit, um ihn zum Mitkommen zu bewegen: „Bitte, Martin, tu es mir zuliebe!“

Mark durfte beim Abendessen neben mir sitzen. Auf meinem Schoß lag ein Päckchen, das Opa mir zum Geburtstag in Mdina überreicht hatte. Da gab es riesigen, verhaltenen Spaß, den Inhalt zu erforschen. Ja, dieses Päckchen konnte ich aufknüpfen und die innere Seidenpapierumhüllung zusammen mit Mark betasten, während das große ‘Malta-Paket’ weiterhin nichts preisgab. Heute dagegen geriet alles zu einem großen Spaß, ein Rätsel für Mark zu zaubern: „Was ist drin?“ Tasten, Köpfchenrucken, überlegen: „Ein Tier, Oma?“ „Weiß nicht.“ Seidenpapier raschelte, ein Beinchen wurde sichtbar, ein Schwanz? – Oma wieherte, grunzte, miaute und bellte ganz leise, Mark kicherte, faßte seinen Kopf, überlegte, war voller Spannung. Da, oooh, ein Stück von einem goldenen Rüssel schob sich aus der Umhüllung heraus, und Mark riß die Ärmchen hoch: „Oma, ein Elefant!“ Leiser Jubel! – Dieses Päckchen schnürten wir auf, drangen ins Innere. Mark war überglücklich und taufte den Elefanten, der die Funktion eines Türklopfers hatte, auf den Namen ‘Jumbo’. Das ‘Taufwasser’ durfte er mit seinem kleinen Zeigefinger aus Omas Rotweinglas holen.

Wie froh war ich, daß es doch ein paar freundliche Lichtblicke an meinem Geburtstag gab, denn auch schon am frühen Morgen war Reni über sich hinausgewachsen. Während unserer Busfahrt nach Valetta setzte sie sich neben mich – zum ersten Mal auf dieser Reise. Mark durfte sich zwischen uns stellen, faßte meine Hände und schaute mich an. Ich sah nicht besonders gut aus, denn die Sonne hatte meine empfindliche Haut verbrannt. Mark zeigte Anteilnahme, fragte, ob ich Schmerzen habe, kurz, er war der einzige, der sich darum sorgte, sonst niemand. Plötzlich leuchteten seine Augen hell auf, und ganz spontan gab er mir einen Geburtstagskuß auf den Mund. Erstaunlicherweise verhielt Reni sich ruhig.

Zu ihrem eigenen Geburtstag hatte sie gründliche Vorkehrungen getroffen. Es gab ein vorbestelltes, erlesenes Festessen. Bevor es begann, erhob Martin sich von seinem Platz, eilte zu seiner Pflegemutter und suchte in fast flehentlicher Gebärde engen Kontakt zu ihr. Es war furchtbar anzusehen, wie Reni erschrak, die Annäherung verhindern wollte und sich mit Oberkörper und Gesicht von ihrem Sohn abwandte. Besser konnte sie ihre Ablehnung kaum ausdrücken. Zu dem Schrecken gesellte sich gleichzeitig ein Ausdruck tiefster Trauer, den ich nirgendwo einzuordnen in der Lage war. –
Was mißfiel ihr an Martin? Was stand möglicherweise aus ihrer Vergangenheit in diesem Augenblick vor ihrem inneren Auge? – 'Familientherapie' durch das Sprachrohr der Pflegemutter – 'Martin ist ein Frauenfeind.' – Wieder schossen mir diese Worte blitzschnell durch den Kopf.
Zu vorgerückter Stunde verlor Reni die Kontrolle über ihre Kinder. Natürlich nutzten Martin und Mark die Gelegenheit, Spaß mit Oma und Opa zu haben. Sie verlor auch die Kontrolle über sich selbst. Der Ober brachte am Ende der Mahlzeit als zusätzlichen Service auf einem Teller sechs weiße, feuchte, in Folie eingeschweißte, zum Überfluß noch angewärmte Stoffservietten für die Endreinigung der Hände. Reni schüttete sie im Beisein der Kinder auf ihren Schoß, nahm ganz schnell zwei in die Hand und – ehe ich mich versah, hatte sie die weißen, warmen 'Würste' unter meine Bluse geschoben. Der Ober erschien – ich saß wie gelähmt.
Da betrat ein Malteser 'Freund' das Lokal, der seinen Besuch angekündigt hatte und dem Reni schon den ganzen Abend entgegenzufiebern schien. Der Serviettendiebstahl geriet dadurch auf ein Nebengleis, der Freund mit seiner üppigen, schwarzge-

lockten Freundin beherrschte für den Rest des Abends die Szene. Es war ein erstaunliches Paar, mit dem Werner und ich jedoch nicht viel anfangen konnten.
Als Mark später auf dem Heimweg versuchte, auf kleinen Mäuerchen neben seiner trunkenen Mama herzulaufen und ihre Schwankungen noch zu verstärken, zerrte sie ihn wütend herunter und rief mehrere Male ungebührlich laut in die Malteser Nacht hinaus: „Himmel, Arsch und Zwirn!“ Es war das erste und einzige Mal, daß ich von Reni sagen konnte: „Sie hat kräftig über den Durst getrunken.“
In krassem Widerspruch zu ihren Kraftausdrücken standen ihre Bemühungen, die beiden Jungen ganz vornehm zu erziehen. Wie kleine Prinzen sollten sie sich benehmen. Wenn Mark selbstvergessen eins seiner kleinen Fingerchen zum Munde führte, riß sie seinen Arm weg und schlug auf seine Hand. „Du bist hier nicht im Kindergarten!“ Das gleiche geschah, wenn er sein Köpfchen am langweiligen Erwachsenentisch mit seinem Unterarm abstützte und dabei den Ellenbogen auf dem Tisch plazierte. Ohne Vorwarnung schubste Reni seinen Arm herunter, so daß Mark ganz erschrocken zusammenfuhr und nach unten sackte. Auch dann ertönte mit scharfer Stimme: „Sitz ordentlich, du bist hier nicht im Kindergarten.“
Reni hatte nicht mit Marks Gelehrigkeit und seinem guten Gedächtnis gerechnet. Fast am Ende der Reise rächte er sich auf seine unnachahmliche Weise. Nach einer Abendmahlzeit, die Teller waren abgeräumt, saßen Ralf und Werner nebeneinander, schauten tief ins Bierglas und redeten, d.h., Werner redete mit Mund und Zeigefinger, während Ralf selbstvergessen seinen bierschweren Oberkörper mit den Ellenbogen auf dem Tisch abstützte und – kaum zuhörte. Mark sah das, verließ eiligst seinen Platz, während Reni den bremsenden Zugriff verpaßte, eilte zum Pflegevater und schob blitzschnell ohne Vorwarnung mit großem Kraftaufwand den rechten Arm des verdutzten Ralf vom Tisch. Sein energisches Stimmchen würzte diese Tat mit

Renis Worten: „Aam runter! Wir sind hier nicht im Kindergarten!" – Eine peinliche Stille folgte.

In der zweiten Woche fuhren wir mit einer Fähre für zwei Tage zur Insel Gozo. Dort teilten wir uns gemeinsam eine große Ferienwohnung. Dadurch kam es zum ersten und einzigen Male zu einem abendlichen Beisammensein ohne Kinder. Als Martin und Mark in ihren Betten lagen, entkorkte Reni eine Flasche Malteser Wein. Es schien heute so zu werden, wie wir es viele Male in Attenberg erlebt hatten.
Aber wieder wurde alles anders. Reni riß das Gespräch an sich, machte aus dem beginnenden Dialog einen Monolog, wurde zum Alleinunterhalter, redete pausenlos, befreite sich von einer Geschichte, die Werner kaum verstand, die Ralf wahrscheinlich bis zum Überdruß kannte. Ich glaube, nur ich hörte voller Staunen zu. Schon im Anfang schien es mir, als wolle Reni uns ihr merkwürdiges Verhalten auf Malta erklären, als habe sie hier nach einer Lösung gesucht für ein großes Problem und nun mit Ralfs Hilfe in langen, abendlichen Gesprächen einen Ansatz dafür gefunden. „Hier auf Malta kam der 'Knackpunkt', jetzt habe ich die Hoffnung, aus der ungeliebten Schule herauszukommen. Fast fünfzehn Jahre hatte ich eine schöne Zeit, aber nun ist alles vorbei."
So ähnlich leitete Reni ihren Monolog ein. Was war vorbei? Wodurch?
Reni tischte uns eine Geschichte auf, die reichlich phantasievoll, um nicht zu sagen unglaubwürdig klang. Im Jahre 1992 kamen plötzlich die Türken in ihre Klasse – drei Männer – mitten am Vormittag. Sie wollten Reni vergewaltigen. – Was taten sie? Waren Schüler in der Klasse? Reni gab keine Einzelheiten preis. So glaubte ihr niemand diese Mär, weder die Kollegen noch die Schulleitung. Alle lachten sie aus. Sie erntete nur Spott und Hohn. Niemand half ihr.

„Nun bin ich belastet mit diesem Trauma, mag kaum noch in die Schule gehen, kann nur noch bei offener Tür unterrichten. Ich habe einfach Angst! Ich möchte raus aus der Schule!"
Und dann kam ihr Plan: Sie hatte mit Ralf alles durchgerechnet. Das Gehalt bei ihrer reduzierten Stundenzahl war etwa gleich groß wie die Pension bei vorzeitigem Ausscheiden aus dem Schuldienst sein würde. Doch der Pensionierungsgrund mußte hieb- und stichfest sein. – Mir wurde plötzlich klar, daß vermutlich auch schon der Muskelschwund herhalten sollte für derartige Pläne. War Reni deshalb so unwirsch und ungnädig auf unserer Reise, weil sie die erneuten Untersuchungen fürchtete, weil alles so ungewiß für sie war?
Nun sollten der Vergewaltigungsversuch und die anschließende seelische Grausamkeit ihrer Schulleitung und Kollegen ihre Pensionierungshoffnungen erfüllen. „Ich bin sogar ein doppeltes Opfer", erklärte uns Reni. Ein guter Anwalt aus Bonn sollte ihnen helfen und diese Angelegenheit als 'Betriebsunfall' deklarieren. Die Betroffene ist nicht mehr arbeitsfähig. Das würde für Reni bedeuten: Pensionärin mit 43 Jahren.
Genaue Einzelheiten dieses 'Unfalles' erfuhren wir nie. Waren Zeugen dabei? Ja oder nein? Wie wehrte sie sich, verhinderte das Schlimmste? All das berichtete Reni nicht.
Hatte ich jetzt den letzten Knoten des geheimnisvollen Malta-Paketes gelöst? Ich konnte es noch nicht so recht glauben. Es war doch merkwürdig, daß Reni rund drei Jahre nie über dieses Thema gesprochen hatte, daß ich besonders am Anfang unserer engeren Bekanntschaft stets eine energische, zielstrebige und fröhliche Frau erlebt hatte. Auch glaubte ich, ein großes Maß ihres Vertrauens zu besitzen. Vor allem hatten unsere häufigen Telefonate dazu beigetragen, daß sogar das Wort 'wie Mutter und Tochter' gefallen war. Immer wieder glaubte ich zu spüren, wie sehr Reni diese Aussprachen brauchte, wie entspannt und zufrieden sie danach war.
Konnte man eine so quälende Sache wie einen Vergewaltigungsversuch über Jahre verbergen? Ich weiß es nicht. Ralf war

mir schon lange rätselhaft, aber er war in seiner freundlich-ruhigen Art kein Störfaktor. Nun wurde mir Reni immer undurchsichtiger. Warum hatte sie die Kinder in ihr Haus geholt? Wollte sie ihre Ehe retten? Liebte sie Kinder wirklich so, wie sie es vorgab? Häßlich war der Gedanke, daß sie vielleicht eher an die Pflegegelder als an die Kinder dachte. Ich verscheuchte ihn sofort. – Nein, den letzten Knoten des Malta-Paketes hatte ich mit Sicherheit noch nicht gelöst, eigentlich war alles nur noch wirrer und undurchsichtiger geworden.

Der zweite Tag auf Gozo lenkte mich auf wundersame Weise ab. Ralfs und Renis Sitzpausen in den kleinen Häfen wurden immer länger. Entspannt saßen sie bei ihrem Bier und überließen uns die Kinder. Da schlug auch Marks Stimmung sofort in Freude um, denn ich durfte mich mit ihm vom Tisch entfernen. Opa kam wie selbstverständlich hinzu. Wir spielten Pferdekutsche und Taxifahren. Oma wurde transportiert, danach Opa; das Taxi hatte nur einen Sitzplatz. Nun mußte getankt werden. Der Tank faßte viele Liter; es war Opas Rucksack. Dann mußten wir Opa ins Krankenhaus bringen, weil ihm schwindelig war vom Fahren. Wir lieferten ihn bei Ralf und Reni ab, wobei es bis heute unklar geblieben ist, ob diese ebenfalls Patienten oder die ärztlichen Betreuer waren. Mark und ich schauten sie beide kritisch an. Sie schienen hinter ihrem Glase die Welt vergessen zu haben.

Leise schlichen wir davon. Oma nahm Marks Hand und marschierte mit ihm Richtung Mole. Ein guter, breiter Weg, aber rechts die gefährliche Kaimauer. Wir traten nahe an das Hafenbecken heran. „Hier darfst du nicht hineinfallen, dann weinen alle – Oma am meisten.“ „Okay, Oma!“

Hände sind lockere Fesseln, die sich leicht lösen lassen. Worte können viel fester binden, wenn sie wahrhaftig sind. Wir lösten wie selbstverständlich die Fesseln, verbanden uns erneut durch Gesang. Mark begann zu singen mit hohem, hellem Stimmchen, wurde gestützt durch Omas Brummbaß. Das Kind fing an zu tanzen, drehte sich um sich selbst, hob die Arme, reckte sie himmelwärts und öffnete die Händchen wie Kelche, die empfangen wollen. Was? – Das Glück, die Schönheit der Welt, die Liebe? – Ich sah nur noch das Kind; es beugte sich hernieder, als wolle es Kraft aus der Erde schöpfen, als wolle es Irdisches und Himmlisches austauschen oder – vereinen? Ja, und wieder drehte es sich um sich selbst und öffnete die Hände dem Himmel entgegen.

Kann man Augenblicke messen? Nach Sekunden, nach Minuten? Oder mißt man genauer nach ihren Inhalten? Dieser Tanz des kleinen Mark schien eine Ewigkeit zu währen, er wurde der längste, der glücklichste Augenblick dieser Reise. Für mich verschmolz er mit dem Tanz des Heimkindes auf dem Tempelberg der Insel Rügen. Damals glaubte ich, Mark würde die Freiheit bejubeln. – Und heute? Fühlte er sich nicht erneut befreit? –

Mark kam zu mir, nahm freiwillig meine Hand. Wir schlenderten, lachten und schwenkten unsere Arme locker vor und zurück. Wir fühlten uns wie ein Wesen.

Doch wo war Martin geblieben? Er hatte eine Treppe zu einem Felsen erstürmt, niemand pfiff ihn zurück, und er winkte uns von oben fröhlich zu. Ralf und Reni schienen heute besonders gut gelaunt zu sein, denn sie nahmen an nichts Anstoß. „Ich könnt hier endlos sitzen und gucken!" Ja, Reni, bleib doch sitzen und gönn den Kindern ein wenig Glück! O segensreiche Hafenbar! 'Ich könnt hier endlos sitzen und schlucken!' Diesen Satz dachte Reni in ihrem Innersten, aber sprach ihn klugerweise nicht aus.

Martin gesellte sich zu uns. Ich fotografierte ihn, bewußt bevorzugte ich ihn, denn von ihm gab es viel weniger Fotos als von Mark.

Auch die Rückfahrt mit der Fähre brachte noch kurze Lichtblicke für die Kinder. Sie durften mit mir an die Reeling kommen und die Abfahrt des Schiffes miterleben. Das ist verständlicherweise ein gutes Erlebnis für zwei Jungen von der Wasserkante. Doch später mußten sie am Tisch im großen Fahrgastraum

sitzen, den Ralf und Reni während der ganzen Überfahrt nicht verließen, denn es gab hier natürlich einen Ausschank.
Am Tage vor dem Abflug trennten wir uns. Werner und ich erlebten noch einen wunderbaren Ausflug zu den Tempeln von Hagar Qim und Mnajdra, die nahe am Meer liegen. Als wir abends ins Restaurant kamen, aß die Familie schon, denn wir hatten uns ein wenig verspätet. „Wir haben euch um 18 Uhr erwartet." Meine aufsteigende blanke Wut bekam ich gottlob in den Griff. Zu diesem Tadel kam außerdem noch Renis Auseinandersetzung mit Martin, der sich weigerte, eine versalzene Pizza zu essen. „Dat hast du selbst ausgesucht und bestellt, nun wird gegessen! Dat hat Geld gekostet!" Martin saß würgend vor seinem Teller, und zum ersten Male in meinem Leben wünschte ich mir, die Pizza möge ihren Weg wieder rückwärts gehen.
Als nach dem Essen die Gläser noch einmal und gleichzeitig zum letzten Male gefüllt wurden, sagte Reni zu allem Überfluß: „Merkwürdig, wir haben nun schon mehrere Reisen nach Malta gemacht, aber bei dieser haben wir am wenigsten gelacht. Wie kommt dat?" Wollte sie eine Antwort? Werner stieß schon wieder in meine linke Seite. Trotzdem begann ich zu reden: „Denk doch mal an all die Ungewißheiten und Probleme, die dich augenblicklich bedrücken. Da ist man leichter gereizt und nervös." Ganz diplomatisch begann ich, doch ich mußte ihr noch mehr ins 'Stammbuch' schreiben: „Malta scheint mir kein geeigneter Ferienplatz für Kinder zu sein. Rügenkinder spielen im Sand am Meer. Hier sah ich nur Felsen und Klippen. Überall lauern Gefahren. Ich habe Mark selten unbeschwert spielen gesehen. In den dunklen Höhlen hatte er Angst, und schließlich haßte er die Felsen der Tempel, auf die er nicht einmal klettern durfte. Martin kann schon eher eine Art Bildungsreise mitmachen, aber dann muß ihm auch etwas erklärt werden."
Ein energischer Stoß von links brachte mich zum Schweigen, zumal auch Reni nicht bereit war, noch mehr Kritik zu schlukken. Sie winkte ab: „Wir wollen dat nicht noch mehr zerpflük-

ken.“ „Einverstanden, aber du hast dieses Thema angeschnitten.“

Der Rückflug verlief nicht viel anders als der Hinflug. Nur die Sitzordnung zeigte deutlich die Spuren dieser Reise: Es bildeten sich drei Gruppen, eigentlich nur zwei, denn Martin saß allein in einer Reihe mit fremden Passagieren. Oma und Opa saßen zusammen vor der Dreiergruppe, gebildet aus Ralf, Reni und Mark. Diese Sitzordnung war fast schon ein in die Zukunft gerichtetes Programm. Sie zeichnete hypothetisch den Zerfall der Familie auf.

Martin war uns sehr behilflich bei unserem Gepäck. Ralf und Reni kümmerten sich nicht um uns. Ein Kleinbus brachte uns von Düsseldorf nach Attenberg. Das Übliche: Die Koffer wurden aus- bzw. umgeladen, Hanne kam aus dem Haus; wir standen alle auf der Straße. Reni wandte sich an uns und bot uns so großzügig und gleichzeitig eisig den Gang zur Toilette an, daß es fast schon peinlich war. Wir dankten und verabschiedeten uns.

Ich gab Martin die Hand: „Dir danke ich für deine große Hilfe. Einen guten Schulanfang, mein Junge! Wenn deine Filme entwickelt sind, melde ich mich.“

Als ich Ralf die Hand geben wollte, nahm er mich zu meiner Verwunderung in den Arm. Reni dagegen blieb steif stehen. Ihr sagte ich: „Du wirst doch sicher anrufen, wenn du deine Termine beim Amtsarzt gehabt hast? Ich wünsche dir viel Glück!“

Neben Reni stand Mark und schaute zu mir hoch mit großen, flehentlichen Augen: „Oma, kommst du morgen?“ – Nach dieser Frage war es totenstill auf der Straße, und trotz des abendlichen Sonnenscheins schien alles eisig zu sein, als ich dem Kind mit leiser, aber fester Stimme antwortete: „Nein, Mark, morgen komme ich nicht. Wir haben alle zu tun. Papa muß arbeiten, die Schule fängt an, und du mußt in den Kindergarten. Wenn Jumbo seinen Stall bekommen hat, sage ich dir Bescheid. Oma muß jetzt im Haus und im Garten arbeiten. Da gibt es viel zu tun.“

Wir stiegen in unseren Wagen. Martin und Mark winkten uns nach, die anderen nicht.

In den nächsten Tagen meldete sich niemand aus Attenberg. Haus und Garten, Wäsche und Einkauf forderten mich, trotzdem kristallisierten sich zwei Dinge scharf aus der Maltareise heraus: Das erste war Martins furchtbarer Satz: 'Oma, ich möchte am liebsten nicht mehr leben.' Das zweite war Renis 'Familientherapie'.
Kurz entschlossen wählte ich die Telefonnummer der Psychologin und bat um eine Unterredung. Die Dame hörte mich an und begriff, daß ich Hilfe wollte für Martin, denn ich formulierte eindringlich: „Martin muß selbst zu Wort kommen, Sie müssen mit ihm sprechen." Meine Einmischung erklärte ich ihr ebenfalls – stellte mich als 'Wahl-Oma' vor und fügte hinzu: „Sie kennen auch meinen Bericht über das 'Heimkind Nummer 17', Sie haben ihn gelesen und beurteilt." Die Antwort der Psychologin war für mich niederschmetternd: „Ich biete gar keine Familientherapie an, ich behandle ausschließlich Martins Pflegemutter und mache mit ihr eine Psychoanalyse. – Einen Bericht über ein Heimkind? – Was sagen Sie: rund achtzig Seiten? – Nein, das hätte ich nicht vergessen. – Habe ich nie in der Hand gehabt, nie gelesen." Sie fügte abschließend hinzu: „Meine Arbeit mit Frau P. bricht zusammen, wenn ich dieses Telefonat unterschlage. Ich muß mit ihr darüber sprechen." Ich überlegte kurz: „Bevor Sie das tun, möchte ich selbst mit ihr reden."
Die Psychologin war damit einverstanden. Für das Telefonat schickte sie mir eine Rechnung über 160 DM.
Nun mußte ich mit Reni reden. Ich gestehe, ich hatte Angst davor. Warum hatte sie mich angelogen? Warum ging sie zu einer Psychotherapeutin? Wer hatte ihr geraten, das 'Heimkind Nummer17' noch nicht zu veröffentlichen?
Zu meiner Handlungsweise bekannte ich mich uneingeschränkt. Meine Angst bezog sich viel mehr auf Renis zu erwartende unbeherrschte Reaktion, die ich dann auszuhalten haben würde.

Ich fürchtete, daß es mir nicht gelingen würde, ein ruhiges Gespräch mit ihr zu führen.
An Martin schrieb ich eine Karte, ich könne ihm am Wochenende seine entwickelten Filme bringen. Außerdem mußte ich unseren Bustransport von Düsseldorf nach Attenberg bezahlen. Natürlich: Grüße an alle!
Statt seiner antwortete Reni: *„Ich dachte, Du würdest Dich für meine Probleme interessieren. Warum rufst Du nicht an?"*
Warum schrieb sie mir? Warum telefonierte sie nicht, die doch sonst ganz spontan zum Telefonhörer griff? Auf die Karte an Martin ging sie nicht ein.
Ich aber saß betroffen vor einem Briefbogen, der doppelseitig ein zerfahrenes Schriftbild lieferte, Schriftzeichen, die sich nicht zu Worten zusammenfügen wollten, die keinen Halt aneinander fanden, die so armselig und seelenlos auf dem Papier standen, daß man keinen selbstsicheren Schreiber dahinter vermuten konnte.

Bevor ich nach Attenberg fuhr, rief ich kurz an. Hanne meldete sich: „Ja, alle sind da." Ich kaufte Erdbeertorte für die Kinder und mich als nachträgliche Geburtstagseinladung. Ralf und Reni essen ja keinen Kuchen.
Mark spielte vor dem Haus mit seinem Fahrrad, freute sich und hielt mir sofort einen kleinen Vortrag über meine gefährliche Sonnenbrille, mit dem kleinen Zeigefinger in mein Gesicht weisend. Dann kam die Bitte: „Machst du mir das Fahrrad heil, Oma?" Der Hinterreifen scheuerte gegen das Schutzblech. „Du, ich kann das leider nicht, das muß Papa machen. – Aber ich habe Erdbeertorte für dich." Wir packten in der Küche aus. „Willst du gleich essen?" „Da muß ich erst Mama fragen."
Martin erschien, war völlig überrascht, wußte von keiner Karte und keiner Besuchsankündigung. Ralf und Reni räumten im Bereich Stall und Garage auf; während Ralf winkte, drehte Reni sich kaum nach mir um. Zuerst kam Ralf, nahm mich – wie immer – in den Arm, Reni dagegen wirkte tief gefrostet, erlaubte

aber erstaunlicherweise das Essen der Erdbeertorte. Nach einer kleinen Weile war sie sogar bereit, für mich eine Tasse Kaffee zu kochen. Ich lehnte dankend ab. Alle Kinder, auch Hanne, ließen sich die köstliche Speise auf der Terrasse schmecken.
Nebenher erfuhr ich, daß Martin wieder etwas ausgefressen hatte. „An dem Jungen ist alles Lug und Trug!" 'Und wie ist es mit dir?' schoß es mir durch den Kopf, doch Reni fuhr schon fort: „Er kann dir dat selbst erzählen." Martin wollte auch, aber nicht vor allen.
Was war geschehen? Er hatte im Ort für rund zehn Mark eingekauft und auf Renis Namen anschreiben lassen. Am nächsten Tag durfte er in den Zirkus gehen und die dafür bereitgestellten fünf Mark voll verbrauchen. Es fiel ihm aber nicht ein, diese 'Großzügigkeit' mit einer Beichte zu belohnen.
Ich schlug Reni vor, Martin das Taschengeld für den Monat in zwei Staffeln auszuzahlen. „In den Heimen darf es nicht als Bestrafung zurückgehalten werden. Er muß doch den Umgang mit Geld lernen und auch merken, daß man nichts mehr kaufen kann, wenn man es zu schnell ausgegeben hat." Reni reagierte nicht auf meinen Vorschlag, statt dessen wiederholte sie sich mit ihrer Behauptung: „Er ist ein Frauenfeind."
Und noch einmal mußte ich mir anhören, daß Martin sie, seine Pflegemutter, erneut zur Putzfrau degradiert hatte. „Wie macht er das? Was tut er? Was sagt er?" Erklärungen und Begründungen zu ihren Behauptungen blieb sie mir schuldig.
Für die Filmbetrachtung mit mir bekam Martin eine halbe Stunde Zeit, mehr nicht. „Beim Rahmen der Dias kann Ralf ihm helfen, dat kann er in den Sommerferien machen." Wir schrieben den 7. Mai!! Außerdem besuchte ich die Familie an einem Sonntag! Reni erklärte mir ihre strenge Anordnung: „Er muß noch für Dienstag Schulaufgaben machen und Geige üben." Ich schluckte meine kritischen Entgegnungen herunter, setzte mich mit Martin an den Tisch und besprach mit ihm seine Filme. Interessiert und gelehrig saß er neben mir. Plötzlich sagte er

leise: „Oma, bitte, ich möchte wieder in ein Heim, ich halt es nicht mehr aus."
Mark hockte neben uns und schaute mich mit riesengroßen Augen an. „Ich denke darüber nach, Martin, glaube mir, dauernd denke ich nach." – Die weitere Erörterung dieses brisanten Themas wollte ich ins Obergeschoß verlegen. Darum brachten wir Diakästen und Rähmchen, die ich für Martin mitgebracht hatte, nach oben. Mark wich nicht von unserer Seite.
In Martins Zimmer lehnte das Rügen-Aquarell noch immer neben der Schrankwand, das Holzgestänge der Staffelei stand traurig in der Ecke. Marks Kaufmannsladen füllte das kleine Spielzimmer, das vor Martins Arbeits- und Schlafzimmer liegt, gut zur Hälfte aus. „Hast du schon schön damit gespielt?" fragte ich Mark. „Oma, ich hab doch keinen zum Spielen." Genau so hatte ich es kommen sehen, genau so.
„Ich muß jetzt Geige üben, Oma." Leicht nervös begann Martin, seine Geige auszupacken. Da nahm ich Mark, spielte mit ihm Tennis auf der Straße, danach wieder Arzt und Patient. Er horchte mich ab, ließ mich kräftig husten. Reni kam und nahm ihm seine medizinischen Instrumente – es waren Teile vom Staubsauger – weg.
Nun spielten wir im Eßzimmer auf zwei Stühlen 'schlafen'. Doch Mark war plötzlich hellwach, saß aufrecht und schaute mich ernst an: „Oma, sagst du Mama, daß Martin wieder in'n Heim will?" „Das muß ich mir noch genau überlegen." Mark rückte ganz nahe zu mir: „Oma", seine Stimme wurde ganz leise, „Oma, ich bin doch auch – bin doch auch aus – aus – Lietzow – bin ich doch gekommen!"
Zum ersten Mal sprach er diesen für ihn so schrecklich belasteten Ortsnamen in meiner Gegenwart aus. „Oma", er schluckte und bestätigte durch seine Mimik die Worte: „Oma, ich hab solche Angst!" Sacht zog ich den kleinen Körper ganz nahe zu mir und flüsterte in sein Ohr: „Du brauchst keine Angst zu haben, ich, wir alle haben dich doch lieb."

Reni hatte während meines Daseins ihre Aufräumarbeiten nicht unterbrochen, obwohl Sonntag war und sie nicht mehr in die Schule mußte. Ja, sie bewertete meine Anwesenheit ganz eindeutig negativ durch den Beginn einer neuen Arbeit. Vor dem Treibhaus im Garten hockend, fing sie an, ihre Blumentöpfe zu säubern und zu sortieren. Ich lehnte mich über das Geländer der Terrasse und versuchte, ein Gespräch in Gang zu bringen, obwohl ich den Ort für recht ungeeignet hielt.

Die Frage nach ihrem Befinden schien sie versöhnlich zu stimmen. Reni war gleich nach der Rückkehr von Malta beim Amtsarzt, in der Sportheilstätte und schließlich mit Ralf beim Anwalt in Bonn gewesen. Ja, sie freute sich, weil sie jetzt vollkommen schmerzfrei war. Deshalb hatte sie alle Anwendungen abgebrochen. Nach zwei Arbeitstagen in der Schule wurde sie erstmal auf unbestimmte Zeit krank geschrieben. Nun sollte sie sich viel bewegen, schwimmen und später auch radfahren. Ich freute mich mit ihr, doch bevor ich den Hauptgrund meines Hierseins, das klärende Gespräch mit ihr, einleiten konnte, hatte sie ohne Übergang den 'Knackpunkt' von Malta wieder aufgerollt und berichtete noch einmal ohne Punkt und Komma vom Vergewaltigungsversuch durch die drei Türken, spulte alles ab bis hin zum 'Betriebsunfall' und der Tatsache, daß sie ein 'doppeltes Opfer' sei. Fast triumphierend fuhr sie fort: „Jetzt kümmert sich der Anwalt in Bonn um die Sache. Er will meine vorzeitige Pensionierung durchsetzen. – Die Schule ist für mich ..." Da kam Mark weinend angelaufen: „Mama, mein Finger, ich hab einen Splitter im Finger!" Reni, gestört in ihrem Redefluß, scheuchte ihn fort; hart formulierte sie: „Damit kann man leben!" Mark wich taumelnd zurück. – Warum griff ich nicht ein und half dem Jungen? Ich hatte keine Brille bei mir. Und – durfte ich Reni jetzt maßregeln?

Weiter wurde ich überrieselt mit ihrer Unlust an der Schularbeit, mit ihren guten Schuljahren, die nun vorbei waren, mit all den Mißständen im Kollegium und und ...

Erneut kam Mark, krebsrot im Gesicht, trug seinen Finger vor sich her, schluchzte laut, stürzte auf seine Mama zu und umschlang sie. „Sei nicht so wehleidig!“ Reni stieß ihn energisch weg. Jetzt konnte ich mich nicht mehr beherrschen. So ruhig es ging, sagte ich: „Merkst du denn nicht, daß Mark Hilfe braucht?“ Mit einem bösen Blick in meine Richtung reagierte sie: „Was verstehst du denn schon von Erziehung! Du hast kein eigenes Kind großgezogen, geschweige denn Heimkinder erzogen.“ „Das weiß ich. Du hast vollkommen recht.“ Zwei ruhige Sätze brachte ich heraus, aber ich wußte schlagartig, daß ich nun nicht mehr in der Lage war, mit dieser entfesselten Frau über meinen Anruf bei ihrer Psychologin zu sprechen.
Reni ging mit Mark ins Haus. Ich suchte Ralf im Schuppen auf, leitete meinen Abschied ein und sagte ihm, sozusagen als Anhängsel, daß ich Kontakt zu der ‘Familientherapeutin’ aufgenommen hätte aus Sorge um Martin. „Ich wollte heute mit Reni darüber sprechen, aber die Situation ist im Augenblick völlig verkorkst.“
Ralf nickte, nahm mich, wie immer, in den Arm und reichte mich weiter an Mark und Martin, die mich zum Abschied an den Wagen brachten. Auf dem Wege dahin wiederholte Martin seine Bitte zweimal: „Oma, hilf mir, besorge mir einen Heimplatz! – Bitte, bitte, Oma, ich halt es nicht mehr aus!“ „Ich werde mich in Lüdenscheid umhören, Martin.“
Einsteigen, das Fenster herablassen, zwei hübsche Jungen schauen zu mir herein, der eine gebückt, der andere in gerader Haltung. Sechs Hände finden zueinander, berühren sich – letzte Liebkosungen. – Ich fuhr an – sachte – und noch einmal die flehentliche Stimme: „Bitte, Oma, hilf mir!“
Beide Jungen winkten mir nach, bis mein Wagen durch die Straßenrundung ihren Blicken entschwand. Nie werde ich das Bild meiner winkenden Enkel im Rückspiegel vergessen. – Auf der Heimfahrt mußte ich mich zusammenreißen, mich auf den Verkehr konzentrieren. Als ich unser Haus betrat, hörte ich im Treppenhaus Werners Stimme am Telefon, dazwischen ertönte

ein schrilles Frauenorgan: Es war Reni. Dann wieder Werner – er stammelte förmlich: „Aber es geht doch nur um die Kinder!" Er legte den Hörer auf.
Sehr erregt fragte er mich: „Was ist eigentlich los? Sie will eine Aussprache, hat was gesagt von Konventionalstrafe für dich, von 'Einbruch in die Intimsphäre', sag bloß, was ist passiert?" Erschöpft berichtete ich von vorne, wollte Werner eigentlich aus aller Problematik heraushalten, doch das ging nun nicht mehr. „Aussprache?" Ich mußte fast lachen. „Deshalb bin ich doch vor allem nach Attenberg gefahren, aber es kam nicht dazu." Ich berichtete so knapp wie möglich. – „Weißt du, was ich ihr mitgenommen habe? Die beiden geklauten Stoffservietten aus dem Nobelrestaurant auf Malta. Ich habe sie zum Abschied stillschweigend auf den Eßtisch gelegt."

Am Tage danach rufe ich den Heimleiter vom Lüdenscheider Kinderheim an. Die Aussichten für Martin sind gut. Es gibt freie Heimplätze, aber auch Möglichkeiten in Wohngemeinschaften. Die Stimme des Heimleiters ist vertrauenerweckend.
Ich überlege: Jetzt muß Martin benachrichtigt werden und sich entscheiden. Will er wirklich aus seiner Pflegefamilie heraus, ist der Gang zum Jugendamt notwendig.
Es ist der 11. 5. 1995. Nie werde ich dieses Datum vergessen. Ich fahre zur großen Pause nach Attenberg, um Martin in seiner Schule aufzusuchen. Dort ist alles anders, als Reni es mir oft berichtete. Ein ruhiger Pausenbetrieb, freundliche Lehrer und Schüler, die mich in dem Riesengebäude in den Bereich von Martins Klasse lotsen. Schließlich stehe ich einer Lehrkraft gegenüber, die mich freundlich anhört und sagt: „Ja, wir machen uns auch Sorgen um Martin." „Wieso? Er hat doch gute Zeugnisse." „Nein, das ist es nicht. Martin ist ein ordentlicher Schüler mit einigen kleinen Auffälligkeiten aus seiner Heimzeit. Aber," die Lehrkraft wählt mit Sorgfalt ihre Worte: „das Ehepaar P. hätte keine Kinder annehmen dürfen."

In einem Zeitraum von wenigen Minuten erfahre ich so viel, daß mir zum Erbrechen schlecht wird für den ganzen Tag, daß ich mich für Monate fühle wie die Salzsäule des Lot aus dem Alten Testament, daß ich fortan ein gespaltenes Leben führe: leicht und locker nach außen, mit einem Herzen wie ein Steinbrocken in meinem Innern.
Wie aus weiter Ferne höre ich vorsichtige Formulierungen: „Alle Anzeichen sprechen schon jahrelang dafür, daß beide, Herr und Frau P., Alkoholiker sind." Ich erfahre Einzelheiten aus der Anfangszeit des Ehepaares in Attenberg vor rund fünfzehn Jahren bis hin zur Gegenwart. Und mehr: „Frau P. hat sich nach den Ferien mit voller Stundenzahl zurückgemeldet, bezieht also wieder volles Gehalt, um nach zwei Tagen Schulalltag eine Krankmeldung auf unbestimmte Zeit einzureichen."
Nach diesem Bericht darf ich mit Martin in einem leeren Klassenzimmer sprechen. „Lassen Sie sich Zeit." Der Junge ist noch nervöser als auf Malta und vollkommen unzugänglich. Ganz in die Reserve gehend, schüttelt er den Kopf und antwortet auf mein gutes Angebot: „Ich bleibe in Attenberg, Oma, wir hatten am Sonntag noch eine lange Unterredung. Ich hab mich völlig verrannt – es ist schon gut so, ich bleibe."
Fast vierzehn Jahre ist Martin, der nun, wahrscheinlich massiv von Reni beeinflußt, über den Fortgang seines jungen Lebens entscheidet. Er wagt mich kaum anzuschauen. Und ich? Was soll ich nun tun? Soll ich ihm berichten, was ich eben gehört habe?
'Alle Anzeichen sprechen dafür ...' Aber wo sind die Beweise? Ich kann es doch selbst kaum glauben! „Ich darf und will dich nicht beeinflussen, Martin, du mußt das ganz allein entscheiden." – Türen muß ich ihm offenhalten, denke ich und füge hinzu: „Du kannst dich auch in den nächsten Tagen noch melden – immer kannst du dich melden." „Nein, nein, Oma, ich bleibe."
Das Jugendamt, denke ich, das Jugendamt wird alles klären. – „Wir kommen kurz zu deinem Geburtstag, der ist ja noch im

Mai, und bringen dir unser Geschenk." „Ich weiß nicht, ob das geht." Martin druckst an seinen Sätzen, ist fast verlegen. „Vielleicht sind wir gar nicht da. – Vielleicht darf ich auch Freunde einladen." Wir verabschieden uns, sind uns fast fremd, und ich fahre heim mit einem bleischweren Herzen.
Nach dem Essen brauche ich dringender als sonst meine tägliche Ruhepause. Gegen 14.30 Uhr muß ich aufstehen, um die Toilette aufzusuchen. Das Telefon läutet. Ich hebe ab, weil ich einen Anruf vom Gärtner erwarte. Es ist Reni, die genau weiß, daß ich erst ab 15 Uhr wieder verfügbar bin. Sie überfällt mich mit einem Wortschwall, den ich ein wenig unmutig abbreche: „Ja, Reni, ja, ich will auch eine Aussprache, aber du weißt, daß wir bis 15 Uhr Mittagsruhe halten. Rufe doch bitte etwas später noch mal an." Dann lege ich auf, ohne ihre Reaktion abzuwarten. – War das richtig? War ich feige? – Ich mußte mich doch erst etwas erfrischen, Tee trinken, damit mein gemarterter Kopf wieder leidlich funktionierte.
Reni ruft nicht an. Weder am Nachmittag noch am Abend. Am nächsten Morgen melde ich der Attenberger Schule, daß Martin bei seinen Pflegeeltern bleiben will. Die freundliche Lehrkraft aus der Schule teilt mir mit, daß wir – das Ehepaar Schwarz – über das Amtsgericht vom Ehepaar P. ein Hausverbot für die Wohnstatt unserer Enkel Martin und Mark bekommen würden. Noch am Vormittag mache ich einen Termin mit dem zuständigen Sozialarbeiter des Jugendamtes fest. – Der Postbote klingelt mittags und bringt ein Einschreiben mit Rückmeldung. Wir halten das Hausverbot in Händen. Es erstreckt sich nicht nur auf das Haus der Familie, sondern auch auf die Schulen der Kinder. In einem schlechten Stil geschrieben, ist es gewürzt mit Rechtschreibfehlern und unterzeichnet mit zwei Unterschriften. Eine fällt fast auseinander, ist ganz farblos, die andere wirkt wie gebündelte Blitze, die, zusammengepreßt, sich immer wieder neu entladen. Ich kenne diese Schriftzüge schon vom Februar, bin aber erneut erschrocken.

Uns wird jegliche Kontaktaufnahme – Telefon, Brief – , jegliche Annäherung an das Haus der Familie untersagt. – 'Zum Schutze unserer Kinder!' So begründen die Pflegeeltern, die inzwischen auch über Mark die Vormundschaft besitzen, diese einschneidende Entscheidung.
Ich bin wie gelähmt, spüre den Schnitt fast körperlich. Zwei junge Menschen sind gerade dabei, Vertrauen aufzubauen zu Erwachsenen. Martin wurde in frühester Kindheit durch Erwachsene enttäuscht, im Stich gelassen, von ihnen nicht akzeptiert. Mark hatte als Säugling und auch im Kleinkindalter im Heim keine Bezugsperson, er bekam keine Liebe und konnte keine erwidern. Und nun? Wie mit einem scharfen Messer zertrennen die Pflegeeltern die starken Bande der Kinder zu ihren Großeltern.
Noch ahne ich nicht, daß meine Hoffnung auf Hilfe durch das Jugendamt ins Leere geht, ich ahne nicht, daß ein langer Leidensweg vor mir liegt, ehe zunächst Martin den Weg zu uns findet, um, geschunden an seiner Seele und erneut wurzellos, seine Kapitänsmütze von der Insel Malta in Empfang zu nehmen. Auch er muß einen langen Leidensweg gehen, den ihm die Ämter hätten ersparen können. – Sie taten es nicht!
Statt dessen nahmen sie Anstoß an der 'Wahl-Oma'. Sie ist ein ungewöhnliches Wesen, das in die Amtsfächer nicht hineinpaßt. Für sie gibt es keine Amtsschublade, sie ist nicht einzuordnen. Sie nimmt sich Rechte heraus, die sie nicht hat. Sie macht sich unbeliebt, weil sie sich in Sachen einmischt, die sie nichts anzugehen haben, weil sie an Ämter schreibt oder sogar selbst erscheint. Sie ist ein Störfaktor im starren Getriebe des knöchernen Amtsschimmels, weil es für sie keinen Ordner gibt oder weil sie beim Studium der Sozialpädagogik in keiner Vorlesung erwähnt wurde. Es wäre besser, es gäbe sie nicht.
Ich bin solch eine 'Wahl-Oma'. Mit blutendem Herzen und ohne Tränen werde ich eine Metamorphose durchmachen, ich werde mich informieren, eine Spürnase bekommen, ich werde

auf Matulas Spuren wandeln oder besser: eine zweite Miss Marple werden.
Warum? – Heim- und Pflegekinder können noch schlechter dran sein als Wahl-Omas. Sie haben keine Lobby, sind der Amtsmaschinerie ausgeliefert, die ihre Entscheidungen nach vorhandenen Zwängen trifft. Diese Zwänge entstehen oft durch Geld, das nicht da ist. Pflegekinder müssen häufig auch ohne Taschengeld auskommen; wenn sie in Not sind, wissen sie keinen Rat und machen dann oft in unangenehmer Weise auf sich aufmerksam. Sie können dadurch noch lästiger werden, als sie es schon vorher waren. – Wie findet ein Kind den Weg von Attenberg zum Kreishaus Lüdenscheid, wenn es kein Geld hat?
Warum hilft die Schule nicht? Weil sie nichts merkt, denn das Kind lebt zweigleisig. In der Schule paßt es sich an, fühlt sich dort wohler als zu Hause. Es fällt nicht auf. Der Schulpsychologe braucht nicht aktiv zu werden.
Aktiv wird die Wahl-Oma, die helfen möchte, obwohl sie nicht darf. Helfen dürfen Ämter; sie müssen sogar anderen Menschen helfen, denn die Beamteten, die in diesen Institutionen sitzen, bekommen über die Steuergelder aller Bürger ihren Lohn. Wird ihnen das Amt zur Bürde, erstarren sie, werden zwanghaft. Sie werden selbst zum Amt, das niemals Fehler macht, geschweige denn sie zugibt. Fehler machen nur Menschen ohne Amt, zum Beispiel Wahl-Omas, Heim- und Pflegekinder.
Sie werden von mir hören.
'Reden ist Silber, Schweigen ist Gold.' – Stimmt dieses Sprichwort? – Obwohl ich auf Miss Marples Spuren wandeln werde, bleibe ich in Treue die Wahl-Oma von Martin und Mark.
– 'Sie hören von mir!' –

Januar 1998

„Zum Schutze unserer Kinder“

– so stand es in dem Einschreiben, in dem Martins und Marks Pflegeeltern uns ihr Haus verboten.

Kinder sind Wesen, die nicht allein lebens- und handlungsfähig sind. Sie können ihre Belange nicht selbst vertreten und brauchen verantwortungsbewußte Betreuer, die sie schützen und fördern.

Den selbstverständlichsten Schutz und Willen zur Förderung gewähren die leiblichen Eltern. Sie behüten und fördern ihre Kinder aus Liebe und Stolz, obwohl sie es in der Regel nicht gelernt haben. Sie verwerten ihre positiven und negativen Erfahrungen aus ihrer eigenen Kindheit und machen oft bewußt alles anders als ihre Eltern. Sie passen sich außerdem den Regeln der Gesellschaft an, denn sie wollen nicht, daß ihre Kinder innerhalb der Umwelt aus dem Rahmen fallen.

Versagen die eigenen Eltern – aus welchen Gründen auch immer –, treten in einem geordneten Staat Ämter auf den Plan und sorgen dafür, daß zunächst die elementarsten Bedürfnisse eines hilflosen Kindes zufriedengestellt werden.

Das geschieht in der Regel in Heimen, die Auffang- und Durchgangsstation für Voll- und Sozialwaisen sind. Die ausgebildeten Mitarbeiter der Heime haben eine schwere Aufgabe. Sie müssen für sehr labile Kinder sorgen, die sich trotz aller leidvollen Erfahrung nach ihren unfähigen Eltern sehnen und nur sehr selten gerne im Heim leben. Heime sind nötig, damit verlassene Kinder und auch solche, die sich selbst von ihren Eltern lösen, nicht auf der Straße leben müssen. Gleichzeitig sind sie nur eine Notlösung, denn sie können kein Elternhaus ersetzen.

Der Ausspruch eines etwas einfältigen Jungen im Heim Lietzow kurz vor seinem sechzehnten Geburtstag: *„Ich möchte wieder ein Kind werden, damit ich immer hierbleiben kann. Hier ist es so schön“*, wird wohl die große Ausnahme bleiben.

Die vorrangige Aufgabe eines Heimes ist es, Eltern und Kinder wieder zusammenzuführen, d.h. Besuche zu ermöglichen, das Kind zu Wochenend- und Ferienbesuchen zu beurlauben, Gespräche mit den zerstörten Familien zu führen, psychologische Fachkräfte nach Bedarf hinzuzuziehen und und ...
Vollwaisen und Kinder von Eltern, denen die Vormundschaft genommen wurde, bekommen einen Amtsvormund. Nun sind sie vermittelbar an Pflegeeltern bis hin zur Adoption.
Es gibt auch Kinder, die trotz eines Amtsvormundes kaum vermittelbar sind, weil sie äußerst schwierig oder krank und in ihrer Entwicklung weit zurück sind. So wurde zum Beispiel Martin als „äußerst schwierig" bezeichnet, Mark dagegen war „krank und in seiner Entwicklung weit zurück".
Nach der Wende gab es einen sogenannten 'Überhang' an vermittelbaren Kindern auf Rügen, denn kinderlose Ehepaare in den neuen Ländern waren aus verständlichen Gründen anfangs verunsichert. Der Aufbau, die Festigung der eigenen Existenz im Rahmen der Marktwirtschaft hatte zunächst Priorität.
Durch meine Besuche in den Rügener Kinderheimen und meine Kontakte hier im Märkischen Sauerland wurde ich zum Weichensteller für sechs Heimkinder der Insel, die in unserer Region neue Eltern fanden. Eins von ihnen wurde leider zurückgebracht.
Der erste Anstoß zu meiner Vermittlertätigkeit kam 1992 aus Attenberg von dem Ehepaar Ralf und Reni P.. Als Martin und Mark vermittelt waren, bat das Kinderheim Lietzow: „Bitte, helfen Sie uns, unsere Bürger auf der Insel reagieren nicht auf unsere Aufrufe in der Presse." Die Möglichkeit, daß noch weitere Kinder in den Westen kamen, wurde danach nur noch dreimal genutzt.
Mir brachte der Einsatz auf diesem Gebiet den Besuch von zwei Vertretern des Jugendamtes (Kreis und Stadt) ein, die mich trotz ständiger Zeitnot bei einer Tasse Kaffee, zu der ich einlud, in einem zweistündigen Gespräch kennenlernen wollten. Ich war erstaunt, daß die beiden Vertreter des Jugendamtes sich Sorgen

machten, was denn da wohl aus dem Osten auf sie zukommen würde. Sie schienen stark verunsichert zu sein, denn ihnen fiel durch meine Aktivität die Aufsichtspflicht über die neuen Pflegefamilien zu. Ich klärte sie auf, daß östlich der Elbe deutsche Menschen leben. Sie sollten doch mal hinfahren und sich umsehen. „Das bekommen wir nicht als Dienstreise bewilligt." – Aus Höflichkeit konnte ich darauf nicht antworten.

Den hiesigen Jugendämtern fiel nur die Kontrollfunktion zu, von der die ausübenden Amtspersonen wahrscheinlich nicht sonderlich begeistert waren wegen des Arbeitszuwachses bei chronisch knapper Zeit und der bereits erwähnten Unkenntnis über den Typ des vorpommerschen Menschen.

Zum Abschluß bescheinigten sie mir erstaunliche Sachkenntnis und baten um gute weitere Zusammenarbeit. Das hinderte sie aber nicht daran, mir die Kopie einer Gesetzesakte zuzuschieben, in der rot angekreuzt war, wann ich mich als 'Kindervermittler' strafbar machen würde. Die Höhe der Strafen konnte schockieren.

Meine Freunde, die davon erfuhren, reagierten erregt, denn niemand traute mir zu, daß ich einen professionellen 'Kinderhandel' betrieb. Im Gegenteil: Benzin- und Telefonkosten, die mir entstanden, trug kein Verein, kein Spender, denn der 'Verein', das nötige 'Büro' für meine Aktivitäten bin ich selbst.

Ich blieb ganz ruhig nach diesem Besuch. Das Amt hatte seine Pflicht getan; das mußte sein. Ich freute mich sogar über den Satz: „Und dann auf gute Zusammenarbeit."

Zurück zu den Kindern mit einem Amtsvormund. An die Pflicht, Kindern wieder ein geordnetes Elternhaus zu vermitteln, ist die finanzielle Frage gekoppelt. Sie hemmt die Vermittlung nicht, sondern fördert sie, denn ein Heimplatz ist viermal teurer als ein Pflegeplatz in einer Familie. Der kluge Rechner am Schreibtisch des Jugendamtes ist zum Beispiel froh, wenn pflegewillige Ehepaare auf schwer vermittelbare Kinder wie Martin und Mark zugehen und sie in den Westen holen wollen.

Zukünftige Pflegeeltern müssen sehr gründlich geprüft werden, ob sie alle Voraussetzungen für eine Pflege erfüllen. Sie müssen das schriftlich belegen.
Im Falle des Ehepaares P. ist mit Sicherheit versäumt worden, das Gesundheitszeugnis, das jüngeren Datums sein muß, zu überprüfen. Die Teilnahme an einer Schulung durch das Kreisjugendamt lehnte Reni damals ab; sie meinte, als Pädagogin über den Dingen zu stehen. Warum unser Amt die Seminarteilnahme nicht forderte, weiß ich nicht. – Es besteht der große Verdacht, daß die Jugendämter Stralsund und Bergen/Rügen, zuständig für Martin und Mark, die schriftlichen Belege des Ehepaares P. kaum überprüften, um auf möglichst problemlose Weise die Kinder loszuwerden und dadurch hohe Kosten einzusparen. Es geht sogar das Gerücht um, der zuständige Sozialarbeiter für Attenberg habe vom Alkoholmißbrauch des Ehepaares P. gewußt, noch bevor Martin ins Sauerland kam. Das wäre ungeheuerlich!
Ich hatte als Vermittler ohne Amtsbefugnisse gar kein Recht, die persönlichsten Angaben der willigen, kinderlosen Ehepaare einzusehen. Ich sagte ihnen lediglich, was sie vorzulegen hätten und lehnte jegliche Überprüfung ab.
Amtspersonen werden bezahlt aus den Steuergroschen aller Bürger. Sie handeln im Auftrage des Staates und sind im vorliegenden Falle verpflichtet, hilflose Kinder zu schützen. Damit sind wir wieder bei dem Satz:
„Zum Schutze unserer Kinder“

Am 12. Mai 1995, als Ralf und Reni ihre Pflegekinder vor uns, Oma und Opa, schützen wollten, hatte ich bei meiner buchstäblichen Versteinerung noch diesen einen Hoffnungsschimmer: Das Jugendamt wird alles klären und zum Wohle der Kinder ordnen.
Ich betrat am 15.5.1995 mit klopfendem Herzen das Amtszimmer des zuständigen Sozialarbeiters, war bewaffnet mit entlarvenden Fotos von der Maltareise, bei deren Deutung mir vorher

fachkundiger Rat zuteil geworden war – alkoholkrank und psychisch krank, und das alle beide, so lautete die Diagnose – , hatte den freundlichen Satz „Auf gute Zusammenarbeit" im Hinterkopf und hoffte darauf.
Ich erlebte aber zum ersten Male, daß ich als rechtlose 'Wahl-Oma' vor einer Amtsperson stand, die keine Fotos sehen wollte und recht unwirsch und energisch auf Zeitmangel hinwies und ihren Unmut mit den Sätzen krönte: „Was mischen Sie sich da ein? Was geht Sie das an?" Ich pochte auf meine Mitschuld. „Ich habe die Weichen gestellt für die Vermittlung, ich fühle mich mitverantwortlich. Ein Gespräch ist nötig wegen der beiden Jungen. Das Hausverbot ist ein grausamer Schnitt für sie, die eben beginnen, Vertrauen zu Erwachsenen aufzubauen. Ich bitte um ein Gespräch mit dem Ehepaar P. in Ihrem Beisein."
Das war heraus, und ohne mich zu unterbrechen, hatte die Amtsperson zugehört! Aber konnte ich den Alkohol erwähnen? Ich hatte einen Hinweis aus dem Raum der Schule bekommen, hatte ein fachlich geschultes Auge die Fotos beurteilen lassen. War das genug? Riskierte ich nicht eine Verleumdungsklage, wenn ich auf den Alkoholmißbrauch hinwies? Ich bat den Sozialarbeiter, den Leumund des Ehepaares P. in Attenberg zu überprüfen, ich hatte Angst, das Wort 'Alkohol' auszusprechen.
In den nächsten Wochen wird die Amtsperson krank. Erst am 6.6.1995 erwische ich sie am Telefon. Ein Gespräch in Attenberg ist am 8.6.95 vorgesehen, aber ohne mich. Ich wiederhole noch einmal meine Bitten vom 15.5. und füge hinzu: „Ein Großelternamt endet mit dem Tod, es läßt sich nicht abwählen wie ein politisches Amt."
Außerdem bitte ich ohne 'Wenn und Aber' um Rücknahme des Hausverbotes für Werner, für die Schulen und auch das Elternhaus, da sein Handeln nur aus Spaßmachen und Schenken bestand. Er litt unter der Schmach, als unbescholtener ehemaliger Lehrer Hausverbot in Schulen bekommen zu haben. Immerfort sprach er davon, daß er unter anderem seinen ersten Unterricht in Attenberg gegeben habe.

Die Amtsperson plante ein Gespräch unter vier Augen mit Martin, danach eins mit dem Ehepaar. Von ihr erhielt ich die Erlaubnis, am Tage nach dem Besuch in Attenberg bei ihr anzurufen.
Ich mußte mich bescheiden und abwarten. Ja, ich hatte mich freiwillig eingebracht, zum Schutze benachteiligter Kinder zu wirken. Aber neben der mir oft entgegengebrachten Bewunderung stand die Ohnmacht. Bei Problemfällen fehlte mir die Handlungsvollmacht, ich besaß keine Rechtsbefugnisse. Das sollte ich noch oft zu spüren bekommen. Immer wieder klangen mir die Worte in den Ohren: „Was geht Sie das an? Was mischen Sie sich da ein?“

In der Zeit zwischen dem Besuch bei der Amtsperson und meiner erneuten telefonischen Anfrage bei ihr war ich nicht untätig geblieben. Ich hatte mit mir sehr wertvollen Menschen gesprochen, außerdem mit amtlich wichtigen, um mein völlig durcheinandergeratenes Innenleben wieder in den Griff zu bekommen und um keine unüberlegten Schritte zu tun.
An Martins Geburtstag regnete es den ganzen Tag. Seine Geschenke lagen eingepackt auf dem Regal in meinem Arbeitszimmer. Ich wußte nicht, wie ich sie ihm übermitteln konnte. Wenn mein Blick darauf fiel, hätte ich losheulen können, aber mein Körper gönnte mir keine Tränen. Ich rief D. an, durfte sofort kommen, und wir sprachen lange über Alkohol und psychisch erkrankte Menschen. Sie wußte von solchem Leid aus ihrer eigenen Familie. Statt der Tränen konnte ich nun Sätze formulieren und mich sachte an die Problematik solcher Krankheiten herantasten. D. war wundervoll, ich werde ihr das nie vergessen.
Ich weihte nur wenige Menschen ein. Aber es gibt sie, die dich ganz selbstlos sanft auffangen, die trotz starker Arbeitsbelastung sogar am Feiertag Zeit opfern und dich reden, reden lassen, bis du am Ende zu der ersten Klarheit kommst: Du willst den untersten Weg gehen wegen der beiden Jungen, du willst um das

nicht zustande gekommene Gespräch bitten wegen Martin und Mark, denn du hast doch mehrere Jahre mit Reni sprechen können wie mit einer Tochter. Du willst den Enkeln die Großeltern erhalten, weil sie so wichtig sind für diese beiden leidgeprüften Kinder.

Nie hatte ich Eifersucht gespürt bei Reni, sie war es doch, die mich aufforderte, mich häufig bat, zu kommen zur Freude aller.

Auch ich empfand keine Eifersucht, im Gegenteil, ich war glücklich, daß Mark seine neue Pflegemutter so spontan angenommen hatte – und besonders innige Augenblicke hielt ich nur zu gern im Bilde fest.

Ich hoffte auf Hilfe beim Amtsgericht, suchte den zuständigen Rechtspfleger zusammen mit Werner auf und hängte meine Anliegen an den Hausverboten für die Schulen auf. Wer kann ein Hausverbot für Schulen erteilen? Wohl doch nur der Hausherr! Das Ehepaar P. konnte es nicht, es war geradezu eine Anmaßung, solches zu tun. Ich wollte vor allem Werner rehabilitieren, damit seine Klagen daheim verstummten.

Der Rechtspfleger hatte schon vom Jugendamt von unserem Fall gehört. Natürlich begrenzte er unsere Aussprache gleich mit dem Satz: „Ich habe wenig Zeit, ich habe gleich einen wichtigen Termin." Wie oft mußte ich mir später ähnliche Formulierungen noch anhören!

Trotzdem fuhren wir etwas erleichtert heim, denn auch durch dieses Gespräch wurde ich bestärkt in meiner Absicht, mit dem Ehepaar P. im Beisein des Sozialarbeiters vom Jugendamt zu reden. Ich wußte, daß ich ganz ruhig bleiben kann, wenn viel auf dem Spiel steht. In aller Ruhe wollte ich erreichen, daß unsere Enkel ihre Großeltern nicht verlieren würden.

Am 8.6.1995 fährt die Amtsperson angemeldet nach Attenberg und besucht die Pflegefamilie. Dort ist alles gut vorbereitet und abgesprochen. Reni kann das!

Was war in Attenberg geschehen? Ein Gespräch mit Martin unter vier Augen erfolgte nicht! Er brachte im Beisein der Pfle-

geeltern sofort ganz sicher und locker heraus, daß er in der Familie bleiben wolle. Seine Oma hätte zu viel Einfluß über ihn gewonnen, er hätte sich vollkommen verheddert, nicht mehr aus noch ein gewußt. Er müßte jetzt mit Hilfe seiner Eltern seinen Weg selbst finden. Dabei störte seine Oma. Er wollte sie nicht verletzen, aber er dürfte sie vorerst nicht sehen. Und: „Ja, ja, Opa ist ein toller Opa und macht immer Spaß!"
Am 9.6. darf ich die Amtsperson anrufen. – Nach dem Gespräch bin ich so benommen, daß ich zwei Tage warten muß, um Werner das Ergebnis mitzuteilen. Nun weiß ich es genau: Ich bin eine Wahl-Oma ohne jede Macht und ohne jedes Recht. „Ein netter Junge!" sagt mir die Amtsperson am Telefon. Meine Bitte um ein klärendes Gespräch gerät auf einen 'Hinausschiebebahnhof' – „erstmal nicht" – „vielleicht später", sie, die Pflegeeltern würden sich melden. – Alles blieb bestehen, keine Rücknahme der Hausverbote, keine klärende Aussprache zu viert. Durch die Verschiebetaktik wurde die Problematik entschärft, war nicht mehr so tragisch. 'Wartet ab!' – Wir wurden Wahl-Großeltern im Wartestand, standen ohne Dampf auf dem Abstellgleis. Reni hatte gesprochen, obwohl sie bei dem Besuch der Amtsperson kaum sprach. Sie war so raffiniert, Martin als Sprachrohr zu benutzen – und danach trat Herr P. als Familienoberhaupt auf.
Martin hatte in der DDR gelernt, bedingungslos zu gehorchen, durch sein ganz persönliches Schicksal aber auch, sich hindurchzuwinden, Klippen zu umgehen, wenn es ums nackte Überleben ging. Er konnte nachplappern, lügen, wenn die Situation es erforderte, wie ein streunender Hund nach den besten Brocken schnappen.
Ich stellte mir vor, wie Reni in sich ständig wiederholenden Stakkatosätzen auf Martin einredete, was er bei dem Besuch des Jugendamtsvertreters zu sagen habe. Sie führte Regie, Martin und Ralf waren lediglich die Marionetten.
Begriff denn die Amtsperson nicht, daß hier ein gebeutelter Junge aus Angst nachplapperte? Oder wollte sie es nicht begrei-

fen? Warum gab es nicht gleich zu Anfang das Gespräch unter vier Augen? – Aber wie sollte man solch ein Gespräch werten, wenn die Pflegeeltern davon wissen und es sozusagen hinter der nächsten Tür geführt wird? In einer solchen Situation kommt gewiß nicht die volle Wahrheit ans Licht.
„Mit Martin brauchte ich nicht unter vier Augen zu sprechen. – Es ist alles in Ordnung in Attenberg. – Doch was ist das für ein Bericht? – Heimkind Nummer 17?“ Ich erfuhr, daß Martin das Schriftstück kannte, daß er mir über die Amtsperson mitteilen ließ: „Ich möchte nicht, daß über mich geschrieben wird.“ Die Amtsperson war etwas irritiert wegen des Berichtes. Ich klärte sie auf: „Ich will damit aufmerksam machen auf das Schicksal von Heimkindern, die ja kaum eine Lobby haben. Die Namen sind geändert, Attenberg gibt es gar nicht.“
Fast höre ich Renis Worte, wie sie mich bei Martin austrickst: „Hier, lies das mal! Deine Oma schreibt alles über dich auf, alle deine Schandtaten.“ Damit wußte ich nun zumindest einen Grund, warum er nach unserem Hausverbot nicht bei uns erschienen war.
„Es ist alles in Ordnung.“ Die Amtsperson im Kreishaus sprach dieses Schlußwort und schloß vorerst die Akte.

Aber da war noch ein Kind! Unversehens geriet Mark zum ersten Mal zur Nebenfigur, wurde ausgeklammert. Niemand machte sich Gedanken, wie er diesen Schnitt verkraften würde. Auch die Amtsperson vergaß ihn völlig, denn der Junge verlor ja nicht seine leibliche Großmutter.
Ich war mit Sicherheit der erste Mensch, dem Mark mit Freuden, mit der ganzen Kraft seines kleinen Herzens über mehrere Jahre Zuneigung entgegengebracht hatte, die zurückströmte zu ihm – es war ein ständiges Geben und Nehmen, verläßlich und von Dauer bis zum Abschiedssonntag am 7. Mai 1995. – Was hatte Reni ihm danach gesagt auf seine bohrenden Fragen? – Niemand machte sich Gedanken um Mark.

Und ich? Von nun an führte ich zwei Leben. Das altbekannte mit allen Pflichten daheim und den freiwilligen für meine Rügener Heimkinder lief ab wie immer. Das neue, vorsichtige Leben, in dem ich begann, eine Metamorphose durchzumachen – von der 'Wahl-Oma' zur geschäftigen 'Miss Marple' –, entstand ganz geheim und im Verborgenen.

Ich hoffte im tiefsten Herzen auf das Erscheinen der beiden Kinder. Sie kamen nicht.

Im Laufe der nächsten Wochen und Monate lernte ich wenige Menschen kennen, die großen Mut bewiesen, einige, die eine kurze Wegstrecke Hilfe und Trost bereithielten, sich dann aber zurückzogen, aber auch die, die sofort sagten: „Damit möchte ich nichts zu tun haben" oder „Ich will mir meine kleine heile Welt erhalten."

Ich streckte meine Fühler nach Attenberg aus, um Menschen zu finden, die ein Auge auf die Kinder werfen würden. – 'Wie geht es ihnen?' – 'Wie verhalten sie sich?' – 'Sind sie zufrieden?' –

Ich informierte mich über den Alkoholmißbrauch in seinen sämtlichen Spielarten, sprach mit Fachleuten, mit Selbstbetroffenen, mit Angehörigen von Alkoholikern. Allen Menschen, die sich mir öffneten und über ihre eigenen überwundenen Probleme sprachen, über ihre Erfahrungen mit alkoholkranken Familienangehörigen, bin ich von Herzen dankbar, denn mit meinem neu gewonnenen Wissen bekämpfte ich meine eigene Ohnmacht.

Von nun an klärte sich für mich alles: die merkwürdige Maltareise, das feier-fröhliche Verhalten der Familie, die keinen Grund ausließ, um anzustoßen. – 'Bommerlunder – den kauft Mama immer!' – Renis Fluchten in die unterschiedlichsten Krankheiten, von denen sie oft am nächsten Tag nichts mehr wußte. Muskelschwund kann entstehen durch einseitige Ernährung. Reni aß sehr wenig bei den Mahlzeiten, oft gar nichts, ging immer wieder in die Küche, um Nachschub zu holen. – Trank sie dort? – Später setzte sie sich zur satten Feierrunde mit einem Glase Bier in der Hand. „Dat is flüssiges Brot."

Langsam, Stück für Stück fielen mir die Schuppen von den Augen. Wie aus vielen, vielen Mosaiksteinchen entstand das Bild des trinkenden Paares vor meinen Augen. – Hoffnung, Angst und Verzweiflung wechselten ständig in mir. 'Wie kann ich diese undurchdringliche Wand durchstoßen, vor der ich stehe?' – 'Die Kinder müssen dort weg!' oder 'Das Ehepaar muß eine Therapie machen, damit die Kinder bleiben können.' Ich brauchte Beweise, Beweise!

Über meinen kleinen, mutigen Helferkreis bekam ich ab und zu Informationen, erfuhr Genaueres über die Trinkfreudigkeit des Paares schon während ihrer ersten Attenberger Jahre. Dabei ein Kind – sogar ein leibliches! Es wurde auf den Tresen gelegt oder unter den Tisch und schlief dort ein. Mehrere Attenberger Wirte erteilten dem Paar Hausverbot.
Wie Miss Marple schnüffelte ich weiter, befragte ehemalige Schüler von Reni. „O je! Ihr Unterricht fiel oft aus. Die war immer besoffen!"
Verläßliche Menschen sagten klar und offen, was sie wußten, andere packten ihre Auskünfte ein in 'Es geht das Gerücht!' oder 'Ich möchte darüber nicht reden, ich möchte damit nichts zu tun haben.' Selbst diese Scheuklappenbürger bestätigten in ihren ablehnenden Sätzen, daß sie etwas wußten.
Einem mutigen Ansprechpartner kam im Zorn über die Lippen: „Wenn die (Reni) den Mund auftut, kommt eine Lüge heraus!" Eine andere zornige Aussage gipfelte in dem Satz: „Wenn sie (Reni) im Mittelalter gelebt hätte, wäre sie als Hexe verbrannt worden." Ziemlich bald war mir klar, daß halb Attenberg Bescheid wußte und zuguckte, was hier geschah. Aus einer Distanz heraus beobachteten die Bürger: 'Wie wird die wohl damit fertig?' – Verwunderung war da, Neugier und sogar Häme, aber niemand dachte an die Kinder. Dabei hätte ein Jugendamt sogar einen anonymen Brief bearbeiten und den Anschuldigungen nachgehen müssen.

Ich hatte das Ehepaar P. mit Tochter auf einer Maltareise kennengelernt, die die Volkshochschule aus Attenberg 1989 durchführte. Es gab während der Reise freundliche Gespräche mit Frau P., später Fortsetzungen bei einem Treffen mit der Reisegruppe. Von nun an bekam ich Einladungen zu Orchesterkonzerten, bei denen die musikalische Tochter Hanne mitwirkte.
1991 sammelte Reni P. mit ihrer Klasse Spielzeug und Kleidung für meine Rügenkinder. Mit sechs Schülern kam sie nach Lüdenscheid und half beim Beladen des Wohnmobils. 1992 wollte sie im Frühjahr zur Eröffnung meiner Rügenausstellung mit ihrer Klasse und mit Musikanten nach Lüdenscheid kommen. Sie erkrankte und kam nicht. Dafür vermittelte sie meine Ausstellung in ihren Ort, half im Spätherbst 1992 bei der Werbung und beim Auf- und Abbau. Und dort, zwischen den Rügenbildern, stellte sie die schicksalsschwere Frage nach einem Pflegekind.
Bis zu diesem Augenblick hatte ich den besten Eindruck von ihr gewonnen. Da ich ihre Frage selbstverständlich niemandem mitteilte, zum Jahresende nur dem Heimleiter in Lohme auf Rügen vortrug, konnte mich kein Mensch warnen.

Erst sehr viel später habe ich von einem Suchthelfer gelernt, daß Alkoholiker, die ihre Sucht verbergen wollen und müssen, oft gute Werke und großartige Taten wie Plakate nach außen hängen, um von ihren verborgenen Problemen abzulenken. Sogenannte Spiegeltrinker reagieren erst mit aufgefülltem Alkoholpegel normal. Je intelligenter ein Spiegeltrinker ist, desto raffinierter wird er bei seinen Tarnungsmethoden. Er lernt zu verstecken, zu täuschen und zu lügen, denn die Gesellschaft würde ihn sonst verachten.
Für mich wurde im Falle des Ehepaares P. klar: Aus öffentlichen Trinkern wurden heimliche.
Zu den Täuschungsmanövern gehören die positiven Darstellungen nach außen. Reni P. hängte mehrere 'Plakate guter Taten' aus. Sie war im Vorstand eines Laienorchesters, organisierte

Konzerte; sie war Umweltbeauftragte von Attenberg, nahm ein 'Tschernobyl-Kind' für mehrere Wochen in ihr Haus. Schließlich holte sie sich mit meiner Hilfe zwei Pflegekinder von der Insel Rügen in ihr Heim, um zunächst mit großem Elan den Kindern eine noble Heimstatt zu gewähren. Sie leistete Großartiges! Da sich ihre eigene Verwandtschaft fernhielt, holte sie sich zwei Bürger aus Lüdenscheid als Großeltern für die Kinder ins Haus. „Und hiermit seid ihr als Oma und Opa adoptiert! Basta!" – Ich steckte schon knietief in meiner neuen Aufgabe, war Mark doch längst mein erwählter Enkel. Werner und ich nahmen unser Amt an.
Aber warum saßen wir bei Konzerten stets in der ersten Reihe? Das weiße Haar eines unbescholtenen, fast neunzigjährigen Studiendirektors in Ruhe leuchtete durch den ganzen Saal und wurde von allen gesehen. Neben ihm saß 'Oma Schwarz', die sich um Rügener Heimkinder kümmert. 'Seht, das ist unsere erweiterte Familie! – Seht her und staunt!' Immer wieder werde ich wütend, wenn ich daran denke, wie sehr Reni uns täuschte und regelrecht mißbrauchte.
Genauso dachte ich immer wieder: Sie wollte mit Sicherheit ein neues Leben beginnen, wollte heraus aus ihrem Teufelskreis. Doch darf man dazu Kinder benutzen?
Ich war in diesem 'zweiten Leben' oft wie ein schwankendes Rohr. Wut und Ohnmacht, Nachdenklichkeit und Trauer, leise Hoffnungsschimmer und neue Aktivitäten standen nebeneinander oder lösten sich abrupt ab. Von außen hörte ich: „Vergessen Sie alles! Seien Sie froh, daß Sie vorher nichts mit Alkoholikern zu tun hatten. Sie müssen Beweise bringen, sonst können Sie nichts erreichen. Der Alkoholiker muß in der Gosse liegen, ehe er selbst einsieht, daß er Hilfe braucht."

Kurz vor meiner geplanten Junireise nach Rügen sprach ich erneut mit meinem vertrautesten Ratgeber, der mir auch geraten hatte, alles zu vergessen. „Am liebsten möchte ich mich auf der Insel verkriechen und mit niemandem sprechen." – „Aber Sie

haben doch die Kinder vermittelt. Sie müssen die Ereignisse melden.“
Auf der Hinfahrt nach Rügen wächst meine Bereitschaft zu reden immer mehr. Ich will zuerst in Lietzow auspacken, merke schon vorher, wie sich dadurch die Waagschale Ost und West einpendeln wird. Nicht mehr der hochmütige ‘Wessi’ tritt auf den Plan, der den armen ‘Ossi’ ständig duckt, nein, jetzt wird aufgedeckt, daß es überall menschliches Versagen gibt. Wir werden gleich, bewegen uns auf einer Ebene.
Was erlebe ich auf Rügen? – Frau Menge und die Wirtschafterin des Hauses, Frau Stute, hören mir zu, haben Zeit. Niemand sagt: ‘Ich habe gleich einen wichtigen Termin.’ Meinen Status ‘Oma Schwarz’ und ‘Wahl-Oma’ für Mark brauche ich nicht zu erklären. Die Heime auf Rügen suchen sogar Paten für ihre Heimkinder, die Onkel- und Tantenersatz, genauso Großelternersatz für ihre Schutzbefohlenen sein können, damit diese Kontakte in die normale Welt hinein haben.
Beide Frauen sind entsetzt über meinen Bericht. Mein Wissen über Trunksucht wird erneut erweitert, gefestigt, denn vor mir sitzen Menschen, die jahrelange Erfahrungen haben mit Vätern und Müttern ihrer Schützlinge. Frau Stute schöpfte schon den ersten Verdacht aus den Fotos, die ich für Mark nach Lietzow geschickt hatte. „Es war der Blick von Frau P., der mich stutzig machte.“
Fotos werden betrachtet, Schriftproben analysiert. Die zuständige Psychologin für das Heim soll eingeschaltet werden, der Fotos und Kopien von Schriftstücken vorgelegt werden müssen. Auch über einen Bericht an das Jugendamt in Bergen wird nachgedacht. Aber vorerst soll ich die Stellungnahme der Psychologin abwarten. Hier sitzen Frauen, die sorgsam nachdenken, aber auch den Trost für mich nicht aussparen.
Zum Schluß unseres Gespräches kommt Frau Müller herein, Stieftochter von Frau Stute und Erzieherin im Heim. Sie fragt nach Fotos von Mark, betrachtet sie lange. Ich weiß, daß sie kinderlos ist und Mark gerne mag. Sie hat ein ganz liebes, offe-

nes Gesicht. – Warum konnte Mark nicht hier ein Zuhause finden, hier auf der Insel bei Wasser und Sand, Wind und Möwen? Warum nicht?
Beim Abschied vor dem Tor schlägt der Regen in mein Gesicht – ein paar Tränen stürzen. Vom Bodden her pfeift der Westwind. Ich laufe zum neuen Parkplatz und fahre zurück ins Sauerland.

Daheim suche ich die wichtigsten Fotos aus, bespreche mich mit einer Fachkraft – letzte Kontrolle. „Ja, es handelt sich eindeutig um ein Trinkerehepaar. Er ist der stille, friedliche Alkoholiker, sie die manisch-depressive Trinkerin, die bösartig sein kann."
Am gleichen Tag schicke ich einen langen Brief nach Lietzow.
Fast hätte ich es vergessen: Als ich den Brief an meinem Schreibtisch postfertig machte, fiel ein lose aufgestelltes Foto von Mark vom Regal. – Was ist mit meinem Enkel los?
Im Juli ruft mich Frau Menge an: „Die Psychologin erkennt auf den Bildern ein Trinkerehepaar, aber Fotos haben bei Ämtern keine Beweiskraft. Es gibt viele alkoholgefährdete Eltern, bei denen leibliche Kinder doch in Liebe leben. – Ein Kind muß fast halbtot sein, ehe die zuständigen Ämter eingreifen. Die Schule hätte schon bei der Aufnahme von Martin Einwände vorbringen müssen." Die Psychologin rät: 'Sie können offen sein vor vertrauenswürdigen Personen, die zu Verschwiegenheit verpflichtet sind, zum Beispiel Schulleitung, Schulpsychologen, Ärzten, Pfarrern und Sozialarbeitern. Suchen Sie Verbündete und forschen Sie vorsichtig zum Wohle der Kinder.' – Sie bestätigte damit über die Heimleiterin meine Arbeit, die ich bereits vor der Rügenreise aufgenommen hatte.
Ich melde mich bei meiner Vertrauensperson an Martins Schule und erfahre: „Martin ist im Augenblick gut drauf. Wir beobachten ihn. – Unser Schulpsychologe ist stets einsatzbereit. – Frau P. geht in wenigen Tagen mit Schuljahresende in den Ruhestand. Pensioniert mit 43 Jahren! – Aber was wollen Sie eigentlich bezwecken?" „Ich will den Kindern im Notfall helfen."

Erwartete mein Nachrichtenübermittler aus der Schule, daß ich mich genauso verhielt wie Schulleitung und Kollegen von Frau P.? Sie wußten es doch alle und sahen zu! Viel später erfuhr ich, daß ein beamteter Pädagoge keine Befugnisse hat, in Probleme, die außerhalb der Schule sind, einzugreifen. Wie einfach ist es, sich hinter Bestimmungen zu verschanzen! Niemand denkt darüber nach, daß sie auch veraltet sein können, änderungsbedürftig sind.
Nach meiner Auffassung gibt es doch keine starren Grenzen zwischen Schule und Außenwelt, es wäre sogar schrecklich, wenn es sie gäbe. Schule und Elternhaus wirken ineinander, verzahnen sich, helfen sich gegenseitig. Schulaufgaben, Hausbesuche, Elternabende und -sprechtage und und und ... machen die Grenzen doch fließend. Tritt aber ein ernstes Problem auf, verschanzt man sich hinter Bestimmungen. Das erspart Unannehmlichkeiten. – Ich denke, der beamtete Pädagoge ist auch gleichzeitig freier Bürger seiner Gemeinde und hat als solcher das Recht, auf Mißstände auch außerhalb der Schule aufmerksam zu machen. Er kann es sogar anonym tun.
Neben all diesen Überlegungen kamen mir auch ganz andere Gedanken. Martin und Mark hatten zunächst das Glück, durch das Ehepaar P. aus ihren Heimen herausgeholt worden zu sein. Für jeden von ihnen war das vorerst ein großer Segen. Was aber, wenn jemand aus Attenberg erfolgreich gewarnt hätte? Wären beide Jungen noch oder wieder im Heim? Ich wurde hin- und hergerissen in all meinen Gefühlen durch all diese Überlegungen.
Eine Stimme in Attenberg sagte eines Tages: „Eine schlechte Familie ist immer noch besser als ein Heim.“ Da konnte man doch innerlich wütend werden, und gleichzeitig dachte ich an den Ausspruch der Rügener Psychologin: „Sehr viele leibliche Kinder leben in Liebe mit alkoholkranken Eltern.“ – Sollte das ein Trost für mich sein? Wie leicht und schnell kann man sich beruhigen lassen!

Mark und Martin stammen aus Familien, in denen der Alkohol eine große Rolle spielte, aber es ist doch ein Hohn, wenn sie sogar durch Vermittlung zweier Jugendämter wieder zu alkoholkranken Pflegeeltern kommen. In meinen späteren Berichten an die zuständigen Ämter führte ich unter anderem aus: „Heimkinder, die ja fast alle aus Familien stammen, bei denen Alkohol im Spiel ist, dürfen doch nicht bei alkoholkranken Pflegeeltern landen. In ihnen muß Haß entstehen auf alle, die dabei mitgeholfen haben."

Doch zurück zu den Schulen. Da finde ich endlich ein wenig Bereitschaft, aufzuklären und zu helfen. In Marks Fall wird das ganz deutlich. Anfang Juli erfahre ich zum ersten Mal wieder etwas über den Jungen: Mark fehlt häufig, weil er Asthma hat. Er wird kurzfristig von der Pflegemutter abgemeldet und darf nie einen Ausflug mitmachen. „Eigentlich darf ich dieses Gespräch gar nicht mit Ihnen führen, weil Sie nicht die leibliche Großmutter sind." – Das Hausverbot gilt natürlich nicht, aber trotzdem: Ein Besuch von mir könnte Aufregung und Ärger bringen. Mir wird versichert, daß die Klassenlehrerin ein wachsames Auge auf Mark haben wird. Kontakte zum Jugendamt sind da. „Sie möchten Telefonkontakte haben? – Ja – aber nur in Ausnahmefällen."

Mark und Asthma? Ich rufe deswegen in Lietzow an und erfahre, daß der Junge dort nie asthmakrank war. – Merkwürdig!

Nebenbei besorge ich mir medizinische Literatur. Ich will mehr wissen über endogene Depression, über das manisch-depressive Irresein. Ich erfahre: Bei dieser psychischen Erkrankung gibt es keine emotionale Ausgeglichenheit, das Temperament schwingt nicht, sondern es springt. Krankhaft gesteigerter Frohsinn, der ausarten kann ins Obszöne, Anstößige, kann urplötzlich umschlagen in manische Verstimmungen, auf deren Höhepunkten es zu extremen Wutäußerungen kommen kann.

Gleicht Frau P. ihr sprunghaftes Temperament durch Alkoholgenuß aus? Hilft sie sich auch mit Medikamenten? – Ihr Mann sitzt an der Quelle.

Ich ließ viele Ereignisse Revue passieren, dachte außerdem an das Gutachten der neurologischen Abteilung unseres Kreiskrankenhauses, über das Reni mir verraten hatte: „Ich soll längere Zeit in eine Klinik."
Kinder von Manisch-Depressiven fahren täglich Achterbahn, Kinder von Alkoholikern ebenso. Aber was sie brauchen – Martin und Mark besonders – ist Liebe und Verläßlichkeit, damit sie gedeihen können. Immer noch wollte ich innerlich ein Gespräch mit Reni, aber ich begriff mehr und mehr, daß es nicht in Ruhe zu führen sein würde und nie zu einem positiven Ergebnis kommen konnte. Reni war nicht in der Lage, das zu halten, was sie eventuell versprechen würde. Sie würde vermutlich nach kurzer Zeit gar nicht mehr wissen, was sie versprochen hatte. Sie war das Opfer ihrer Psyche. – Die Wand, die vor mir aufgebaut war, schien immer höher und bedrohlicher zu werden.

„Schaffen Sie sich verschwiegene Helfer." So riet die Rügener Psychologin. – Mir fällt der katholische Pfarrer ein, der die Kinder taufte und der Martin bereits zur Kommunion geführt hatte. Er war bekannt als mitmenschlicher Seelsorger. Martin, der inzwischen Meßdiener war, mag ihn gerne.
Kurz entschlossen rufe ich an. Längst habe ich gelernt, meine komplizierte Geschichte knapp und verständlich zu formulieren. Erstaunlicherweise kommt keine Unterbrechung, kein kurzfristiger, wichtiger Termin wird mir entgegengehalten. Am anderen Ende des Drahtes sitzt ein Mann, der mir zuhört. Ich bitte um ein Gespräch, da ich meine erklärenden Einführungen vertiefen und untermauern möchte durch Fotos und Schriftstücke. – Ohne Zwischenfrage konnte ich durchsprechen – ich bin fast erlöst. – Ein Mensch hörte zu.
Aber dann: „Wissen Sie, auch Kinder leiblicher Eltern wachsen oft unter schwierigen Bedingungen auf. Für Ihre Sache ist das Jugendamt zuständig." – „Das wurde bereits eingeschaltet und findet das Leben der Familie P. in Ordnung." – „Es tut mir leid,

ich kann leider nicht mittun. – Zwei Beziehungskreise? – Nein! – Auf Wiedersehen." – Aufgelegt! – Ich sehe es fast vor mir, wie schnell der fromme Mann das tut.
Wie verdonnert sitze ich an meinem Schreibtisch. Wut kommt hoch! Ist das ein Seelsorger? – Eine halbe Minute sammle ich meine Gedanken, atme ruhig, wähle konzentriert zum zweiten Mal die fromme Attenberger Nummer – und ganz ruhig spreche ich in den Hörer: „Entschuldigen Sie, ich bin noch einmal da. – Das kann ich so nicht stehenlassen. Ich will mit Ihrer Hilfe keinen Beziehungskreis für mich und die Kinder aufbauen. Sie haben mich gründlich mißverstanden. Einen 'Kaukasischen Kreidekreis' darf es nicht geben. Mir geht es um das Wohl der Kinder, nicht um mich! Halten Sie Ihre schützende Hand über beide Jungen, Sie sind in ihrer Nähe. Um mehr bitte ich nicht. Auf Wiedersehen!" – Jetzt lege ich abrupt auf. – Lange brauche ich, um diese 'Bitter'-Pille zu verdauen.

Meine Kenntnisse über das Ehepaar P. baue ich weiter aus. Fast alles, was ich erfahre, wird mir doppelt und dreifach von verschiedenen Personen bestätigt, natürlich auch zu verschiedenen Zeiten. Versprochene kleine Hilfeleistungen versickern allerdings oft ins Nichts, werden nie gehalten. Ich möchte ab und zu Konzerte in Attenberg besuchen, um durch meine Anwesenheit zu dokumentieren, daß ich da bin. Die Übermittlung der Termine unterbleibt.
Andere 'Wisser' in Attenberg, die ich gut kenne, ziehen sich ganz zurück. Sie scheinen keinen Kontakt mehr zu wollen, obwohl er vor unserem Hausverbot sehr erfreulich war.
Andrés Pflegeeltern sind freundlich zu uns; ab und zu gibt es einen Bericht am Telefon, außerdem laden sie zum Geburtstag des Jungen ein. Mark kommt dann auch mit einem Geschenk und spielt mit André. Auf diese Weise sehen sich beide zweimal im Jahr, eben zu ihren Geburtstagen. Nach unserem Hausverbot in Attenberg darf Mark nicht mehr kommen, denn ich könnte ja anwesend sein. Ich kläre Andrés Pflegeeltern auf und verspre-

che, daß es keinen unangemeldeten 'Überfall' an Andrés Geburtstag geben wird. Ich möchte Mark nicht um einen wunderschönen Spielnachmittag bringen. Bei diesem klärenden, aber auch letzten Gespräch erfahre ich: Das Ehepaar hat über den Fußballverein und Kegelklub Kontakte nach Attenberg. Dort wissen es alle Vereinsmitglieder: Das Ehepaar P. trinkt, die Frau noch mehr als der Mann. „Aber wir wollen mit der Sache nichts zu tun haben. Wir sind glücklich über unsere kleine Familie. Verstehen Sie uns bitte, wir wollen nichts mit Alkoholikern zu tun haben." Ich ziehe mich ganz zurück.
Eines Tages ruft Andrés Oma an und ist traurig: „Sie haben doch meinen Kindern zu ihrem Glück verholfen – es ist so schade, daß Sie nicht mehr kommen wollen!" – „Ich habe mich ohne Groll zurückgezogen, ich akzeptiere den Entschluß Ihrer Kinder, das ist alles."
Der Zufall beschert mir Kontakte in die Attenberger Nachbarschaft. Ein mutiger Mensch berichtet: „Das Haus ist wie tot, kein Kind spielt draußen. Ich habe mich gezielt im Ort umgehört: Die Aussagen sind noch schlimmer, als es meine bisherigen Kenntnisse waren. So weit wie möglich werden wir auf die Kinder achten."

Aus Lietzow höre ich, daß Anfang Oktober ein Termin für mich bei der Psychologin in Bergen eingeplant ist. Wir wollen um den 'Tag der deutschen Einheit' ein Kinderfest auf der Insel veranstalten, zu dem die Schreberjugend aus Lüdenscheid kommen wird, um zu tanzen und zu musizieren.
Unser Rügenbesuch Anfang Oktober ist voller Aktivitäten. Außer der Mitwirkung am Kinderfest führe ich die Schreberjugend über die Insel und habe zu diesem Zweck eine geraffte Zusammenstellung über Rügen vor mir auf dem Beifahrersitz des Reisebusses liegen, die von Reni stammt. Sie plante vor einem Jahr eine Klassenfahrt zur Insel, lieh sich von mir Rügen-Literatur und kopierte daraus die Quintessenz. Vor der Reise wurde sie zwar 'krank', ein Kollege mußte damals die Durchfüh-

rung der Fahrt übernehmen, aber Renis Werk war nun für mich für den Notfall eine gute Gedächtnisstütze.
Am 4. Oktober ist – zusammen mit Frau Menge – der Termin bei der Psychologin angesetzt. Eine ruhige, freundliche Frau läßt mich zunächst reden. Dann rät sie mir, den Alkohol einmal zu vergessen und nur das Wohl der Kinder im Auge zu haben. Nach ihrer Meinung wurde das Hausverbot über uns verhängt, weil das Ehepaar P. Angst vor mir bekommen habe. Ich hatte zu viel beobachtet und meine Eindrücke dann auch noch aufgeschrieben. (Also ging es doch wieder um Alkohol!) Deshalb würden Ralf und Reni sich zusammen mit den Kindern richtig einbunkern.
Ich bekenne im Verlaufe des Gespräches, daß ich in Gedanken schon viele Briefe an Reni geschrieben hatte, immer wieder. „Schade, daß Sie diese Briefe nicht aufgeschrieben haben. Es hätte Ihnen gut getan. Ich rate Ihnen, Frau P. doch einen gelassenen Brief zu schreiben. Kommt keine Reaktion oder eine negative, dann ist der Brief an das Jugendamt fällig, denn nur schriftliche Berichte werden bearbeitet. Auch anonyme Anrufe oder Schreiben werden ernst genommen. Vielleicht finden Sie Menschen, die dazu bereit sind. Ihre Aussagen würden dadurch bekräftigt."
Zum Schluß dieses Treffens wird mir ganz klar, daß unser Gespräch nicht nur zum Wohle meiner Enkel stattfand, sondern auch zu meinem. Schon die Ruhe, in der es geführt wurde, tat gut. Keiner blickte auf die Uhr, jeder konnte aussprechen. Frau Menge sorgte sich sehr um mich, das spürte ich ganz deutlich.

Wieder daheim, berate ich mich mit meinem Rechtsanwalt. Kann ein Brief an Frau P. eine Strafandrohung, sogar einen Strafbefehl auslösen? Wenn ich ganz ehrlich bin, kämpfe ich an zwei Fronten. Die Attenberger ist die primäre, aber daheim habe ich eine zweite. Ich muß alles tun, um bei Werners hohem Alter große Aufregungen zu vermeiden, sie ganz kleinzuhalten für ihn oder die Aufregung auslösenden Ereignisse sogar ver-

schweigen. Das hemmt meine Handlungsfreiheit erheblich. Ich weiß, daß ich einem hochbetagten Menschen nicht so viel Problematik zumuten darf.
Mein Rechtsanwalt denkt mit mir nach. Er bezieht das Haus- und Annäherungsverbot nur auf die Kinder, nicht auf die Pflegeeltern. „Schreiben Sie, wenn der Wunsch in Ihnen da ist." Unser Hausverbot für die Schulen ist für den besonnenen Mann sowieso haltlos. Zum Schluß sagt er: „Ich gebe aber zu bedenken, was ein Wechsel in eine andere Familie für die Kinder bedeuten würde." – Da sind wir ja genau bei dem Punkt, der mich immer wieder quält.
Wie oft hatte ich die Listen der kinderlosen Ehepaare durchgesehen, die alle bei mir angerufen hatten und dann am Ende leer ausgingen. Ihre wichtigsten Fakten lagen skizziert in einer Mappe. Nun suchte ich nach dem Paar, das Mark übernehmen könnte. Zu wem würde er passen? Wo könnte er sich wohlfühlen? – Und dann stellte ich mir den schweren Übergang vor – ein Schulwechsel würde sicher auch fällig sein. Nach solchen Überlegungen war ich ratloser denn je.

Ende Oktober setze ich mich an den Schreibtisch und skizziere ganz spontan meinen Brief an Reni. Er muß an gute Ereignisse erinnern, darf keine Vorwürfe enthalten, er muß ein klein wenig Hoffnung machen und versöhnlich sein. Am nächsten Tag ändere ich fast nichts und schicke ihn zusammen mit einem Zeitungsbericht ab.
Ich stelle mir vor, wie Reni liest:
„Liebe Reni,
bevor sich der Oktober neigt, muß ich Dir unbedingt etwas mitteilen: Dir müssen Ende September/Anfang Oktober die Ohren geklungen haben. Wenn Du den Zeitungsbericht liest, wirst Du feststellen, daß ich mit der Schreberjugend auf Rügen war, die Reiseleitung hatte – und vor dem Beifahrersitz im Bus lag als Gedächtnisstütze für mich eine Dir bekannte Akte: 'Wir sind reif für Rügen!' So hatte ich durch Dich eine Hilfe.

Seit dem 12. 5. 95 habe ich Dir in Gedanken viele Briefe geschrieben – immer wieder. – Daraus ersiehst Du, wie sehr ich mich mit Dir und Deiner Familie beschäftige. –
Von den Kindern habe ich schöne Fotos von der Maltareise. – Zwei Bände von Martins Lexikon liegen seit dem Frühjahr bei mir im Regal, die nächsten zwei muß ich in Kürze abholen. –
Das Pfefferkuchenwerk – Eisenbahn und Bahnhofsuhr – wird im November/Dezember zu neuen Ehren kommen. Die Lokomotive steht unter Dampf. –
Die Kinder sind in unsere Herzen eingeschlossen, daran ist nun nichts zu ändern.
Mein großer Wunsch lautet: Ich möchte in aller Ruhe und Gelassenheit mit Dir sprechen. Bitte, gib mir eine Nachricht (nicht telefonisch)!

Oma"

Der 15. November kommt heran. Es ist der 90. Geburtstag von Werner, der für den Ur-Sauerländer in der Altstadt festlich begangen wird. Die Familie P. schickt ihm eine Elefanten-Grußkarte mit überaus freundlichen, vorgedruckten Glückwünschen. In Renis auseinanderfließender Schrift steht nur ein Satzfragment, mit dem sie auf meinen Brief eingeht: „*... die Zeit zur näheren Kontaktaufnahme ist noch nicht gekommen.*"
Warum schreibt sie keine klare Absage? Wieder schiebt sie uns auf das Abstellgleis, läßt uns warten, warten. Sie gewinnt Zeit dadurch, hält alles in der Schwebe, schließt die Aussicht zur erneuten Begegnung nicht aus, bricht dadurch den spitzen Stachel – aber: Nie wird sie uns wiedersehen wollen! Sie verwässert den Konflikt, denn auch sie fürchtet mit Sicherheit eine gerichtliche Auseinandersetzung. Alle Ratgeber werden mir jetzt sagen: 'Nun warten Sie doch ab, vielleicht gibt es bald ein gutes Ende.'
Martin und Mark aber leben weiterhin mit allen Konsequenzen bei Alkoholikern, sehen es häufig und lernen immer wieder: Bei jeder Gelegenheit stößt man an, die Jungen natürlich mit Saft,

aber die Erwachsenen mit Alkohol. Sie werden geradezu erzogen zu Trinkern.
Bei der Geburtstagsfeier von Werner dachte ich zwischendurch immer wieder: 'Gleich kommen die Kinder herein. Warum geht die Tür nicht auf, und zwei Jungen stürmen auf Opa los?' – Niemand kam.

Nach Werners großem Fest, wir hatten noch gar nicht alle Nachwehen durchgestanden, tritt ein mutiger Mensch in mein Leben, der sich vor allem Sorgen macht um Mark. Er will nicht nur berichten, sondern ist auch zu tatkräftiger Hilfe bereit. Ich nenne ihn in meinem Bericht 'Herr Jom'. Es bleibt nicht bei Telefongesprächen, nein, wir treffen uns. Jedem müßte klar sein, daß solche Begegnungen bei einer Tasse Kaffee nicht mit einem Kaffeeklatsch üblicher Art zu vergleichen sind. Die Gespräche, die geführt werden, zielen alle auf eins hinaus: wehrlosen Kindern zu helfen. Auch wenn sie sich immer wieder im Kreise drehen, auch wenn das Endergebnis so ist: kleine Schritte tun, wachsam sein, gegenseitig Ideen mitteilen, am Ball bleiben, der Zufall kann helfen – so stärken sie doch das Gefühl: Du bist nicht allein, du hast einen Helfer. Herr Jom ist bereit, mit mir zusammen die Familie P. zu besuchen und sie auf ihr Alkoholproblem festzunageln. Am Ende steht aber die Frage, ob das den Kindern schadet oder nicht. Herr Jom hat Erfahrung mit Alkoholikern und weiß, daß eine Umkehr nur möglich ist, wenn der Betroffene will. Eine Entziehungskur wäre die beste Lösung.
Über Reni berichtet Herr Jom, daß sie an ihrer eigenen Entlassungsfeier im Sommer 1995 nicht teilnehmen durfte. Gleichzeitig mit zwei Kollegen wurde sie in den Ruhestand geschickt, aber die beiden Herren weigerten sich, an einer Feierstunde, bei der Reni P. anwesend sein würde, zu erscheinen. So lud die Schulleitung im Einverständnis mit dem gesamten Kollegium Frau P. zu ihrer eigenen Entlassungsfeier aus. Sie wurde sang-

und klanglos – aber mit Freuden verabschiedet. Eine Schule atmete auf!
Über Martin höre ich, daß er ein ordentlicher Schüler sei, freundlich und höflich obendrein.
Mark macht uns in dem langen Gespräch die größten Sorgen. Alle negativen Fakten, die ich schon aus anderen Quellen über ihn wußte, werden wieder bestätigt. Neuerdings zeigt Mark voller Stolz sein Inhaliergerät in der Schule und gibt damit an. Er hat es aber noch nie nötig gehabt, einen Asthmaanfall damit zu bekämpfen. – Frau P. bringt Mark täglich zur Schule, erscheint häufig ungepflegt und wirkt etwas verkommen. Sie will keine Logopädin für Mark haben, der zwar einen guten Satzbau hat, aber immer noch schlecht artikuliert. – Mit der Begründung, sie könne keine Schule mehr betreten, hält sie sich von Elternabenden und Sprechtagen fern.
Obwohl mich dieser Bericht stark deprimiert, bin ich doch froh, über Herrn Jom wie mit einem Teleobjektiv an die Problemzonen heranzukommen. – Mark, wie gerne würde ich dir helfen, all deine Defizite zu verringern! Ich bildete mir ein, mit diesem Kind auf einer Wellenlänge zu sein, aus ihm ohne Druck und Drohungen das Beste herausholen zu können. Und nun??

Noch Ende November fahren Werner und ich nach Attenberg, um ein Päckchen für Martin in der Gesamtschule abzugeben. Es enthält zwei Bände seiner Lexika-Reihe, absichtlich keinen Brief. Wir haben plötzlich die Wut und den Mut, uns so zu verhalten. Mal sehen, was danach geschieht! – Werner betritt das Gebäude. Voller Absicht wählen wir keine Pausenzeit, um Martin nicht zu begegnen und ihn etwa in Verlegenheit zu bringen. Ich warte draußen und studiere Plakate an den Glastüren. Am nächsten Abend ist ein Solistenkonzert des Schulorchesters angesagt.
Wir sind uns einig: Oma und Opa erscheinen zu dieser Veranstaltung, sitzen ganz rechts außen und wollen ohne Provokation zeigen, daß sie da sind, die Schule betreten, um ihre Enkel zu

sehen. Die Familie hat wieder den Mittelplatz unten inne, aber ohne Martin, der im Orchester mitspielt. – Die Musikanten kommen aus dem Hintergrund, nehmen ihre Plätze ein. Martin geht zunächst mit seiner Geige fast auf uns zu, senkt den Kopf, muß einen rechtwinkligen Schwenk machen, um seinen Platz zu erreichen. Sicher hat er uns bemerkt, denn bei den nächsten Ab- und Aufgängen wählt er einen anderen Weg. – Das tut weh!

Im Programm steht der Name Katja P. . Sie wird gleich ein Klavierstück spielen. – Ja, natürlich, es ist das Mädchen aus der Ukraine, das mit großer Musikalität Chopin vorträgt. – In der Pause machen wir uns ganz klein, aber plötzlich steht völlig unbefangen Katja vor uns. Sie freut sich ehrlich. – Ja, sie ist ein volles Jahr in Attenberg, besucht hier die Schule und nennt sich der Einfachheit halber 'Katja P.'. „Du hast wundervoll gespielt!" „Danke", lacht sie mich an, „gleich mache ich noch ein Stück." Sie scheint von unserem großen Konflikt nichts zu wissen.

Von Mark sehe ich am wenigsten. Reni hat ihn fest umklammert. Sein Köpfchen bewegt sich oberhalb ihrer Arme. Hält sie ihn fest, oder hält sie sich an ihm fest? – Am Ende des Konzertes bleiben wir im Hintergrund, sind fast die letzten an der Garderobe. In Renis Sinne haben wir 'Hausfriedensbruch' begangen, aber uns gleichzeitig vorschriftsmäßig nicht den Kindern genähert. – Werner ist traurig wegen Martins Verhalten.

In dieser Woche besuchen wir Attenberg ein drittes Mal, folgen der Einladung zu einer Vernissage und treffen mehrere Bekannte. Wieder gibt es die traurigen Bestätigungen: „Ja, ja, die trinken schon lange." – Wieder höre ich Sätze wie „Ob die das wohl durchhalten?" – Ich kann nicht anders, ich stelle meine Frage: „Warum haben Sie nicht gewarnt? Es geht doch um Kinder!" – Eine zufriedenstellende Antwort bekomme ich nicht.

Anfang Dezember melde ich mich bei Marks Schulleitung, will auf Bitten einer befreundeten Familie eine schulische Frage klären und erkundige mich zum Schluß nach meinem Enkel Mark.

„Ich muß gleich in den Unterricht.“ – „Darf ich etwas später noch mal anrufen?“ – „Besser nein, ich muß mit Frau P. zusammenarbeiten.“ – „In den neuen Ländern werden ‘Wahl-Großeltern’ oder ‘-tanten’ für Heim- und Pflegekinder angeworben und haben das Recht, sich nach ihren Schützlingen zu erkundigen. Ich bin Marks Großmutter!“ – „Wenn Frau P. keinen Kontakt zu Ihnen wünscht, muß ich das respektieren.“ – Damit ist das Gespräch beendet.
Kann man mit einer Mutter zusammenarbeiten, die ihr Kind mit einer ‘Fahne’ in die Schule bringt? Muß man nicht einer Mutter ins Gewissen reden, wenn sie den Jungen von der Schule fernhält, ganz andere Gründe dafür angibt als Mark, der unbefangen die Wahrheit ausplaudert? – Oft erscheint er ungepflegt, unappetitlich. Er kratzt sich überall. – Warum darf ich nicht helfen? – Die Schule müßte doch das Jugendamt einschalten!
Mein wachsames Auge aus der Nachbarschaft berichtet: „Am dritten Advent gab es widerliches Gebrüll im Haus der Alkoholiker. ‘Saubrut’ und ähnliche Ausdrücke schüttete Ralf aus über ehemalige Heimkinder, über ein tschernobylgeschädigtes Kind in seinem Haus. Er schien volltrunken gewesen zu sein.“ Der unfreiwillige Mithörer wollte klingeln und seine Hilfe anbieten, ließ es aber sein. – Wer begibt sich schon gerne freiwillig in eine unangenehme Situation?

Weihnachten steht vor der Tür, das Fest der Nächstenliebe, das Fest der Familie. Ich werde übermannt von starken Gefühlen, denke ausschließlich an Mark. Wie wird er Weihnachten feiern? – Du mußt ihm ein Zeichen geben, du mußt ihm sagen, daß du da bist, für ihn da bist mit seinem Traumgefährt in reinem Weiß, der Farbe der Unschuld. Wie sein ‘Traumchristkind’ will ich im ‘dooßen Auto’ mit himmlischem Motorengebrumm als Vision erscheinen und ihn mit starkem Herzen grüßen. – ‘Da tommt Oma andebummt!’
Leichter Regen unterwegs – ich bin ganz ruhig. Ist es richtig, was ich tue? Ich will meine Gedanken so fest auf das Kind kon-

zentrieren, daß es sie spüren muß: 'Ich möchte dir helfen! – Ich bin immer da für dich! – Ich vergesse dich nie!' – Mark wird meine Gedanken 'hören', ich weiß es genau.
Es wird dunkel. Meine Scheibenwischer arbeiten. Ganz ruhig fahre ich in die Wohnstraße hinein, der Motor brummt so, wie Mark sich das Himmelsfahrzeug vorstellt: stark und ruhig. – Das Haus ist zur Straße hin erleuchtet, die Küche leer. – Hat Mark mich gehört? Etwa 400 Meter weiter erfolgt ein ruhiges Wendemanöver – kurz vor dem Haus beschleunige ich, fahre hochtourig mit rechtem Getöse am Haus vorbei, schaue kaum hin – aber dann: Ich wende erneut und denke: 'Du willst das Kind grüßen, du willst nichts Böses – du bringst einen himmlischen Gruß mit deinem weißen Gefährt.' – Ganz langsam fahre ich nun fast schrammig-nah am Bordstein entlang, der den schmalen Gehweg säumt, drehe meinen Kopf in Küchenhöhe zum Haus hin, sehe das Kind im Licht, daneben den Mann und die kleine Frau.
Ich habe Mark gesehen und ihn stumm gegrüßt. – Aus meinem Unterbewußtsein steigen seine Worte vom Vorjahr empor: „Das Christkind schenkt allen Menschen was. – Und dann, Oma, dann haben sie ihn Ostern angenagelt! – Warum, Oma?“ Das Bild des Kindes und diese Worte nehme ich mit auf meinen ruhigen Heimweg.

Zwei alte Menschen feiern Weihnachten. Das Fernsehen übernimmt die Regie für Werner. Ich ziehe mich an meinen Schreibtisch zurück, lege ein weißes Blatt Papier vor mich hin und weiß: Du wirst nun viele Blätter vollschreiben müssen, um von dem Leid armer Kinder zu berichten. Du wirst von Reni schreiben müssen, von dem elenden Leben einer Alkoholikerin. – Du willst immer fragen: Warum handelte sie so? – Du weißt es selbst noch nicht, denn Ohnmacht, Zorn und Schmerz sind keine guten Helfer bei der Wahrheitsfindung. Du willst dich in vielen einsamen Stunden der Wahrheit nähern. Das ist dein Ziel.

Fast ist es so, als begänne nun der Prozeß der Befreiung. Mark spürt, daß ich für ihn schreibe. Ich weiß es. – Meine Stimmung ist gut. Ich habe nur positive Gedanken. Auf meinem weißen Blatt Papier entsteht die Überschrift: „Und dann für immer!“ Weit in den ersten Weihnachtstag hinein bin ich in Gedanken bei meinen Enkeln.
Werner muß nun ertragen, daß ich mich oft zurückziehe und schreibe. Meine Fotos von der Familie helfen mir bei allen fröhlichen und positiven Ereignissen. Ich sehe auf ihnen lachende Kinder und eine glückliche Reni. Traurige Schnappschüsse schießt man als Gast nicht. An ihrer Stelle muß das gute Gedächtnis helfen.

Noch im ersten Januardrittel habe ich ein langes Gespräch mit einem engagierten Suchthelfer. Wieder fallen etliche Schuppen von meinen Augen. Herr Y. will sich in aller Offenheit einschalten, ist bewandert im Umgang mit Alkoholikern, weiß, wovon er spricht, denn er erfuhr diese Krankheit am eigenen Leibe. „Sie halten sich im Hintergrund, denn Sie sind für Familie P. das rote Tuch.“ Es gibt telefonische Dreieckskontakte zwischen Herrn Y., Herrn Jom und mir. Alles läuft zügig. Die Herren sind bereit, das Ehepaar aufzusuchen.
Zu diesem Zweck ruft Herr Y. in Attenberg an. Ein Anrufbeantworter ist eingeschaltet, schützt die Familie vor direkten Außenkontakten – er ist grundsätzlich in Betrieb und bewahrt das Ehepaar P. vor unliebsamen Überraschungen. Herr Y. bittet um einen Rückruf von Herrn P. in einer privaten Angelegenheit. Drei Minuten später meldet sich Ralf. Es gibt ein ruhiges Gespräch, in dessen Verlauf der Pflegevater von seiner intakten Familie erzählt und jeden Alkoholmißbrauch bestreitet. „Kommt dieser Anstoß aus Lüdenscheid?“ fragt er besorgt. „Meine Frau ist häufiger krank“, verrät er Herrn Y. außerdem, er lehnt aber eine Zusammenkunft ab. Herr Y. hat Ralf freimütig von seiner früheren Abhängigkeit und seiner erfolgreichen

Therapie berichtet. Er gibt seine Anschrift und Telefonnummer bekannt und ermuntert zu einem Rückruf.
Das Telefon steht danach bei mir nicht still. Herr Y., Herr Jom, Rügen – alle sind informiert, alle hoffen. Doch der ersehnte Rückruf kommt nicht.
Über Mark höre ich, daß er auf Renis Wunsch in die Parallelklasse versetzt wurde wegen einer nichtigen Sache. Reni soll gesagt haben: „Das Vertrauen zu seiner ersten Lehrerin ist zerstört." – Eine Versetzung in eine andere Klasse ist die ganz große Ausnahme innerhalb eines Schuljahres. Die Schulleitung folgte hier den Wünschen einer hysterischen Alkoholikerin. Mark hatte einen Spielgefährten in seiner ersten Klasse gefunden, der sogar in seiner Straße wohnt. Nun muß er sich an eine neue Lehrerin, an andere Kinder gewöhnen, gerade er, der doch in besonderer Weise ein beständiges, warmes 'Schulnest' braucht. Die beiden Jungen kommen auseinander, denn der Nachbarsjunge mag Marks Elternhaus nicht so gerne betreten. Wäre er erwachsen, würde er so formulieren: „Die Atmosphäre stört mich."
Eine positive Auskunft erreicht mich aus Martins Schule. Der Junge hat sich über die Lexika-Bände gefreut. Ralf, der beim Elternsprechtag erschien, hatte nichts gegen dieses Geschenk einzuwenden. Wenn ich doch nur einmal mit Ralf sprechen könnte! Aber er hat sein Büro im eigenen Haus und ist sonst unterwegs auf Kundenbesuchen.
Mein Leben besteht weiterhin aus Warten und Hoffen. Wann kommt der erlösende Anruf aus Attenberg, der Schrei nach Hilfe? – Statt dessen meldet sich abends die Kriminalpolizei und bittet um Auskunft: „Ist Martin P. bei Ihnen? Er ist seit elf Uhr verschwunden." Die Uhr zeigt auf 20.15 Uhr. Es ist Februar und draußen bitterkalt. Leider muß ich die Frage des Beamten verneinen. Ich kläre ihn in Stichworten auf und sage unsere korrekte Unterstützung zu. „Teilen Sie bitte der Familie P. mit, daß sie mit unserer Hilfe rechnen kann."

Um 21 Uhr meldet sich die Polizei zum zweiten Mal. Martin ist heimgekehrt. – Außer dieser knappen Meldung erfahre ich nichts. Was mag vorgefallen sein? Warum ist er aus der Schule weggelaufen, und wo hat er sich bei dieser Eiseskälte aufgehalten? Ob er Geld bei sich hatte? Ich wälze Fragen über Fragen.

Nachts schlägt das Wetter um. Am nächsten Tag fahre ich bei nassem Schneegestöber und feuchtem Schneematsch auf den Straßen nach Attenberg. Ich will bei einem Bäcker eine Geburtstagsüberraschung für Mark bestellen, der in Kürze acht Jahre alt wird. Gerade habe ich den Wagen vor dem Bäckerladen geparkt und ihn abgeschlossen, kommt Martin auf der anderen Straßenseite daher, einen Rucksack auf dem Rücken tragend. Wir sehen uns an, Martin stockt, ändert seinen Kurs und eilt über die Fahrstraße auf meine Seite. „Martin!" – Ich nehme ihn einfach in den Arm. In seinem Gesicht kämpfen Freude und Verlegenheit miteinander. „Wir haben uns so um dich gesorgt!" – „Es ist schon alles gut, es ist wirklich alles in Ordnung." Die Freude weicht aus seinem Gesicht, Verlegenheit und wieder die Nervosität, die wir auch auf Malta bei ihm beobachteten, prägen seine Worte und sein Handeln: „Ich bin eilig, ich muß zur Kirche." Er dreht sich nach links und rechts, als fürchte er, von wachsamen Augen beobachtet zu werden, nickt kurz, überquert wieder die Fahrbahn und ist schnell weg. „Wir denken immer an dich!" rufe ich ihm nach, ziehe meine Kapuze noch enger zusammen und nehme erst nachträglich wahr: Der Junge hatte keine Kopfbedeckung und völlig nasse Haare. Ein kleines, knappes Jäckchen, mehr schützte ihn nicht vor diesem elenden Erkältungswetter. 'Warum hast du ihn nichts gefragt?' dachte ich. – Gleich danach: 'Gut, daß du nichts gefragt hast.'
Der Bäcker kann meine Wünsche nicht erfüllen, er ist bereit, Zahlen zu backen, höchstens ein Krokodil, aber den Elefanten Jumbo? Nein, das geht wirklich nicht. – Der Konditor im nächsten Ort sieht meine Zeichnung von 'Jumbo von Malta' und ist

sofort bereit. „Liefern können wir nicht. Sie müssen den Elefanten abholen."
Das tun wir eine Woche später im tiefen Schnee und staunen über Jumbo, der auf einer dicken Plattentorte sitzt und meiner Zeichnung kaum ähnlich sieht. Trotzdem, es ist ein kleines, nahrhaftes Kunstwerk, das am nächsten Tag auf irgendeine Weise in die Schule gebracht werden muß, in der unser jüngster Enkel seine Schulkameraden mit Elefantentorte verwöhnen soll.
An Marks Geburtstag fahren wir in der Frühe los; ein freundlicher Helfer macht unsere Abenteuertour mit. Ich warte versteckt im Wagen. Die beiden Männer bringen die Torte an die Schultür, das heißt, der eine trägt sie mit beiden Händen, der andere öffnet und schließt den Kofferraumdeckel und klingelt an der Schultür. Die Torte verschwindet im Gebäude, die Männer kehren erleichtert zurück. Schnell fährt unser Wagen um die nächste Ecke.
Danach hat der gute Herr Jom wieder in gewohnter Weise alles herausbekommen und gibt seinen Bericht: „Ja, der Jumbo kam in Marks Klasse an, alle standen drumherum und staunten. 'Ist der wohl von deiner Mutter?' Die Klassenlehrerin fragte verwundert. 'Nein, nein,' sagte ein Kind, 'die hat Mark doch Bonbons mitgegeben.' – 'Dann ist er bestimmt von deiner Oma?' – Jetzt erst löste sich Marks Zunge. Er erwiderte kopfschüttelnd: 'Nein, das kann nicht sein. Meine eine Oma ist im Krankenhaus, und meine andere Oma darf nicht in die Schule kommen.'"
Ich möchte am liebsten weinen über diesen Bericht, aber die Tränen wollen nicht fließen. Nachts träume ich, daß Mark vor mir wegläuft.

Wieder soll lautes Gebrüll aus dem Alkoholikerhaus ertönt sein. Am schlimmsten ist es an den Wochenenden. Frau Menge auf Rügen will nach meiner Meldung das Bergener Jugendamt bitten, unangemeldete Besuche des Sozialarbeiters bei Familie P. zu erwirken. In den Verfügungen zur Vormundschaft ist festgelegt,

daß Familien, die die Vormundschaft über ihre Zöglinge erhalten haben, von Kontrollpersonen des Jugendamtes nur noch zweimal im Jahr angemeldete Besuche erdulden müssen. Das Ehepaar P. war inzwischen zum Vormund ernannt worden für beide Jungen. – Die ostdeutschen Ämter kennen diese Bestimmung nicht. Sie handeln freizügiger – eben nach Bedarf.
Weiter sammle ich Fakten, fühle mich oft ganz elend als Schnüffler in anderer Menschen Intimsphäre. Erst sehr viel später sagt mir mein Rechtsanwalt, daß jeder Mensch ein Recht hat, so zu leben, wie er es will. Er kann seinen Körper durch Nikotin, Alkohol oder Drogen so strapazieren, daß er dadurch sein Leben verkürzt. – Ich kann dieser Einstellung nicht ganz folgen. Selbst bei leiblichen Eltern würde ich von einer Pflicht zur Gesunderhaltung des eigenen Körpers sprechen, erst recht aber bei Pflegeeltern. Ihnen wurden fremde Kinder anvertraut, und sie sind verpflichtet, diesen jungen Menschen die besten Wachstums- und Entfaltungsmöglichkeiten zu bieten. Ist doch das Gesundheitszeugnis ein wichtiges Dokument, das willige, kinderlose Ehepaare vorlegen müssen, wenn sie ein Heimkind in ihr Haus holen wollen.
Meine Faktensammlung hat sich inzwischen so verdichtet, daß ich nun ernsthaft über einen Bericht an die Jugendämter in Bergen und Stralsund nachdenke. Doch wenn ich diesen Weg beschreite, soll Reni davon erfahren. Ich will ihr noch eine Chance zur Umkehr geben, bevor ich handle. Das Kuchenblech von Marks Elefantentorte kommt mir dabei zu Hilfe. Die restliche Torte gelangte nämlich auf dem Blech in Renis Haus. Über die Konditorei erfuhr ich, daß bisher niemand das Kuchenblech abgeliefert hatte, obwohl der Besitzername aufgeklebt war.
Da fuhr ich Mitte März an einem Vormittag nach Attenberg, wußte, daß die Kinder in der Schule sein mußten und klingelte kurz entschlossen an der Haustür. Strubbel bellte laut, kam über den Flur und sprang von innen an der Haustür hoch. Mehr Geräusche hörte ich nicht, niemand öffnete die Tür. Ich schrieb

einen Zettel und brachte ihn halb sichtbar im Briefkastenschlitz unter.

„Liebe Reni, ich wollte das Kuchenblech abholen. Es gehört Café X. . Außerdem bin ich jederzeit gesprächsbereit in Euer aller Interesse.

Oma."

Bei meinem anschließenden März-/Aprilbesuch auf Rügen fasse ich den klaren Entschluß: Nun teilst du Reni deine Absicht mit. Kommt keine Antwort, schickst du deinen Bericht an die Jugendämter.

Mitte April zu Renis Geburtstag formuliere ich einen deutlichen Brief an sie. Darin teile ich ihr mit, daß ich ihr Schweigen bedaure, daß ich die lange Wartezeit – fast ein Jahr – genutzt hätte, mich über sie und Ralf zu informieren. Ich sei zu dem Ergebnis gekommen, daß sie nicht ihre Pflegekinder vor uns schützen wolle, sondern sich selbst und Ralf.

Ich warte in meinem Brief mit zwei Geburtstagsgeschenken auf: mit Offenheit und Hilfsbereitschaft. – Ganz offen schreibe ich ihr, was ich über ihre und Ralfs Erkrankung erfahren habe, daran knüpfe ich das Angebot, ihr im Interesse der Kinder bei der Bekämpfung ihrer Krankheit beizustehen. Wörtlich formuliere ich: *„In erster Linie werde ich für die Kinder kämpfen, und das am liebsten mit Dir zusammen, im Ernstfall auch gegen Dich, denn die Kinder haben Vorrang."*

Bis zum Monatsende kommt keine Antwort. Meine Berichte an die Jugendämter Bergen und Stralsund liegen bereit. Zusammen mit einem zweiten Brief an Reni bringe ich sie zur Post.

In diesem zweiten Schreiben bedaure ich Renis erneutes Schweigen und melde ihr, daß nun der Zug abgefahren sei. *„Du kannst durch Deine Einsicht und Energie den Zug jederzeit anhalten. Freundliche Weggefährten und Helfer sind da!"*

Dieser zweite Brief kommt ungeöffnet zurück. Was nun? – Reni soll doch wissen, daß ich Schritte zum Wohle der Kinder unternommen habe.

Deshalb geschieht Anfang Mai etwas, das aus starken emotionalen Gefühlen heraus erwächst, aus Sorge, Zorn und der hemmenden Ohnmacht, mit denen wir uns abzuquälen haben. Ich will Reni sprechen! Trotz unserer 163 Jahre, die Werner und ich gemeinsam auf dem Buckel haben, passiert es ganz spontan, muß einfach sein: Wir fahren zuerst zur Gesamtschule nach Attenberg. Martin hat noch in diesem Monat Geburtstag, und zwei Bände vom Lexikon liegen bereit. Der weißhaarige Werner geht ins Büro, überbringt unser Päckchen, kündet dort an, daß er vor Weihnachten wiederkäme. Die Bürodamen freuen sich und versprechen, das Geschenk an den Jungen weiterzuleiten. Doch diese Tat ist nur die erste Hälfte unseres Handelns.
Das nächste Ziel ist die Grundschule von Mark, denn hier besteht die größte Hoffnung, Reni zu begegnen – und dem Kind! – Wie gerne möchte ich Mark wiedersehen, mit ihm sprechen, ihm Mut machen! – Wir fahren auf den Parkplatz, von dem aus wir einen guten Überblick über das Geschehen vor der Schule haben. Ob es gelingen wird, mit Reni zu sprechen? – Groß und weiß steht das Wohnmobil unter maigrünen Bäumen, konkurriert mit Werners schlohweißem Haar, das er neben mir hinter der Windschutzscheibe nach draußen leuchten läßt. Ich steige aus und vertrete mir ein wenig die Beine. Fast ist es so, als sollte ich meinen Rügenschatz gleich sehen und samt Tornister und Turnbeutel in die Arme schließen. In Kürze wird die Schulglokke läuten. – Gerade bin ich wieder auf den Fahrersitz geklettert, kommt Reni angefahren, parkt, muß uns gesehen haben, denn sie geht mit gesenktem, abgewandtem Gesicht zur Schule. – Kinder betreten schwatzend und lärmend die Straße. Ein Kleinbus sammelt einen Pulk ein und transportiert ihn heimwärts. Der Kinderstrom wird dünner, leiser, verebbt. – Wo sind Reni und Mark? Sie müssen in unsere Richtung gehen, um an ihren Wagen zu gelangen. „Wollen wir nicht abfahren?“ Werner stellt die Frage. „Nein“, sage ich, „wir warten noch. – Wir stehen hier in guter Absicht, wollen nichts Böses.“

Da, zwei Nachzügler kommen um die Ecke und gehen gesenkten Hauptes in unsere Richtung, den größtmöglichen Abstand zu uns suchend. Mark wird von Reni krampfhaft festgehalten, geht an der uns abgewandten Seite neben ihr, hat sicher klare Anweisungen eingehämmert bekommen: „Du guckst nach unten! Du guckst nicht zum Wohnmobil hin! Hörst Du?!" – Als ich das Kind sehe, kann ich nun doch nicht aussteigen, um in seiner Gegenwart mitschuldig zu werden an einer bösen Szene.
Statt dessen schaue ich offen und frei von meinem hohen Sitz auf die beiden Gestalten mit den gesenkten Köpfen. Mark hebt plötzlich mit einem schnellen Ruck seinen Kopf, schaut nach links zu uns hin. Nur den Bruchteil einer Sekunde sehen wir uns an, dann nimmt er seine ihm anbefohlene Haltung wieder ein.
Als sich Renis Wagen in Bewegung setzt, lasse auch ich den Motor brummen und fahre hinterher. Vielleicht erwische ich sie vor ihrer Haustür und kann dort ohne das Kind mit ihr reden. Ein Wohnmobil ist langsamer und unbeholfener als ein kleiner PKW – und eine Verfolgungsjagd? – Es ist zum Lachen! Das wollen und können zwei alte Menschen gar nicht. Reni entschwindet unseren Blicken; ihr Wagen steht wenige Minuten später nicht vor der Haustür. Entweder kauft sie noch ein, oder sie ist vor uns geflohen. Werner drängt: „Komm, ich will nach Hause!" Wir fahren heim, haben das Kind gesehen, aber Reni nicht gesprochen.
Wie ihr unser Besuch bekommen war, berichtet Herr Jom, der aus der Schule erfuhr: Frau P. war völlig verstört und aufgelöst in die Schule gekommen und hatte erregt vor der Schulleitung ausgerufen: „Wir werden verfolgt! Wir werden verfolgt!" Die gute Pädagogennase hatte es wahrgenommen: Frau P. roch nach Alkohol. Sie sei so außer sich gewesen, daß sie kaum jemanden erkannte.
Nach diesem Ereignis fragte Marks Klassenlehrerin den Jungen nach seiner Oma aus. Mark soll mit gesenktem Köpfchen ge-

antwortet haben: „Ja, ich hab meine Oma gern, aber ich darf das nicht sagen.“
Ich bin nach diesem Bericht völlig durcheinander, kann gerade noch denken, daß ich meinen Rügenschatz gut ein Jahr nicht Auge in Auge hatte, nicht mit ihm sprechen konnte. Was war in dieser langen Zeit in dem Kind vorgegangen? – Hanne hatte ihn verlassen, Oma und Opa wurden von ihm getrennt, und auch aus seiner Klassengemeinschaft wurde er herausgerissen. – Warum ?? Was hatte Reni ihm gesagt, wenn er bohrende Fragen stellte, wenn er krebsrot und steif vor ihr stand und sein Recht forderte?
Ja, er hatte ein Recht auf seine Oma. – Er hätte es nicht formulieren können, aber er kannte genau diesen Vorgang: Seine Oma hatte ihn im Heim gefunden, auserwählt, verläßlich betreut, nie aufgegeben, ihm Freude bereitet, Schutz gewährt – ohne Ende. Sie hatte seine Hilfe benötigt und ihm dadurch nie gekannte Empfindungen der eigenen Wertschätzung vermittelt. Durch sie wurde er ein wichtiger und nützlicher Mensch. Er folgte ihr, wie das verirrte Küken der Ersatzglucke folgt, die es ohne viel Aufhebens annimmt und wachsen läßt. In meinen Psychologievorlesungen hatte ich es gelernt: Selbst wenn die Ersatzglucke ein Spielzeug aus Plastik ist und an einem Band gezogen wird, die heimatlosen lebendigen Jungen folgen ihr bedingungslos nach.
Nun war seine ‘Ersatzglucke’ ein lebendiger Mensch, er wurde einer durch sie, denn vorher kümmerte er vor sich hin wie ein krankes Pflänzchen mit zu wenig Nahrung und Licht. Er nahm und gab, und seine ‘Wahl-Oma’ tat es genauso. Noch vor einem Jahr sagte sie ihm, daß sie ihn lieb hätte – und nun?
Wie verkraftet ein Kind mit Marks Vergangenheit solch einen Schnitt? Reni mußte doch notwendigerweise aus der für Mark lieben, gütigen Oma eine böse Frau gemacht haben, die durch ihre negativen Eigenschaften eher die Gestalt einer Hexe annahm. Warum verteidigte Oma sich nicht? Warum war sie schwächer als Mama? Warum half sie ihm nicht? Warum hielt

sie ihr Versprechen nicht, denn ein Mensch, der liebt und so nahe ist wie Oma, bleibt doch nicht einfach weg? – Ich durchlebte Marks Enttäuschung, seinen Kummer, seine kleinen, heftigen Wutausbrüche. Ich erkannte alle Zusammenhänge genau, aber wie sollte er diese Tragödie durchschauen? – 'Beim Ehepaar P. ist alles in Ordnung' hatte der Sozialarbeiter vor einem Jahr gesagt und die Akte erstmal geschlossen. Doch ein Weiterleben für Martin und Mark in Attenberg gab es von da an nur noch ohne Oma und Opa.
Aber Mark ist keine Akte, in die man neue Verfügungen einträgt und sie dann schließt. Mark hatte Liebe erfahren und Liebe zurückgegeben. Ämter vergessen und ignorieren über ihren Richtlinien und Verfügungen menschliche Bindungen. Ob die Amtsperson eine Familie, Kinder hat? Ich kann es mir kaum vorstellen.
Doch Mark hatte nach einem Jahr Trennung seine Oma nicht aus seinem Herzen entlassen. 'Ich hab meine Oma gern, aber ich darf das nicht sagen.' Durch alles Leid zittert ein Fünkchen Glück. „Das Kind vergißt nichts", sagte die Psychologin auf Rügen zu mir, „es speichert alles in seinem Unterbewußtsein."
Doch was hilft solch eine Erkenntnis in der Gegenwart? Ich brauche keinen Trost! Jetzt wollte ich dem Kind nahe sein, ihm helfen – auf ein liebendes Gedenken in späteren Jahren kann ich gut verzichten.

In der Schule kommt es für Mark so, wie ich vermutet hatte: Herr Jom berichtet voller Sorgen: „Mark wird das Klassenziel nicht erreichen." Eine Wut kommt in mir hoch, aber ich zwinge mich, sachlich zu denken. Meine Wut wird diszipliniert. „Tun Sie um Himmelswillen nichts gegen das Gesetz!" Eine beratende Stimme warnt vorsichtig. – Nein, ich werde das Kind nicht entführen, ich werde keine Fenster in Attenberg einschlagen, kein Feuer legen, aber ich will Renis Weg 'in die Gosse' beschleunigen helfen, damit sie schneller zur Umkehr bereit sein wird.

Am Abend nehme ich den ungeöffneten, zurückgesandten Brief und verfasse einen kurzen Zusatztext auf der Rückseite. – Der ist bissig! Ich greife Reni an! Es ist meine volle Absicht, sie zu treffen, ihr weh zu tun.
Zu später Stunde fahre ich nach Attenberg und klemme das zusammengefaltete Schreiben ohne Umschlag hinter Renis Scheibenwischer. Irgendwo auf einem Parkplatz übernachte ich im Wagen, stehe am nächsten Morgen in der Frühe wieder vor Marks Schule mit dem geliebten 'dooßen Auto'. Reni kommt, sieht mich, fährt mit Mark im Fond an der Schule vorbei. Nach einer Weile fahre ich zum Wohnhaus und entdecke ihren Wagen vor der Haustür. In der nächsten Telefonzelle rufe ich die Verkehrspolizei an und bitte um Überprüfung der Fahrtüchtigkeit von Reni P.. „Die Frau transportiert fast täglich unter Alkoholeinfluß ein Kind zur Schule." Der Beamte verspricht, sich in den nächsten Tagen darum zu kümmern.
Am folgenden Wochenende ist Muttertag. In meinem Garten blühen an allen Ecken und Enden Tulpen. Ich schneide und binde einen wunderschönen Strauß, schreibe einen positiven Muttertagsbrief, der aber im zweiten Teil erneut auf Angriff und Anklage übergeht. Aus meinem Schreiben erfährt Reni, daß ich die Verbote der Annäherung an die Kinder nicht mehr beachten werde, weil meine guten Kenntnisse ihrer Krankheit sie für mich hinfällig machen.
In der Morgenfrühe des Muttertages lege ich Tulpenstrauß und Brief vor die Haustür in Attenberg auf die oberste Treppenstufe.
Zwei Tage später schreibe ich erneut an Reni. Sie soll wissen, daß Werner und ich verreisen wollen, daß sie dann Ruhe und Zeit zum Nachdenken hat, aber auch ein gewisser Biß soll sie erneut treffen, damit sie endlich um Hilfe schreit. Und wieder gibt es zum Schluß ein Hilfsangebot: *„Denk daran: Die Helfer stehen in den Startlöchern. Willst Du nicht in den Sommerferien eine Therapie beginnen? Es gibt Kliniken, in denen man ein jüngeres Kind mitnehmen kann als Entlastung für den Rest der Familie und als Trost für Dich"* Die Adresse einer solchen Klinik lege ich dazu.

Mitte Mai starten Werner und ich zur zweiten Polenreise, die uns über Frankfurt/Oder, über Posen durch das Weichselgebiet ins Masurenland führt. Die letzte Telefonzelle an der Autobahn Richtung Frankfurt verursacht eine kurze Reiseverzögerung – ich wähle die Attenberger Nummer, höre noch einmal Ralfs ruhige Stimme auf dem Anrufbeantworter – und lege auf.
In Kürze werden wir Deutschland verlassen, aber ich habe hübsche, bunte Kinderpostkarten bei mir, die Mark bekommen soll, genauso wie vor drei Jahren, als ich ihm Trost zusprechen wollte, damit auch er endlich erfuhr, daß es einen Menschen gab, der an ihn dachte. – Brauchte er jetzt Trost? War er zufrieden? Hatte er sich damit abgefunden, daß er seine Oma nicht mehr sah? Ich wußte es nicht, aber ich wollte ihm schreiben, damit er Leselust bekam, damit er merkte, daß das Lesenlernen einen Sinn hat. 'Nun kann ich Omas Karte selbst lesen!'
Der erste Gruß entstand auf dem Steuerrad des 'dooßen Autos', als wir in 'stop and go' die Oder überquerten. *„Hurra, Mark kann lesen!“* schrieb ich in Druckbuchstaben an das Kind, verfaßte einen kurzen Lesetext, wie ihn eine Fibel des ersten Schuljahres auf ihren letzten Seiten beherbergt mit Wortwiederholungen, damit das Wiedererkennen Spaß bereitet.
Insgesamt schrieb ich vier Karten an Mark, die alle den Wert des Lesenlernens anpriesen, die außerdem Omas bedingungslosen Glauben an ihren Enkel beinhalteten. Ich schickte die Karten an Marks Schule. Die Schulleitung händigte sie dem Jungen nicht aus, sondern gab sie Frau P.. – Martin bekam zwei Karten – eine aus seiner Heimatstadt Stralsund, eine andere aus Lohme vom Schwanenstein, der ihn so stark beeindruckt hatte wegen der drei verunglückten Heimkinder. Auch diese Karten schickte ich an Martins Schule, die sie nicht an den Jungen, sondern an Ralf und Reni weiterleitete, die beide Vormund waren über ihre Pflegekinder – von Amts wegen geprüft und bestätigt!
Als wir von unserer Polenreise heimkehrten, fanden wir einen Brief von einem Lüdenscheider Rechtsanwalt vor, der im Auftrage des Ehepaares P. schrieb. Er beanstandete meine Schreib-

aktivitäten in ihrer Häufigkeit ebenso wie in ihrem Inhalt, schrieb von 'Psychoterror und von Eingriffen in die Intimsphäre des Ehepaares P.', drohte mit einer gerichtlichen Auseinandersetzung, falls ich weitere Briefe und Postkarten schreiben würde.

Inzwischen hatte wieder der hilfreiche Herr Jom sein Teleobjektiv auf die Schule gerichtet und mit Röntgenaugen wichtige Geschehnisse abgelichtet. Die Amtsperson war nach Aufforderung des Jugendamtes von Bergen in der Schule erschienen, es kam zu einem Gespräch mit der Schulleitung, Reni P. und der Amtsperson. Danach fuhr diese mit Reni nach Hause. Es wurde berichtet, daß Martin nun endlich unter vier Augen mit dem Sozialarbeiter sprechen durfte. Nur über die Gesprächsinhalte erfuhr Herr Jom nichts. – Trotzdem machte ich mir große Hoffnungen, fand den Schachzug der Amtsperson vom Jugendamt sehr geschickt und hoffte auf eine positive Änderung.
Bei mir stand ein Besuch bei meinem Rechtsanwalt an, hatte er doch einen Vertrag vorbereitet, der meine Geldschenkung an meine Enkel im Falle meines plötzlichen Todes so regelte, daß Ralf und Reni unter gar keinen Umständen an den Betrag herankommen würden. Bei dieser Gelegenheit zeigte ich ihm den Brief seines Kollegen. Er riet einerseits zur Besonnenheit, riet aber auch, den Bericht über das 'Heimkind Nummer 17' zu veröffentlichen und das Jugendamt auf die Krankenakte von Frau P., die im Kreiskrankenhaus erstellt worden war, aufmerksam zu machen.
Noch vor Beginn der Sommerferien schreibe ich einen ausführlichen Bericht an das hiesige Kreisjugendamt. Zu seiner Ehrenrettung sei erwähnt, daß es sich als einzige höfliche Behörde entpuppte, die mir nach kurzer Zeit den Eingang meines Schreibens bestätigte.

Weil die Sommerferien vor der Tür stehen, rufe ich in Marks Schule an, um mich nach meinem Enkel, nach seiner Versetzung zu erkundigen. Ich erfahre: Mit dem Jugendamt wurde

vereinbart, daß die Schule keine Kontakte zu mir haben dürfe. Die Begründung: Das Kind braucht Ruhe und darf nicht zwischen zwei Familien hin- und hergerissen werden. Wörtlich: „Ich darf eigentlich nicht mit Ihnen reden. – Das Jugendamt da in der DDR oder wo das ist, hätte besser aufpassen müssen. Nun ist alles gelaufen!“ Ich bin entsetzt über soviel Schwachsinn, über soviel Überheblichkeit und Unkenntnis („... oder wo das ist ...“) bei einem gebildeten Menschen in leitender Position.
Meine Kontaktperson zu Martin hin erreiche ich leider nicht. So weiß ich über ihn eine ganze Zeitspanne nichts. Herr Jom, der für die Ferien einen Besuch angekündigt hatte, meldet sich auch nicht.
Einer inneren Eingebung folgend, fahre ich gegen Ende der Sommerferien nach Attenberg, denn die absolute Stille von dort bedrängt und bedrückt mich. Ich kaufe im Supermarkt ein, entdecke danach im Ort ein Konzertplakat für den 24. 8. 96 und fahre mit zwei Konzertkarten heim.
Wieder einmal wollen Werner und ich bei diesem Anlaß auf unsere Existenz hinweisen in der Hoffnung, daß die Attenberger Familie erscheinen wird. ‘Wir sind da und haben nichts aus dem Gedächtnis gestrichen!’ Das wollen wir zum Ausdruck bringen. Der schwülwarme Sommerabend beschert uns auf dem Wege nach Attenberg einen blauschwarzen Himmel, der spätestens bei der Ankunft auf dem Parkplatz der Konzerthalle sein Naß prasselnd herniederschickt. Ich setze Werner vor dem Haupteingang ab und suche danach einen Parkplatz. Als ich, mit einem Regenschirm bewaffnet, eilenden Fußes dem Eingang zustrebe, treffen mich mehrere Blicke aus Renis Wagen, der in diesem Augenblick von der Straße in die Einfahrt des Parkplatzes einbiegt.
Vor Konzertbeginn sichten wir kein Mitglied der Familie P., weder im Foyer noch im Saal. Niemand von ihr strebt der ersten Reihe zu. Ob die Familie wieder heimfuhr? – Ich habe Mittelplätze in der fünften Reihe gewählt, doch ich schaue weder zur Seite noch nach hinten, werde plötzlich sehr in Anspruch

genommen von Renis ehemaliger Kollegin Frau Wirsing, die mich schneidet, obwohl sie meine Knie berühren muß, um an ihren Platz zu kommen. Ich gebe ihr Gelegenheit, sich ganz ruhig neben Werner einzurichten. Dann neige ich mich vor und nach links zur Seite, begrüße sie freundlich und schaue ihr unentwegt ins Gesicht. Daß sie fast erschrickt, tut mir leid, aber ich kann es ihr nicht ersparen. Wir hatten uns in den letzten Jahren wenige Male bei und durch Reni kurz gesehen und freundliche Worte gewechselt. Heute sage ich ihr: „Wir können überall hocherhobenen Hauptes erscheinen und haben mit dem Sumpf, in dem man hier watet, nichts zu tun!“ Frau Wirsing ringt nach einer Antwort und bringt schließlich heraus: „Ja, das glaube ich Ihnen gern.“ – In diesem Augenblick kommt Jana, Martins erste Freundin und ebenso Frau Wirsings Tochter, in unser Blickfeld. Sie spricht mit ihrer Mutter und schaut mit eisiger Miene an uns vorbei.

Das Konzert beginnt, aber ich bin nicht bei der Sache. Wo ist Mark? – Ob ich ihn sehen werde? – Mehr kann ich nicht denken. In der Pause gehe ich allein ins Foyer. Am Sektausschank ist großes Gedränge. Natürlich – Reni mittendrin! – Etwas abseits steht Ralf, neben ihm Mark. Da gehe ich recht forsch fast rechtwinklig an ihnen vorbei – und doch nicht – schwenke rechtzeitig und plötzlich um neunzig Grad, stehe ganz nahe vor Mark, strecke meine Hand aus und sage deutlich und freundlich: „Guten Abend, Mark!“ – Zweierlei passiert nun gleichzeitig: Ein Kind mit riesengroßen Augen zuckt mit der Hand, streckt sie mir entgegen – doch – gleichzeitig verhindert ein starker Männerarm unerbittlich die Berührung zwischen Oma und Enkel, baut mit flacher Hand eine Sperre zwischen mir und dem Kind, raunt fast flehentlich, fast beschwörend: „Nein, nein, nein!“ – „Ist das verboten?“ – Ich schaue Ralf offen an bei meiner Frage. „Ja, ja, das weißt du doch!“ Seine Stimme klingt so, als wolle er sich entschuldigen. Dann geht er schnell mit Mark weg – und just in diesem Augenblick kommt Reni mit zwei gefüllten Sektgläsern.

Zu ihnen gesellen sich Hanne, die diesmal nicht im Orchester spielte, und ebenso die Wirsing-Familie. Kreisrund umschließen sie Mark, der jede Lücke nutzt, um in meine Richtung zu blikken. Ich begebe mich auf einen großen Rundweg um das kleine 'Kindergefängnis'. Ein Junge dreht sich langsam um sich selbst, verfolgt seine Oma mit großen Augen, während über seinem hell schimmernden Haarschopf mehrere Sektgläser geleert werden.

Da löst sich Hanne aus dem Kreis, nimmt Marks Hand und strebt den Toiletten zu. Ich verändere meine Strategie, studiere eifrig das Programm und finde mich nach kurzer Zeit in Toilettennähe wieder. – Da, die Tür öffnet sich. „Hallo, Mark“, rufe ich dem Kind freundlich zu und dann: „Guten Abend, Hanne!“ Die erwachsene leibliche Tochter des Ehepaares P. greift schnell Marks Hand, eilt mit eisiger Miene an mir vorbei, mich keines Blickes würdigend, während Marks und meine Augen sich kurz begegnen.

Habe ich nicht das Recht, sogar die Pflicht, dem Jungen auf meine Weise zu zeigen, daß ich ihm gut gesonnen bin, daß andere mich hindern, ihm Liebe zu geben? Muß er nicht wissen, daß ich verläßlich für ihn da bin? – Ich finde keine Antwort auf die Frage: Was ist schlimmer – von einem Menschen enttäuscht zu sein, weil er ihn verlassen hat trotz vieler Versprechen, oder die Unruhe zu verkraften, die mein Erscheinen und mein Ruf nach ihm auslösen: 'Ich bin da! Aber andere verhindern, daß wir uns sprechen und berühren können.'?

'Das Kind braucht Ruhe!' Jugendamt und Schulleitung haben es so beschlossen. Aber leider kann man still, in aller Einsamkeit und Ruhe ganz für sich allein leiden. Mark litt schon als Kleinkind, weinte im Heim in seine Kissen hinein in schlaflosen Nächten. „Ich hab nachts immer geweint, weil ich keine Mama hab.“ Niemand hörte ihn, niemand wollte von seinem Leid etwas wissen. Und nun? – Nun hat Mark auf eine ganz andere Weise auch seine Oma verloren. Niemand tröstet ihn dabei, niemand hilft ihm, niemand erklärt ihm die Zusammenhänge.

Nach der Pause entdecke ich, daß Familie P. ganz hinten neben der Tür sitzt. – Aber Martin ist nicht dabei. Wo ist er? – Er spielte nicht im Orchester mit, war nirgendwo in der Pause zu sehen – er schien nicht da zu sein. Ich konnte mir kaum vorstellen, daß er bereits eigene Wege gehen durfte.
Bei dem großen Endapplaus stelle ich mich so, daß ich durch günstige Lücken Mark sehe. Er steht, reckt sein Köpfchen, springt immer wieder in die Höhe. Ich wage nicht zu winken, aber ich nicke einige Male mit dem Kopf, lächle so ausdrucksvoll, daß es über Saaldistanz zu sehen sein muß – und merke an seiner Reaktion, daß er meine Grüße annimmt.
Meine Aufregung bei unserer Heimfahrt ist groß. Ich hatte stumme Zwiesprache mit Mark gehalten – das ist das kleine Glück. – Aber warum war Martin nicht im Konzert?? – Das ist die große Sorge.

Am nächsten Tag rufe ich meine Kontaktperson zu Martin an und erfahre: „Er ist im Krankenhaus." – Ich muß mich sehr anstrengen, um mehr herauszubekommen. Nach dem Gespräch sitze ich wie gelähmt an meinem Schreibtisch, und wieder kann ich keine Träne weinen.
Martin ist seit Beginn der Sommerferien in Lüdenscheid in der Kinderklinik. Er kann sich in der geschlossenen Abteilung der Psychiatrie frei bewegen, aber er will niemanden sehen, weder Familie P. noch seine Oma. Sie hätte ihn zwar von Rügen weggeholt, aber zu Familie P. gebracht. Er will auch nichts von Rügen wissen. Nach seiner Entlassung wird er auf eigenen Wunsch und im Einverständnis mit dem Jugendamt seine Pflegefamilie verlassen.
Nach meiner Berechnung ist Martin bereits knapp sieben Wochen im Krankenhaus, aber niemand meiner 'Spürnasen' gab mir Nachricht. Ich mobilisiere meine Helfer und erfahre in den nächsten Tagen aus verschiedenen Quellen:
Martin versuchte bereits zu Beginn der Osterferien, mit dem Lederriemen seines Geigenkastens seinem Leben ein Ende zu

setzen. Ein zweiter Selbstmordversuch geschah zu Beginn der Sommerferien. Vermutlich war er einschneidender, gefährlicher, war nicht mehr zu verheimlichen, denn er hatte die Einweisung in die Psychiatrie zur Folge. Dieses Mal wählte Martin seinen Ledergürtel. Frau P. verständigte die Schule von diesem Vorfall. Da Martin ein ordentliches Schulzeugnis bekommen hatte – er war mit guten Zensuren versetzt worden –, muß man den Grund für seine Notschreie woanders suchen.
Es ist kaum möglich, sich mit Lederriemen oder Gürtel selbst zu erwürgen, aber Martin setzte damit deutliche und erschreckende Zeichen seiner Not. Ich erfuhr, daß er sich in der Schule anpaßte und stets freundlich war. Kein Schulpsychologe brauchte helfend einzugreifen, denn niemand bemerkte seine Seelenqualen.
Warum hatte er den Weg nach Lüdenscheid nicht gefunden? Warum gab er uns kein Zeichen? – Erst Monate später erfuhr ich, daß Reni ihm gesagt hatte: „Wenn du von uns weg willst, mußt du wieder zurück nach Lohme. Oma kann dir nicht helfen, kann dich nicht hier im Märkischen Kreis unterbringen."
Und was hatte sie in seinem ersten Attenberger Jahr immer wieder laut tönend gesagt: „Der Weg von Lohme nach Attenberg ist eine Einbahnstraße. Es gibt kein Zurück nach dort – niemals!"
Wie muß es im Innern eines Jungen aussehen, der so in die Klemme gerät, so hinterhältig in die Enge getrieben wird? Reni (miß)brauchte Martin als 'Plakat ihrer guten Taten', als sichtbares Zeichen ihres Edelmutes, ihrer Opferbereitschaft. Oder brauchte sie ihn auch, sie, die Empfängerin einer kleinen Pension, um durch die für ihn gezahlten Pflegegelder ihr Haushaltsbudget auf guter Höhe zu halten? Bommerlunder kostet Geld!
Geld kostet auch der Geigenunterricht. „Dat is schon kein Hobby mehr, dat is Pflicht, denn dat kostet Geld!" – Nahm Martin den Lederriemen des Geigenkastens, weil ihm die Freude an der Musik gründlich ausgetrieben worden war?

Meine tätigen Helfer melden der behandelnden Ärztin in der Psychiatrie, daß ich wertvolle Hinweise geben kann für das Verständnis von Martins Geschichte und seinem Verhalten. Sie lehnt ab, will völlig unbeeinflußt an die Sache herangehen.
Einer meiner Helfer erfährt, daß das Jugendamt schon vor Martins Einweisung in die Familie P. von deren Alkoholmißbrauch gewußt haben soll. – Das ist ungeheuerlich! – „Tun Sie jetzt nichts Unüberlegtes, nichts gegen das Gesetz, bitte!" – Und dann: „Warum haben Sie Ihr Herz so sehr in die Sache gehängt? Schaffen Sie sich einen Hund an, dann haben Sie etwas zum Knuddeln!" – Wenn ich jetzt etwas Unüberlegtes tun möchte, dann – gegen meinen Helfer! Ist das ein Rat für mich? Ist er an seine Grenzen gekommen – spürt er seine eigene Ohnmacht? Ja, ich habe ein lebendiges und oft stürmisch schlagendes Herz, das schon seit meiner Kindheit in Aufruhr geriet, wenn Unrecht geschah. Daran kann ich leider nichts ändern und will es auch nicht.
Der Suchthelfer Herr Y. horcht auf seine Art in die brisante Angelegenheit hinein. Er will sich umhören und sagt mir noch einmal ganz deutlich, daß ich das schwächste Glied in der Kette bin, eben die rechtlose 'Wahl-Oma'. – Von ihm erfahre ich, daß es Martin recht gut gehen soll. Zwar reagieren alle Betreuer der Klinik sehr nervös – es soll noch mehr im Spiel sein als Alkohol – aber was?

Und Mark? Ihn dürfen wir doch nicht vergessen! Herr Y. sagt fast schmunzelnd und sehr einfühlsam nach meinen Berichten über das Kind: „Man hat den Eindruck, daß Sie für Mark wertvoller sind als jede leibliche Großmutter es sein könnte. Zwischen Ihnen und dem Kind stimmt die Chemie!"
Es machte mich ein wenig traurig, daß Mark das Ziel des ersten Schuljahres nicht erreichte, obwohl ich im Voraus weissagte, daß er mindestens zweieinhalb bis drei Jahre Rückstand haben würde. Davon waren nun zwei Jahre vergangen. Meine Trauer und mein Unmut bezogen sich vor allem auf Frau P.s Verhal-

ten. Sie überschüttete Mark mit teuren Lernmitteln, mit denen sie aber selbst nicht umgehen konnte. Sie waren zum Teil völlig wertlos, kaufte sie doch Holzbuchstaben in ganz anderen Buchstabentypen, als in der Schule angewandt wurden. Dadurch leistete sie bei häuslichen Übungen keine Hilfe, sondern stiftete nur Verwirrung in Marks Köpfchen.
Da die ersten beiden Schuljahre als Einheit gelten, wurde Mark ins zweite Schuljahr mitgenommen, mitgeschleift, ohne die Grundlagen des ersten Schuljahres sicher zu besitzen. Aus diesem Dilemma hätten ihn nur seine einsichtigen Pflegeeltern befreien können, die ein Schriftstück zu unterschreiben hatten, wenn sie eine Rückversetzung wollten. Sie unterschrieben nicht, ja, Frau P. holte nicht einmal das erste Zeugnis für Mark ab! In der Schule dachte man bereits über einen Antrag auf Überweisung in eine Sonderschule nach.
Warum wurde Frau P. von der Schulleitung nicht gründlich beraten? Hatte denn niemand Verständnis für die besondere Situation dieses Jungen? – Ja, für ihn könnte ich jetzt etwas Unüberlegtes tun – und es geschieht auch.
Am 9. 9. 1996 fahre ich mit dem 'dooßen Auto' nach Attenberg. Ich warte etwas abseits der Grundschule, aber offen sichtbar. Reni kommt mit Mark, sieht mich, wählt einen Aufgang über eine Treppe weit von mir entfernt, ist zusammen mit Mark im Gebäude verschwunden. Ich gehe zu Renis Wagen und bleibe neben ihm stehen. Nach einer ganzen Weile kommt sie ohne Mark aus dem Schulhaus. Ich gehe ihr langsam entgegen, unterdrücke ohne Mühe meinen Zorn und kann in aller Ruhe so zu ihr sprechen: „Guten Morgen, Reni, ich bin ohne Waffe, auch im Herzen ist keine." Dabei zeige ich ihr meine offenen Hände. Sie reagiert mit einer abwehrenden Handbewegung und stößt hervor: „Nein, nein, nein!" – „Ich habe ein paar Fragen an dich wegen Mark und Martin. Das ist alles." – „Nein, ich möchte nicht mit dir sprechen." Während ihrer ablehnenden Haltung geht sie ohne eine Behinderung meinerseits an mir vorbei, steigt schnell in ihren Wagen und fährt davon.

Alles, was jetzt geschieht, ist noch weniger geplant, muß einfach so geschehen.
Das 'dooße Auto' fährt zum Kreishaus in Lüdenscheid, meine Füße tragen mich zum Jugendamt, mein Finger klopft an die Tür der Amtsperson, mein Ohr vernimmt erfreut die Aufforderung „Herein!" Meine Stimme macht meine Worte hörbar für den Mann, der hinter seinem Schreibtisch sitzt und mich nicht abwehrt: 'Ich habe gleich einen wichtigen Termin!' Mein Ohr hört meinen in Laute umgesetzten Gedanken kritisch zu: „Ich bin nicht gekommen, um Ihnen einen unangenehmen Wochenanfang zu bereiten. Aber ich habe ein paar Fragen an Sie!" – Warum ist der Mann so freundlich? Er redet sofort pausenlos mit fast weicher Stimme: „Martin ist schwierig und schlecht in der Schule." „Ich habe andere Auskünfte erhalten!" schiebe ich laut in eine Sprechlücke hinein. „Er ist eigentlich gar nicht für eine Familie geeignet." „Kann ich mir überhaupt nicht vorstellen." Dabei muß ich lautlos, aber deutlich sichtbar lachen. Blitzschnell zieht die Frühstücksszene von Lohme durch mein Hirn. Ich höre ganz deutlich Martins verhauchte, sehnsüchtige Stimme: „Ich wünsch' mir neue Eltern!" Das war vor fünf Jahren. – „Martins Probleme liegen in seiner frühen Kindheit, werden jetzt in der Psychiatrie aufgearbeitet." Ich spüre ein Ziehen im Magen: Immer muß die frühe Kindheit herhalten. – Jetzt komm doch mal zur Sache! – „Martin will seinen Weg ganz allein finden. Vorgesehen ist betreutes Wohnen – er wird Familie P. verlassen, er will auch ohne seine Oma zurechtkommen. Und die Musik: Er will nichts mehr davon wissen." – Nun setze ich die beiden Selbstmordversuche mit zwei ledernen Gurten auf den Schreibtisch der Amtsperson. Lächelnd und ein wenig abweisend kommt die Antwort: „Es wird viel geredet! – Das Jugendamt wird im Einverständnis mit der Familie P. die Vormundschaft über Martin übernehmen, das geschieht in Kürze durch das Amtsgericht." Mein Gehirn registriert Verschleierungstaktik, macht das stirnrunzelnd sichtbar. Nebelschwaden sollen

sich um klare Gedanken legen, aber ich glaube der Amtsperson fast nichts.

„Und was geschieht mit Mark? – Der Junge lebt noch bei dem Alkoholikerehepaar!" – „Alkohol?" Die Amtsperson setzt ihr ungläubigstes Gesicht auf. „Das muß man erst beweisen! Martin hat kein Wort davon gesagt." „Das Ehepaar geht raffiniert vor, er hat es höchstwahrscheinlich nicht bemerkt. – Aber bei Ihrem Gespräch in Marks Schule müssen Sie doch etwas gehört haben?" „Kein Wort!" „Die Schulleitung weiß, daß Frau P. trinkt." „Das ist mir unbekannt."

Die Amtsperson schwenkt geschickt vom Alkohol auf meine geplante 'Geldschenkung' an die Jungen. Sowohl die Kinder als auch das Jugendamt wissen davon, obwohl Stillschweigen zwischen Ehepaar P. und mir vereinbart wurde. Ich erläutere den großen Unsicherheitsfaktor, der gekoppelt ist mit meiner Lebenserwartung und einer eventuellen Pflegebedürftigkeit. „Eine Pflege im Alter könnte meine Rücklagen vollkommen aufzehren, dann gehen Martin und Mark leer aus. Deshalb sollen sie vorher nichts davon wissen. Inzwischen ist alles so geregelt, daß Ehepaar P. niemals über das Geld verfügen kann. Alkoholiker wollte ich nicht unterstützen."

Zum Abschluß bekomme ich gnädig die Erlaubnis, die Amtsperson am 20. 9. anrufen zu dürfen. An diesem Tag soll Martin aus der Psychiatrie entlassen werden in ein neues Leben.

In den nächsten Tagen teilt Herr Jom mir wieder verschiedene Dinge mit, die er mit der ihm eigenen Beharrlichkeit erforschen konnte. Er weiß, daß Frau P. vor meinem 'waffenlosen Angriff' auf sie völlig entnervt in die Schule gekommen sei und geschrien habe: „Wir werden wieder verfolgt!" Er kann auch berichten, daß Martins Selbstmordversuche Tagesgespräch in Attenberg sind. Noch einmal bestätigt er: Viele Menschen in Attenberg stufen Frau P. als schwer psychisch gestört ein. Keiner glaubt an den Vergewaltigungsversuch durch die drei Türken in der Schule, er gilt allgemein als Simulation.

Nach solchen Berichten muß ich immer wieder denken: Warum hat niemand vorher gewarnt? Warum müssen solche Dinge geschehen, die soviel Leid, soviel unangenehme und oft unkontrollierte Kettenreaktionen auslösen? Warum wird man gezwungen, Dinge zu tun, die einem zutiefst zuwider sind? Schnüffeln in anderer Leute Privatleben ist keine feine Sache. Immer wieder gebe ich mir Mühe, Renis Handlungsweise zu begreifen, sie, die ein Opfer ihrer eigenen Psyche ist, die außerdem – und das ist wohl das Schlimmste – den Fängen der Gesellschaft nicht entrinnen kann. Zwischen Wut und Mitleid schwanken meine Gedanken hin und her, wenn ich an Reni denke. Bewundert habe ich sie, ihren Einsatz und ihre Erfolge euphorisch miterlebt. Immer mehr komme ich zu der Überzeugung, daß der eigentlich Schuldige unsere Gesellschaft ist, die meistens zum falschen Zeitpunkt schweigt und ebenso oft zum falschen Zeitpunkt hinter vorgehaltener Hand redet, voller Häme und Genuß in ihrer Gerüchteküche kocht, süffisant die Ergebnisse löffelt und sich schließlich in der eigenen Überlegenheit weidet und sonnt.

Auch wird mir immer mehr deutlich, wie schwer es ist, eine gute Rechtshilfe zu bekommen. Wie kann ein Anwalt des Rechtes innerhalb einer knappen Stunde (das ist schon viel) einen Fall begreifen, der ihm einseitig vorgetragen wird, denn die andere Partei hat – muß einen anderen Anwalt haben. – Natürlich kam nach meinem 'waffenlosen Angriff' auf Reni ein Einschreiben vom Rechtsanwalt der Familie P.. Aus diesem Schriftstück ging hervor, wie einseitig und buchstäblich falsch ein Anwalt informiert werden kann und aufgrund einer Falschaussage und zusätzlicher Verschweigetaktik sein Schreiben aufsetzen muß:
'*... daß Sie am Morgen des 9. 9. 1996 erneut versucht haben, vor der Schule mit Frau P. bzw. Mark Kontakt aufzunehmen.*' – Mark sah ich nur aus einem riesengroßen Abstand und näherte mich ihm nicht. Aus dieser Entfernung beobachtete ich, daß Frau P. mit ihm über eine Treppe die Schule betrat. – '*Dieses hat bei Mark zu erheblicher Aufregung und dazu geführt, daß er nun z.B. Angst davor*

hat, auf den Schulhof zu gehen.' – Herr Jom wiederum konnte erforschen, daß Mark problemlos in der Pause auf dem Schulhof spielte und keinerlei Zeichen von Aufregung bei ihm zu entdekken waren. – Und dann: *'Letztmalig außergerichtlich ergeht nun an Sie die Aufforderung, jegliche Kontaktaufnahme – gleich welcher Art – zu den Eheleuten P. und den Kindern zu unterlassen!'* Der Anwalt, der hier von 'Kindern' schrieb, schien nicht zu ahnen, daß das ältere Kind sich bereits von der Familie gelöst, daß es Selbstmordpläne in die Tat umzusetzen versucht hatte. Er wußte gewiß nicht, daß dem Pflegeehepaar die Vormundschaft über Martin genommen werden würde. Ob er Familie P. als Anwalt vertreten hätte, wenn ihm diese Fakten bekannt gewesen wären? Eine Vormundschaft wird sicher nicht aus einer dummen Laune heraus rückgängig gemacht – schwerwiegende Gründe müssen schon vorliegen!
Die Antwort, die mein Anwalt am nächsten Tage formulierte, stellte meine Begründung für mein Vorgehen klar heraus, auch wenn ich gerne ab und zu dazwischengefunkt hätte wegen dieses merkwürdigen Amtsdeutsches.
Am Tage nach meinem Erscheinen vor der Grundschule wurde Mark nicht zur Schule geschickt. – Asthmaanfall! Damit befand er sich in guter Gesellschaft, denn auch die Schulleitung lag asthmakrank danieder. –

Ganz klar erfuhr ich zu diesem Zeitpunkt, daß Martins Fall in den langen Sommerferien ziemlich geheimgehalten werden konnte, erst am ersten Schultag berichtete Mark seiner Klassenlehrerin in großer Aufregung: „Martin ist im Krankenhaus. Er hat sich mit seinem Gürtel die Luft abgewürgt. – Aber nicht weitersagen!!“ – Ich vermute, daß der arme Mark seinen großen Bruder zu Beginn der Ferien gefunden hat und danach Alarm schlug.
Am 12. 9. 96 telefoniere ich mit dem leitenden Arzt der Psychiatrie. Ich will nichts über Martin wissen, denn mir ist ja bekannt, daß mir keine Auskunft gegeben werden darf. Aber ich will

Hilfe haben für Mark. Es ist das Übliche: „Ich habe gleich einen Patienten. – Was wollen Sie?" – Und dann: „Für Ihr Anliegen ist das Jugendamt zuständig." Der Arzt ist kurz angebunden, undurchdringlich – ich bin enttäuscht. „Ich kann nicht helfen!" – Das einzige, was ich ihm entlocke, ist: „Das Ehepaar P. ist sehr schwierig."
Andere Helfer berichten, daß Ralf und Reni jetzt häufiger zum Jugendamt laufen, ihre Fehler bei Martins Behandlung zugeben und sich beraten lassen. – Sogar eine freundliche Brücke zwischen Ost und West wurde durch den Fall P. geschlagen. Die Amtsperson West reagierte auf gezielte Anfragen des Jugendamtes Ost sehr charmant. „Welch ein netter Herr!" Die weibliche Beamtin Ost freute sich so sehr über den freundlichen Telefonplausch, daß aller vorheriger Mißmut verflog.
Am 20. 9. telefoniere ich mit diesem 'freundlichen, netten Herrn'. Die Quintessenz ist folgende: Martin kann die ganz große Nähe zu Ehepaar P. nicht mehr ertragen, er wurde zu sehr gegängelt. Er wird heute aus der Psychiatrie entlassen und in eine Gruppe mit anderen Jugendlichen eingewiesen. Die Adresse der neuen Wohngemeinschaft bekomme ich nicht. Martin wird die Gesamtschule in Lüdenscheid besuchen. „Warten Sie ab, er wird sich eines Tages bei Ihnen melden."
Am 21. 9. habe ich meine kleine Verkaufsausstellung zum 'Tag der offenen Tür' im Kreiskrankenhaus. Grußkarten- und Fotoverkauf für ein krankes Heimkind der Insel Rügen. Jeder kann sich leicht denken, wer sich dahinter verbirgt. – Martin ist nun wieder ein Heimkind mit allen Konsequenzen.
Der Psychiatriechef der Kinderklinik kommt an meinen Stand, kauft ein paar Grußkarten und schaut mich mit bohrenden Blicken an. Ich weiche nicht aus. Leider ist der Ort völlig ungeeignet für eine Aussprache.
Herr Jom erscheint auch im Krankenhaus und weiß, daß Martin in Renis Abwesenheit in der letzten Woche viele seiner Sachen aus Attenberg abholte.
Mark erzählte ganz verstört darüber in der Schule.

Zum Abschluß der Krankenhausaktion habe ich weit über tausend Mark Einnahmen und weiß die Adresse des bedürftigen Empfängers nicht. Fast ist es die gleiche Situation wie 1990, als ich auf Rügen zum ersten Mal spenden wollte, und der Adressat nicht zu finden war.
In den nächsten Tagen mußte ich eine völlig neue Lage überdenken. Unser ältester Enkel hatte sich aus den Fängen des Alkoholikerehepaares gelöst, war nun ein 'freies Heimkind', wenn es so etwas überhaupt gibt. – Was war zu tun? Ich wollte alles über Martin wissen, mich aber abwartend verhalten. Er sollte nicht von einer 'Gängelei' in eine neue fallen.

Nach wenigen Anläufen bekam ich guten Kontakt zu Martins neuer Schule. Dort ist der Alkoholmißbrauch des Ehepaares P. bekannt!! Die Schule hat vom Jugendamt die Anweisung bekommen, keine Auskünfte über Martin nach draußen zu geben, besonders nicht an Frau Schwarz!! – Martin wurde am 21. 9. von der Amtsperson in die Schule gebracht. Später telefonierte sie noch einmal und wiederholte die Anordnung, mir auf keinen Fall über den Jungen zu berichten.
Martins neue Adresse erhielt ich nicht, aber die ganze Ratlosigkeit kam durch den Draht, fast ein Hilferuf: „Wir kommen nicht an ihn heran, er ist ganz verschlossen, hat seine Schirmmütze tief ins Gesicht gezogen." Als Antwort versuche ich diese Sachlage zu deuten: „Die Mütze ist nach meiner Meinung Befreiung und gleichzeitig Schutz für ihn. – Martin kann jetzt endlich entscheiden, ob er etwas auf seinen Kopf setzt und auch, was er wählt. Außerdem schützt er sich, sein Inneres durch die Mütze, versteckt sein Gesicht mit ihrer Hilfe, weil er erneut ein verlassenes, gekränktes, irgendwie geschändetes Kind ist, das diese Schmach noch lange nicht verarbeitet hat." Elf Wochen Psychiatrie können sicher helfen, aber gleichzeitig zeichnen sie einen Menschen auch. Über so etwas redet man möglichst nicht, denn für die Gesellschaft ist man danach wie mit einem Brandmal gekennzeichnet.

Die Gesellschaft: Sie kann dir den Alkoholstempel verpassen, und du beginnst zu lügen und zu täuschen. Sie kann dir den Psychiatriestempel aufdrücken, und du beginnst dich zu verstekken und alles zu verheimlichen. Der Heimkind-Stempel kann dich schon sehr früh treffen und, obwohl du selbst vollkommen schuldlos bist, dein ganzes Leben verändern. – Dabei hat die Gesellschaft nicht das mindeste Recht zu stempeln, denn sie ist keine Amtsperson, aber sie hat in ihrer Anonymität eine ungeheure Macht, weil sie nicht zu packen ist.
Die Wahl-Oma dagegen steht allein da, ist aus Fleisch und Blut, aber vollkommen ohnmächtig, weil ihr Blut nicht in den Adern ihrer Enkel fließt.
Auf dem Einwohnermeldeamt erfuhr ich für sieben Mark, in welcher Wohngemeinschaft Martin untergeschlüpft war. „O, Gott", rief die diensttuende Dame mir zu, „das Kind lebt dort ja ohne Eltern!" – „Ja", antwortete ich, „gerade deshalb will ich seine Adresse haben."
Merkwürdig, Martin ist uns jetzt räumlich sehr nahe, aber ich muß ihm Zeit lassen, will ihn vor allem nicht mit dem Geld locken, das für ihn bereit liegt. Es gibt ja Sparbücher, die es aufnehmen, bis der richtige Zeitpunkt gekommen ist.
Die nächsten Lexikon-Bände darf ich in Martins neue Schule bringen. Auf diese Weise erfährt er, daß wir seiner Spur folgen und ihn nicht aus den Augen verloren haben.

Natürlich habe ich mich auch gleichzeitig für Mark eingesetzt. Es gelang mir nach vielen Mühen, ein Telefonat mit dem zuständigen Amtsgericht zu führen und dort den verantwortlichen Rechtspfleger zu erwischen. An drei Vormittagen telefonierte ich und zwar zu einer Zeit, in der ein solches Amt vermutlich erreichbar ist: zwischen zehn und zwölf Uhr in Abständen von etwa zehn Minuten. Zwei Vormittage lang ging niemand ans Telefon; auch ein Anrufbeantworter war nicht eingeschaltet. Am dritten Tage erreichte ich endlich den zuständigen Beamten, schilderte in Stichworten und fast ohne Atemholen – ich

wollte nicht unterbrochen werden – die Situation in Attenberg und bekam zur Antwort: „Sie wissen ja mehr als ich!“ Er bat mich, einen Bericht zu schreiben.
Das tat ich recht schnell, trug vor allem meine Meinung zu Marks schulischem Werdegang vor und untermauerte meine Sorgen um das Kind mit meinem Erfahrungsschatz als ehemalige Grundschullehrerin.
Wenig später meldete Herr Jom inmitten unserer treuen Helfer: „Mark ist ins erste Schuljahr zurückversetzt worden.“ – Gottlob, dachte ich, nun kann er einen erneuten Anlauf nehmen, um die Kunst des Lesens zu lernen. – Warum saß ich nicht neben ihm, um ihm zu helfen? Statt dessen ließ Frau P. ihn den versäumten Stoff vom ersten Vierteljahr des ersten Schuljahres abschreiben, ohne zu prüfen, ob er ihn lesen konnte! Wenn Mark trotz dieser unsinnigen häuslichen Hilfe in diesem Jahr das Ziel des ersten Schuljahres schaffte, dann ging meine Voraussage in Erfüllung, denn ich hatte einen etwa dreijährigen Entwicklungsrückstand diagnostiziert.
Mark berichtete seiner neuen Lehrerin in den nächsten Wochen voller Eifer: „Ich üb' jetzt jeden Tag lesen! – Die aus Lüdenscheid machen Druck! Das Jugendamt ruft immer an.“ Sehr erregt soll er hinzugefügt haben: „Ich will die aus Lüdenscheid nicht mehr sehen!“
Für mich waren diese Worte merkwürdigerweise gar nicht verletzend, denn ich wußte nur zu gut, daß Mark das Sprachrohr seiner Pflegemutter war. Ich verkraftete seine Ablehnung gegen ‘die aus Lüdenscheid’, weil ich wollte, daß er lesen lernte. Vielleicht würde er später einmal erkennen, daß dieser Druck, den ich auf dem Umweg über Amtsgericht und Jugendamt ausgeübt hatte, für ihn vorteilhaft gewesen war.

An Martins Adresse gerichtet entsteht nun doch ein ganz kurzer Brief:

„Lieber Martin, nun darfst Du anziehen, was Dir gefällt, nun darfst Du aufsetzen, was Du möchtest. Seit April 1995 liegt eine dunkelblaue Schirmmütze 'Captain' in unserer Garderobe auf der Hutablage und wartet auf einen Jungen, den wir sehr liebhaben. Wir grüßen Dich herzlich –

Oma und Opa."

Martin reagiert zunächst nicht. Als beim 'Weihnachtsmarkt der guten Taten' Kuchen und Gebäck übrigbleiben, packe ich zwei große Beutel voll, fahre zu Martins Adresse und will dort klingeln. Ein Junge kommt und drückt den Klingelknopf vor mir. Ich erfahre, daß Martin in seiner Gruppe lebt, gebe ihm die Beutel mit Grüßen ins Haus und fahre schnell fort.
Nach meiner Ausstellungseröffnung 'Mit der Kamera für Kinder' im Kreiskrankenhaus am 9. 12. 96 folgen einige ruhigere Tage. Ich schöpfe ein wenig Atem und will noch vor Weihnachten mit der Fortsetzung meines Berichtes über meine beiden Enkel beginnen. Am dritten Advent sitze ich in aller Ruhe an meinem Schreibtisch, sortiere meine Notizen und studiere darin, um einen treffenden Einstieg in das dritte große, leidvolle Kapitel zu finden, als in unseren stillen Adventssonntag hinein das Telefonsignal ertönt. Eine leise, fast weiche Stimme: „Hier ist Martin." Ich antworte irgendetwas, horche gebannt auf diesen ganz anderen Klang, diese so gar nicht jungenhafte, helle Stimme, die uns früher so oft spontan und offen die Meinung eines Kindes vermittelte, das Vertrauen hatte. – Martin bedankt sich für die beiden Bände seines Lexikons, die ich im Herbst in seiner neuen Schule ablieferte. – 'Wie spreche ich ihn an? Was frage ich ihn?' denke ich und dann das Übliche: „Wie geht es dir? Was machst du Weihnachten?" – „Ich besuche meine Großmutter in Münster, sie wohnt jetzt dort." – „Wie schön, Martin! – Hast du dann Zeit, am vierten Advent zu uns zu kommen? Wir würden uns freuen, dich wiederzusehen." Im Hintergrund höre ich eine weibliche Stimme, ein kurzes, leises Zwiegespräch erfolgt, dann

wieder Martins Ton im Hörer: „Ja, ich komme." Wir verabreden die Zeit; das Gespräch ist beendet.
Danach kann ich keinen Gedanken mehr fassen, um Martins und Marks Geschichte, dritter Teil, zu beginnen. Lange sitze ich da, starre auf das weiße Blatt Papier und denke nach über meine Beweggründe – damals 1994, als ich zu schreiben begann. Die Ereignisse nach der Wende wollte ich schildern, meine Erlebnisse auf Rügen mit meinen pädagogischen Kenntnissen und Erfahrungen, die ich im Westen erworben hatte, vergleichen. Ich wollte Diktatur und Demokratie gegenüberstellen, mit den Kinderheimen einen kleinen Bereich herausgreifen und schildern, was mit wehrlosen Kindern geschehen kann.
Ebenso wollte ich Heim und Pflegefamilie vorstellen, mich damit lösen von einem Vergleich Ost – negativ, West – positiv, denn auch eine Pflegefamilie im Osten wird einem Kind mehr helfen können als ein Heim.
Und was geschah? – Meine Geschichte machte sich selbständig, ging ihren eigenen Weg: Alkohol, Ungerechtigkeit und übergroße Strenge, Selbstmordgedanken und -versuche, Schnüfflertätigkeit, Zweifel an Ämtern und ein Widerwillen vor der Macht der anonymen, selbstgefälligen Gesellschaft. Es wurde ein Weg durch die Hölle!

Nun trat Martin erneut in unser Leben. Er wartete nicht bis zum vierten Advent, sondern klingelte bereits am nächsten Tag, am Montag nach dem dritten Advent, an unserer Tür. – Er war gewachsen, trug seine Haare länger, hatte sie dunkelblond gefärbt und sprach so leise wie am Telefon.
Warum er uns schneller wiedersehen wollte? Suchte er die behagliche Wärme in einer geordneten Häuslichkeit? – Suchte er das ruhige Gespräch mit Oma und Opa, die er nun sechs Jahre kannte? – Was er genau von uns wollte und welche Methoden er anwandte, um zum Erfolg zu gelangen, erfuhren wir in Einzelheiten erst im neuen Jahr. Als alle spektakulären Ereignisse, die zum Jahresende durch ihn geschahen, im Januar 1997 aufge-

klärt waren, als ich ihm ins Gewissen redete und nicht bereit war mitzutun, kam er nicht mehr.
Martin nahm es gleich bei seinem ersten Besuch mit der Wahrheit nicht sehr genau, setzte dieses Verfahren fort bis zu seiner Abfahrt nach Münster, um mit unserer Hilfe an Geld heranzukommen, das er in einer berüchtigten Lüdenscheider Kneipe mit seinen neuen Freunden in Zigaretten und angeblich alkoholfreie Getränke umsetzte. Seinen eigenmächtig verkürzten Münster-Urlaub setzte er in Lüdenscheid auf eigene Faust außerhalb der Wohngemeinschaft in völliger Freiheit fort, feierte irgendwo ins neue Jahr hinein – niemand weiß, wo! – und ließ die Polizei nach sich fahnden! Zu diesem Zeitpunkt war Martin fünfzehn Jahre alt!
Noch bevor er nach Münster fuhr, veränderte er noch einmal sein Aussehen: Er färbte seine Haare schwarz, kleidete sich schwarz mit weißen, schmalen Streifen an Ärmeln und Hosenbeinen und belebte alles mit goldenen Kettchen und Ohrringen. Mit Hilfe der Ereignisse während seines Münster-Besuches drückte er auf unsere Tränendrüsen – er hatte angeblich ein erbärmliches Weihnachtsfest erlebt. – Zu Beginn des neuen Jahres half er mir an einem Vormittag beim Abbau meiner Ausstellung im Kreiskrankenhaus, war für wenige Stunden der alte, hilfsbereite Martin und freute sich ehrlich über ein wenig selbstverdientes Geld.
Ich telefonierte nach den Festtagen mit der Wohngemeinschaft, der Amtsperson und der Schule, sobald dort jemand erreichbar war. Dadurch kamen Martins Lügenberichte, Halbwahrheiten, Raffinessen und Tränendrüsengeschichten ans Licht, mit denen er versucht hatte, sein Taschengeld aufzubessern und außerdem bei seinen Alleingängen nicht gestört zu werden.
Sein Arbeitseinsatz für mich fiel noch in seine Weihnachtsferien. Danach besuchte er uns noch einmal und wollte Staub saugen, Fenster putzen, das Auto waschen, Sträucher im Garten schneiden, kurz, er wollte Geld verdienen. Er hatte in seiner Kneipe Schulden gemacht, durfte dort nicht mehr erscheinen

und mußte darum all den Spaß, die Nähe seiner Freunde und die tollfetzige Musik entbehren. Das erschien ihm unerträglich. Ich gab ihm weder Arbeit noch Geld und erklärte ihm, daß er von uns für Zigaretten und Kneipenbesuche nichts bekommen würde. „Du hast unser Vertrauen mißbraucht, Martin, darüber sind wir sehr enttäuscht." Er verteidigte sich: „Ich habe schon durch meinen Vater das Lügen gelernt, weil ich Angst vor ihm hatte. – In Lohme im Heim haben wir alle gelogen, damit wir überhaupt klarkamen. Auch in Attenberg habe ich zum Schluß gelogen." Selbst die Psychiatrie bekam ihren Dolchstoß: „Im Krankenhaus hat mich niemand richtig verstanden. Die haben nichts begriffen."

Wenn ich heute an unser letztes Gespräch denke, verkrampft sich mein Herz. Martin – fünfzehn Jahre alt – verließ uns nach seinem letzten Besuch fast grußlos und tief enttäuscht.

Bald darauf erfolgte ein langes Gespräch in Martins Wohngemeinschaft mit zwei während der Dienstzeit rauchenden Betreuerinnen. Martin wurde zum Schluß hinzugezogen, aber recht bald zum Zigarettenholen zum nächsten Automaten geschickt.

Kurz danach führte ich noch einmal ein Telefonat mit der Amtsperson. Die Absprachen, die daraus resultierten, sind lesenswert: Martin will und soll seinen Weg allein finden. Einladungen und Freizeitangebote werden schon als Gängelei empfunden. Eine Einmischung ist nicht erwünscht. Die Wohngemeinschaft soll für ihn eine Rückzugsoase sein, Besuche haben den Stellenwert eines kleinen Überfalls. Wir, Oma und Opa, sollen warten, bis Martin sich selbst meldet. Wörtlich sagte mir die Amtsperson: „Sie haben keine Verantwortung für Martin und auch keine Rechte an ihm." Als ich den Handtaschenraub an einer alten Frau heraufbeschwor, falls das Taschengeld nicht reichen würde, vernahm ich folgendes: „Wenn Martins Weg durch die Talsohle führt, muß er diese Erfahrung machen."

Wir haben Martin bisher nicht wiedergesehen.

Im Frühjahr 1997 spendete meine alte Schulfreundin Hanna, die 1992 mit mir zusammen auf Rügen war, für Martin hundert Mark. Sie nahm großen Anteil an der Geschichte beider Kinder und wollte mit dem Geld Martins Bekleidung aufbessern. Ich rief in der Wohngemeinschaft an. Die Spende wurde als eine Art Beeinflussung, die sich sogar noch verstärken könnte durch mögliche Besuche, abgelehnt. „Will die Frau Martin anrufen? – Will sie ihn besuchen?" – „Nein! – Sie will ihm ganz einfach eine Freude machen." – „Sie können für die gesamte Wohngemeinschaft spenden." – Nach Rücksprache mit Hanna gelangte das Geld ins Kinderheim Lietzow nach Rügen.
Im Sommer 1997 konnte ich zwischen dem Lohmer Heim und Martins Wohngemeinschaft als Vermittler agieren. Der Heimleiter von Lohme brauchte dringend Martins Anschrift, weil dessen älterer Halbbruder nach einer Schlägerei in Stralsund im Koma lag. Martin kam dank meiner Hilfe wenigstens noch rechtzeitig zur Beerdigung in seine Heimatstadt.
Fast zur gleichen Zeit erfuhr ich, daß er nach den Sommerferien 1997 wieder umgeschult wurde in seine alte Attenberger Schule; in Lüdenscheid hatte er den Anschluß nicht geschafft. Der beantragte Nachhilfeunterricht wurde vom zahlenden Jugendamt in Stralsund nicht bewilligt. Nun ist Martin Fahrschüler von Lüdenscheid nach Attenberg. Dadurch entstehen bekanntlich auch Kosten.
Vor wenigen Wochen hörte ich durch Zufall: Martins Wohngemeinschaft, in der er jetzt lebt, ist eine Einrichtung für schwer erziehbare Jugendliche. Ich mußte mehrere Male schlucken, als ich das erfuhr und sprach den Satz laut aus: „Martin ist schwer erziehbar!" Er ist jetzt sechzehn Jahre alt und hat erneut einen negativen Stempel bekommen. Er lebt – muß mit anderen schwer erziehbaren Jugendlichen zusammenleben.
Aber müßten nicht alle diejenigen gestempelt werden, die sich an dem Jungen versündigt haben? Sein trunksüchtiger Vater, der seine Mutter schlug, seine Verwandten, die ihn im Stich ließen, das Heim in Lohme mit seiner diktatorischen Erziehung,

seine trinkenden Pflegeeltern, das Jugendamt in Gestalt der Amtsperson, die anonyme Gesellschaft? Niemand bot ihm eine Heimstatt, in der er Wurzeln schlagen konnte, nirgendwo empfing er Liebe und Verläßlichkeit auf Dauer. Zu allem Überfluß will die Amtsperson ihm auch noch das ungetrübte Bild, das er von seiner Mutter im Herzen trägt, zerstören. „Sie war keine Heilige. Das muß mit Martin aufgearbeitet werden." Ich sehe noch das Kinderbild seiner Mutter vor mir, das ich in Lohme im Heim in Empfang nahm, um es dem Jungen nach Attenberg mitzunehmen. – Martin ist jetzt sechzehn Jahre alt und soll nun seine leibliche Mutter zum zweiten Mal verlieren!

Aber da ist noch ein Kind, das trug nie ein Bild seiner Mutter im Herzen, höchstens einen Rahmen ohne Inhalte. Nie hat es Mutterliebe erfahren, nie seine Mutter bewußt gespürt. Niemand ist bereit, das Grab von Marks Mutter zu benennen, niemand hat ein Bild, ein kleines Foto von ihr. Wie ist es möglich, daß in unserem Jahrhundert das Grab einer deutschen Frau, die vier Kinder gebar und kurz nach der Wende verstarb, nicht zu finden ist?

Mark trägt einen leeren Rahmen in seinem Herzen, und es ist gewiß, daß er eines Tages das dazugehörige Bild – das Bild seiner Mutter – suchen wird.

Seine Pflegemutter kam im vorigen Herbst für kurze Zeit in eine Klinik. Ob danach eine ambulante Behandlung folgte, weiß ich nicht. Ich hoffe es von ganzem Herzen und wünsche Reni die nötige Einsicht und den starken Willen, um zu genesen.

Der Bericht über meinen jüngsten Enkel, der immer noch bei seinen kranken Pflegeeltern in Attenberg lebt, endet mit einem Neubeginn: Mark hat bei seinem zweiten Anlauf das Lesen gelernt. Mit rund dreijähriger Verzögerung steht er nun zum Start bereit: Er kann beginnen, aus Büchern zu lernen. Mark wird in Kürze zehn Jahre alt.

Im Herbst 1997 wurde er noch einmal nach seiner Oma gefragt, mit der er zu diesem Zeitpunkt zweieinhalb Jahre nicht mehr gesprochen hatte. Er soll geantwortet haben: „Wegen meiner Oma bin ich ja ganz traurig.“

„Lieber kleiner Mark,
bitte, Du darfst nicht traurig sein! – Hurra, Du kannst jetzt lesen! Wenn Du älter bist, wirst Du eines Tages dieses Buch in die Hand nehmen, das Deine Oma für Martin und Dich schrieb. Du wirst es spüren und begreifen: All unsere guten Geschichten, die wir gemeinsam erlebt haben, werden am klaren Nachthimmel leuchten wie funkelnde Sterne. Doch meine Worte, die von Martins und Deinem Leid erzählen, wirst Du wiederfinden in einem stillen Meer ungeweinter Tränen.“